APPROCHE GÉNÉTIQUE ET PSYCHANALYTIQUE DE L'ENFANT

Simone Bourgès

chargée de cours à l'Institut de Psychologie (Paris V)
et à l'Institut des Psychologues Cliniciens (Paris VII)

APPROCHE GÉNÉTIQUE ET PSYCHANALYTIQUE DE L'ENFANT

Essai de synthèse autour du bilan psychologique
Tome 1 - Choix et interprétation des épreuves

5e édition

DELACHAUX ET NIESTLÉ

Si vous désirez être tenu au courant des publications de l'éditeur de cet ouvrage, il vous suffit d'envoyer votre adresse, en mentionnant le pays, aux éditions:

Delachaux et Niestlé S.A.
Service promotion
79, route d'Oron
CH - 1000 Lausanne 21

Vous recevrez régulièrement, sans engagement de votre part, nos catalogues et une information sur toutes les nouveautés que vous trouverez chez votre libraire.

ISBN 2-603-00834-X

TABLE DES MATIÈRES

CHAPITRE II

CHAPITRE III

INTRODUCTION GÉNÉRALE

Certitudes et incertitudes

L'enfant est en plein développement.

Plus que pour tout autre c'est une évidence pour le psychologue clinicien. Et cependant, est-il vraiment en mesure d'en tirer toutes les conséquences pour son travail ?

Le propre de tout être humain est la recherche de la cohérence par l'intégration des contradictions successives qui se présentent à lui. Ces contradictions sont la source même du dynamisme qui le pousse toujours plus avant. Et, plus encore que pour l'adulte, stagnation ou régression sont symptomatiques de ses difficultés à vivre, voire à survivre.

La compréhension de l'enfant passe donc par sa genèse. Mais là réside la difficulté majeure, puisqu'on ne peut guère parler d'une seule genèse : l'enfant est un ensemble constitué de bien des facettes dont chacune a sa genèse propre, qui sont toutes plus ou moins dépendantes les unes des autres,

Pour l'abord compréhensif de l'enfant, il n'est pas inutile que le psychologue ressente avec inconfort la complexité de cette situation. Comme l'enfant, il puise son dynamisme dans des contradictions le faisant osciller entre une absence de certitude absolue due au manque de moyens pour cerner la personnalité totale de l'enfant et l'impossibilité de donner de l'enfant une image statique ; et le désir de s'approcher du minimum d'incertitude possible, de mieux le comprendre dans sa manière personnelle, unique, de se développer.

Notre propos n'est pas d'éliminer l'angoisse du psychologue clinicien, angoisse particulièrement ressentie par celui qui, pour les premières fois, se trouve devant un enfant dont il doit effectuer le bilan. Il n'y a pas de recette de "bon-examen-psychologique". Et ceux qui interpréteraient de cette façon rigide la suite de cet ouvrage sont sans doute les mêmes qui trouveront partout nourriture à leur besoin inassumable de réassurance.

Le psychologue clinicien, surtout le débutant, a raison de se sentir extrêmement démuni malgré — ou en raison de — sa formation. Il en sait en effet déjà assez pour mesurer ce qu'il ignore, mais il n'a que trop souvent reçu ce "savoir" sur un mode morcelé et théorique. Par le fait même qu'il est autre, mystérieux dans son propre cheminement, l'enfant le dépasse, même si ce psychologue cherche refuge dans une apparente domination à travers des moyens divers.

Nous souhaitons précisément ancrer plus encore le psychologue dans un sentiment de non-certitude indispensable, comme chez l'enfant, pour ne pas stagner ou régresser. Incertitude face aux limites de ses instruments de travail, notamment des tests, incertitude devant la difficile définition d'un enfant par une catégorie sémiologique statique.

La tentation est grande, surtout lorsque le psychologue n'est pas inséré dans une équipe médicale ou avec d'autres psychologues expérimentés, de finir par accepter avec fatalisme ces incertitudes inévitables, sinon de les éviter, par exemple en redonnant aux tests leur valeur mythique ou en scotomisant plus ou moins des facettes essentielles du développement de l'enfant, bien particulièrement les facteurs affectifs dont la genèse est encore trop méconnue.

C'est pourquoi nous souhaitons parallèlement ébaucher ici quelques perspectives utiles pour approcher, non de la certitude, mais d'un minimum d'incertitude. Justement en tenant compte de la spécificité de l'enfant. Il s'agit de lignes de recherche : percevoir, face à leurs inconvénients, quelle est la valeur des tests, leurs réelles dimensions pour une compréhension plus globale de l'enfant; redécouvrir cet enfant, à travers l'analyse approfondie des étapes génétiques interdépendantes de ses composantes, dans une vue à la fois synthétique et dynamique.

Le psychologue oscille également entre intuition et rigueur, risquant souvent de choisir l'une en rejetant avec l'autre l'insécurité de cette situation. Nous comptons surtout sur l'expérience personnelle pour affiner chez le clinicien l'intuition qui lui est indispensable pour une écoute attentive de l'enfant.

Mais nous tenterons, en recherchant les genèses fondamentales, de les présenter sous une forme non normative. Il s'agit de concourir à la rigueur de l'examen psychologique ou clinique grâce à ces références, tout en lui conservant une souplesse indispensable. Rigueur ne signifie pas rigidité. Chacune des facettes de l'enfant a ses propres références génétiques et le profil constitué par l'hétérogénéité fréquente de leurs parcours offre une image de l'enfant dans son dynamisme actuel. Image que nous montrerons, espérons-nous, plus vraie dans son instabilité même, que la définition statique par une étiquette diagnostique.

*

*   *

(1) La **première partie** de cet ouvrage aborde le sujet souvent si décrié des **tests.** Refuge des faibles, disent les uns. Réduction à une norme culturelle peu recevable, disent les autres, et tant d'autres arguments raisonnés sinon justifiés. Autant de rationalisations possibles devant les difficultés de leur interprétation, devant la méconnaissance de leur portée.

Certes les limites des tests sont d'autant plus à connaître qu'on les utilise. Leur objectivité absolue n'est plus, espérons-le, un mythe pour personne aujourd'hui. Le plus rigoureux d'entre eux présente encore des failles, ne serait-ce qu'en raison de la mouvance de l'objet de ses investigations qu'est l'enfant et par la fausse conviction qu'un examinateur peut être totalement neutre. Et pourtant des psychologues estiment fonctionner comme des robots et pouvoir se servir sans réserve d'un ordinateur, puisqu'ils travaillent sur des données quantifiées, statistiques.

---

(1) La première partie constitue le tome I de l'ouvrage : « Choix et interprétation des épreuves ».

L'ordinateur a, bien entendu, des avantages, dans la mesure où l'on ne cherche que des interprétations peu nuancées de résultats extrêmement précis sur des effectifs relativement nombreux. Mais, quand il s'agit d'un enfant, personnalité totale, différente de toute autre de par la spécificité même de sa croissance, les limites des tests et a fortiori de tout ordinateur nous semblent être de ne fournir qu'une vue partielle de la personnalité, par conséquent faussée.

Trop souvent l'interprétation omet de considérer qu'en faisant jouer, apparemment, une variable unique ou un nombre réduit de variables, un bon nombre d'autres facteurs s'intriquent, interviennent, demandent également a être interprétés.

Très schématiquement, on peut dire que **tout test fait appel en des proportions variables à trois types de facteurs : les facteurs intellectuels**, induits au minimum par la compréhension de la consigne et la coordination mentale entraînant la réponse ; **les facteurs instrumentaux**, induits par la participation plus ou moins importante du corps dans la réponse ; **les facteurs affectifs**, impliqués dans toute participation mentale ou physique induite par un stimulus dont l'impact varie en fonction de ce que, même apparemment neutre, il représente dans le monde imaginaire de l'enfant (1).

Notre approche des tests commencera par les épreuves de dessin. Elles s'avèrent un bon témoin de l'intrication de ces trois types de facteurs, des difficultés et des exigences de leur interprétation. Témoin privilégié des limites, elles le sont aussi de la portée des tests. Et l'on verra qu'avec un tout autre genre d'épreuves, telles que les échelles de Wechsler, les conclusions sont les mêmes.

Les limites générales des tests sont en effet on ne peut plus réelles. Mais ils ont aussi une portée que leur rejet en faveur du seul entretien ignore. Certes l'entretien a sa place privilégiée dans l'examen clinique ou psychologique. Encore faudrait-il souvent préciser à quel niveau d'écoute il prétend se situer et reconnaître qu'à travers cette relation des aspects essentiels de la personnalité ne sont perçus que partiels et qualitativement, sinon subjectivement.

D'autres que nous ont fort bien justifié l'utilisation des tests (2). Ils ont notamment souligné combien il est précaire de se contenter de cette estimation subjective de l'efficience, surtout chez un enfant. Combien est-il regretable de se priver des comparaisons multiples que permettent, toutes relatives qu'elles soient, les normes quantitatives et parfois qualitatives établies pour chaque test. Il nous semble surtout grave de risquer parfois une orientation erronée pour un enfant parce qu'on a ignoré les éléments de pronostic que révèle l'interprétation des tests dans une perspective dynamique, bien spécialement les tests projectifs.

Mais si les tests ont des limites et une portée générales, chaque épreuve y ajoute ses propres faiblesses ou richesses. L'auteur d'un test, en fonction de l'analyse qu'il veut effectuer, établit des normes, le plus souvent quantitatives, permettant de mesurer une ou des variables. Il n'existe pas de mesure absolue des phénomènes où le psychisme est directement ou indirectement impliqué. Seule est possible la transformation de réponses à une

---

(1) L'étude et la genèse de ce monde imaginaire seront abordées plus à fond dans le tome II : « La dynamique humaine ».

(2) Citons, par exemple, l'article encore valable de **Jampolsky (P.)** : "La méthode des tests et la neuro-psychiatrie infantile", in *Rev. de Neuropsychiatrie,* 2e année, *7-8*, 1954.

situation donnée, telle qu'un comportement devant un stimulus, en un score qui soit comparable aux scores d'un groupe choisi comme étalon.

Or les conditions d'établissement de ces normes correspondent plus ou moins aux intentions initiales de leur auteur. La balance penche ainsi dans des proportions variables vers l'une plutôt que vers l'autre des qualités caractéristiques de chaque test.

Par son degré de **sensibilité**, un test discrimine une population par rapport à une autre, éventuellement une population d'un âge donné par rapport à celle d'un autre âge ; ou une aptitude dont on peut atteindre des niveaux progressifs, éventuellement des niveaux d'âges différents. Variant d'une épreuve à l'autre, cette qualité le définit en premier lieu. Ceci nécessite d'une part de s'assurer que le sujet est comparable au groupe d'étalonnage et d'autre part de préciser le nom du test lorsqu'on en donne le résultat chiffré. Un Q.I. de 100 peut signifier que le sujet est au moins moyennement efficient en un domaine précis. Un Q.I. de 80 sans désignation du nom de l'épreuve ne veut rien dire. Un Q.I. de 60 à la N.E.M.I. (1) pour un enfant immigré ne signifie pas obligatoirement déficience mentale.

Le degré de **fidélité** de certains tests est très faible : le Binet-Simon (2) propose des épreuves différentes à des âges différents. Il ne peut donc donner d'une même grandeur deux mesures identiques, quel que soit l'intervalle de temps séparant ces deux mesures. La comparaison des résultats d'un sujet obtenus à un même test à des âges différents implique éventuellement une analyse qualitative des résultats. Ce sont donc surtout les situations de comparaison ou de test-retest qui nécessitent cette qualité.

Le degré de **validité** d'un test, lui conférant sa portée diagnostique et pronostique, repose sur les critères choisis pour l'apprécier. Leur sélection limite d'elle-même à certains aspects la portée des résultats, quels que soient les aptitudes ou les mécanismes mis en jeu par l'épreuve. La corrélation des résultats avec ces critères est plus ou moins forte. De nouvelles études de corrélation avec de nouveaux critères peuvent toujours être proposées et effectuées. Mais trop souvent la validation de ces critères se contente d'expérience clinique.

Au cœur de ces qualités générales, il faut mettre en relief la ***sensibilité génétique*** des tests pour enfants. Le développement d'un bon nombre d'aptitudes a ainsi été exploré dans les limites de la représentativité des groupes d'étalonnage. Nous situerons les genèses du dessin, de la pensée sensori-motrice, de la pensée logique. Nous savons que toutes les épreuves d'évaluation du fonctionnement intellectuel ou instrumental, toutes les épreuves de développement des petits enfants, dont les résultats peuvent se traduire en niveaux d'âge de développement ou d'âge mental, offrent des schémas génétiques des aptitudes ou acquisitions mesurées, à travers l'augmentation du nombre de réussites ou le dépassement progressif des difficultés.

Le choix que le psychologue fait d'un test devrait donc dépendre, non seulement de ce qu'il y cherche et de la perspective où il désire comprendre l'enfant, mais parallèlement de ce qu'il peut en attendre, du degré et de la dominance des qualités distinguant chaque test dans le champ des possibles. Choisir de ne pas utiliser de test, car c'est encore un choix, ne devrait se faire qu'en connaissance de ces deux pôles. La première partie de cet ouvrage

---

(1) Cf. Epreuves à facteurs intellectuels dominants, p. 55.

(2) d°, p. 49.

tentera de renforcer les principales connaissances de la portée et des limites des tests d'enfants afin d'aider au choix ou au non-choix d'un test.

Cependant le poids sur les résultats des trois types de facteurs mis en jeu, intellectuels, instrumentaux et affectifs, met en relief leur relativité, leur intrication, quelles que soient les aptitudes que l'auteur a souhaité mesurer à l'origine. Cerner le développement d'un enfant dans le domaine intellectuel et instrumental est difficile, parfois bien plus qu'on ne le pense devant l'apparente facilité qui peut ressortir de la lecture, par exemple, de la première partie de cet ouvrage. Il faut avoir été confronté à la pratique clinique pour savoir ce qu'est malgré tout l'incertitude.

Or les schémas génétiques des facteurs intellectuels et instrumentaux sont relativement connus, même si bien des aspects ou aptitudes restent encore à approfondir. Ils étayent ainsi l'interprétation des scores ou observations recueillis auprès d'un enfant. Mais ils mettent en évidence la difficulté combien plus grande de cerner le développement d'un enfant dans le domaine affectif, déjà impliqué dans les tests de niveau intellectuel ou instrumental, et particulièrement sollicité dans les tests projectifs. Il n'existe pas, en effet, de "normes" du développement affectif équivalentes à celles que les tests de niveau intellectuel et instrumental peuvent offrir.

*

*   *

(1) La **deuxième partie** de cet ouvrage se proposera d'aborder **la genèse des diverses manifestations de l'affectivité** qui émergent à travers toutes les données du bilan d'un enfant, les tests n'en étant qu'un élément éventuel. Nous pensons par là concourir également à la compréhension de l'adulte en permettant de mieux situer dans son équilibre actuel l'incidence des perturbations éventuellement occasionnées dans ses tout premiers développements affectifs.

Retenons d'abord la définition de l'affectivité donnée par Piéron (2) : "Capacité individuelle à éprouver des sentiments et des émotions". C'est en effet, nous semble-t-il, à partir de cette capacité originelle, à travers ses premières joies et souffrances, que l'enfant va structurer peu à peu les multiples facettes de sa personnalité. Nous ajouterons à cette définition toute la part que l'imagination, également en formation chez l'enfant, tient dans le développement des émotions et des sentiments, des désirs et des systèmes défensifs, face à une réalité et un environnement avec lesquels il est en totale interrelation sinon dépendance. La connaissance de la genèse de ces composantes essentielles apparaît donc indispensable.

Comment aborder la notion de genèse en psychologie ? Il existe à l'évidence un hiatus entre la genèse de conduites observables et celle de phénomènes psychiques non directement observables. L'observation des conduites d'enfants dits normaux fournit des points de repère qu'il est souvent possible de situer dans des fourchettes d'âges réels. Par ailleurs, à l'écoute de l'ensemble de la personnalité, l'abord psychanalytique permet une reconstitution de la chronologie probable de phénomènes psychiques, le plus fréquemment à partir d'une population d'enfants plus ou moins pathologique. L'expérience psychothérapeutique d'enfants confirme les principales lignes de ces reconstitutions.

---

(1) La deuxième partie constituera le tome II : « La dynamique humaine ».

(2) Piéron H. *Vocabulaire de la Psychologie.* P.U.F., Paris, 1963, p. 8.

Des recoupements sont réalisables entre les deux approches : tout au moins des hypothèses peuvent-elles être émises sur le parallélisme entre certaines conduites directement observables et des opérations mentales ou imaginaires dont l'existence est reconnue à travers de nombreuses données convergentes d'expériences psychanalytiques. Mais il est évident que l'on ne peut faire totalement coïncider leurs conclusions. Bien des pistes restent du domaine de la recherche. Cependant, ignorer l'une ou l'autre de ces références génétiques en raison de ces hiatus serait une lacune regrettable. Les intégrer est un autre problème que nous aborderons plus loin.

Devant un enfant particulier, ce n'est en effet pas d'abord l'exactitude des coïncidences qui stimule le psychologue dans son investigation, mais son désir dynamique de compréhension. Il peut alors utiliser les références génétiques possibles et leurs complémentarités éventuelles, et très justement en relever les déductions parfois paradoxales comme signes importants s'ajoutant à d'autres signes.

La deuxième partie de cet ouvrage rappelera donc **les principaux schémas ou modèles descriptifs de genèse des facteurs affectifs** pouvant servir de références dans l'interprétation de l'ensemble des éléments projectifs.

Mais c'est dès l'écoute de l'anamnèse, pendant l'examen clinique, les divers entretiens, les observations directes et indirectes du comportement, à travers les résultats de l'examen psychologique, bien particulièrement dans les épreuves projectives, que des signes multiples manifestent l'influence plus ou moins handicapante ou bénéfique de l'affectivité de l'enfant.

L'interprétation de tous ces signes comporte son unification interne dans l'utilisation des mêmes références génétiques. Chez un même enfant les troubles du comportement décrits dans l'anamnèse sont en effet des signes à confronter avec d'autres signes tels que les angoisses et conflits révélés dans les épreuves projectives. Mais l'étendue de l'éventail des signes et des références reste bien souvent pour le psychologue, a fortiori pour le débutant, un obstacle réel.

*

* *

(1) La **troisième partie** de cet ouvrage proposera des **aides méthodologiques** pour parvenir à l'intégration de toutes les données. La phase la plus ardue du bilan n'est pas, comme certains croient l'éprouver, de rédiger le compte-rendu, mais de trouver la manière de converger vers la synthèse par toutes les analyses antérieures.

Ces aides sont de deux ordres. La première repose sur une **démarche progressive.** C'est dès l'anamnèse, dès les premiers tests éventuellement utilisés, que le psychologue doit s'habituer à reconnaître certaines données comme un langage révélateur, même s'il ne sait pas de prime abord ce qu'il veut dire.

L'adaptation progressive de l'examen à la spécificité d'un enfant se réalise autour des questions qu'il pose lui-même, explicitement ou implicitement, que sa famille, que le médecin consulté posent pour lui, puis que les multiples signes recueillis conduisent le psychologue à poser. L'élaboration de la synthèse commence dès qu'il est en mesure de mettre plusieurs signes en rapport avec les références génétiques ou sémiologiques qu'il a choisies.

---

(1) La troisième partie constituera le tome III.

Il chemine ainsi pas à pas en avançant des hypothèses d'abord polyvalentes, puis de plus en plus précises : hypothèses que les épreuves projectives, à un moment donné, chercheraient à confirmer ou infirmer. Nous insistons sur le terme d'hypothèse. Il est toujours loisible et même judicieux d'en avancer, jusqu'au moment ultime de la conclusion, et parfois même là encore pour tenir lieu de conclusion prudente. Le risque d'une hypothèse est limité en comparaison d'un diagnostic déterminé rigide. Il n'est grand que s'il influence la disponibilité de l'écoute pour la suite de l'examen.

En un deuxième temps nous essaierons de situer quelques **cadres d'étude** permettant de sérier les questions posées. Plusieurs axes non limitatifs se dessinent très schématiquement : origine et genèse des troubles, diagnostic, pronostic et orientation. Les réponses éventuelles s'intriquent, comme déjà les questions, et ce n'est une aide qu'en raison des niveaux différents de la problématique de l'enfant où peuvent être puisés les signes à interpréter.

La question de **l'origine des troubles** se confronte d'abord aux données de l'anamnèse, parfois renforcées ou nuancées par le niveau de l'angoisse révélé au travers des éléments projectifs. **Le pronostic et l'orientation** devront tenir compte du contexte familial et éventuellement des possibilités institutionnelles régionales, données par l'anamnèse et les entretiens cliniques. Mais bien plus encore dépendent-ils de la demande de l'enfant et de ses possibilités de participation au type d'aide proposable.

Quant au cadre d'étude du **diagnostic**, il nous semble indispensable, comme nous l'avons vu ci-dessus, de le rendre rigoureux et souple à la fois. La rigueur est fondée sur la double série de références utilisables.

En premier lieu ce sont les genèses de facteurs affectifs, telles qu'elles sont décrites dans la deuxième partie de l'ouvrage. Les signes recueillis à travers les données du bilan sont situés tout d'abord dans leurs lignes de développement particulières. Tel signe correspond à telle étape de tel type de facteurs affectifs. Ce sont des références longitudinales.

D'autre part une nouvelle série de références est établie pour regrouper ces facteurs en un sens transversal. Nous appelons ces regroupements des **constellations de signes,** ces signes étant constitués par les facteurs affectifs, chacun se situant dans une constellation donnée à tel ou tels moments de son développement.

Certaines constellations de signes s'appuyent sur des recherches actuellement en cours (1) à partir des bilans d'enfants et bien particulièrement des tests projectifs. Plusieurs de ces constellations coïncident approximativement avec des grandes catégories sémiologiques, telles que psychoses et névroses, desquelles on peut rapprocher des constellations voisines telles que pré-psychose (2) ou, à l'autre pôle, pré-névrose et paranormalité.

Mais l'expérience amène à constater qu'un nombre très réduit d'enfants se situe dans ces types presque caricaturaux de schémas ou constellations de signes. Il existe à l'évidence des enfants psychotiques ou pré-psychotiques, mais bien peu ont atteint un niveau définitivement structuré pour tous les facteurs examinés, surtout lorsqu'il s'agit des névroses. C'est pourquoi nous ajoutons à ces cinq catégories sémiologiques classiques quatre autres constellations

---

(1) Notamment celles de l'équipe des psychologues, sous la direction de Mademoiselle **Rausch de Traubenberg,** du Laboratoire de Psychologie du Service de Neuro-Psychiatrie infantile du Professeur **Duché** (D.J.) à l'Hôpital de la Salpétrière, Paris.

(2) Les termes diagnostiques seront précisés dans le tome III.

intermédiaires, reflétant les variations entre lesquelles un très grand nombre d'enfants qui viennent consulter oscillent pendant leur développement.

Nous avons donc deux séries de références précises qu'il est possible de rassembler en un tableau à double entrée, les données transversales et longitudinales s'y interférant. Mais ce tableau n'entraîne pas de rigidité. Il nous semble au contraire, dans l'état actuel de nos recherches, permettre essentiellement de tracer le profil d'enfants à travers leurs oscillations, pour chaque facteur affectif, pour l'ensemble de ces facteurs.

L'avantage considérable que nous retirons de cette méthodologie est de pouvoir y saisir les deux types de risques encourus par l'enfant venant à ce bilan exprimer quelque chose et attendre quelque chose. L'un de ces risques est négatif : ce sont les facteurs où il manifeste ses niveaux les plus régressifs. Cela nous permet de mieux percevoir ce qui provoque cette régression et éviter de proposer le type d'aide qui la renforcerait.

L'autre risque pourrait être dénommé positif. Il concerne les facteurs où se manifestent les réactions les plus évoluées, particulièrement dans les types de défenses et de conflits. C'est bien entendu sur ce "risque", qui témoigne de son dynamisme potentiel, que l'on tablera pour proposer avec une plus grande probabilité d'efficacité une aide thérapeutique adaptée.

Il ressort de cette approche méthodologique que la genèse et la dynamique propres à chaque enfant sont prioritaires et qu'il ne peut donc exister de recette rigide pour son examen psychologique. En corrolaire immédiat, seule l'expérience clinique permet d'assimiler avec la souplesse requise les références génétiques et les cadres d'études, points de départ à partir desquels le psychologue débutant forgera peu à peu sa propre méthodologie.

*

*   *

(1) La **quatrième partie** de cet ouvrage aura pour intention de proposer des **études de cas**, comportant l'ensemble des analyses et de la synthèse, afin que la période d'assimilation de toutes ces données encore trop éparses et théoriques soit épaulée. Mais il faut souligner que l'expérience clinique communiquée tant bien que mal sous cette forme livresque n'est qu'un pis-aller; qu'à défaut d'années d'expérience cela ne remplacera pas un travail en équipe ou en séminaire.

*

*   *

Notons pour terminer cette introduction que nous considérons ce document comme une recherche en cours encore ouverte, pour deux motifs principaux.

Tout d'abord, c'est un travail clinique qui nous a conduit et nous conduit encore à construire et remodeler sans cesse le contenu de cette méthodologie pour lui donner toujours plus de rigueur et de souplesse à la fois. Mais, en même temps qu'elles sont source de richesse, les populations objet de notre travail restent forcément limitées (2).

---

(1) Le tome IV de l'ouvrage sera entièrement consacré à cette quatrième partie.

(2) Enfants estimés normaux suivis dans une recherche longitudinale de 6 à 24 mois, enfants et adultes à symptomatologie de gravité très variable reçus pour un bilan psychologique ou dont l'étude du bilan s'est faite en séminaire de perfectionnement, bilans d'enfants hospitalisés en service de neuro-psychiatrie infantile, enfants et adultes suivis en psychothérapie.

En second lieu, aucun des éléments proposés ne se veut exhaustif, ne pourrait l'être. S'il nous a toujours paru possible, entre certitudes et incertitudes, de nous situer en-deça ou au-delà de ces obstacles dans la perspective d'un travail clinique pratique, du bilan d'un enfant précis, nous avons plus conscience d'ouvrir des lignes de recherche que de donner des solutions définitives. Nous croyons toujours au dynamisme bénéfique ces contradictions entrevues et ne pas être en mesure de les résoudre, puisqu'il s'agit fondamentalement des problématiques de l'être humain, hors de toute certitude.

Cependant la rédaction de cet ouvrage, souvent demandée par des psychologues en perfectionnement dans le cadre de séminaires (1), n'aurait peut-être pas eu lieu si nous n'avions espéré susciter parallèlement d'autres recherches pour diminuer malgré tout les marges d'incertitude, gagner en rigueur mais sans renforcer les risques de rigidité.

Novembre 1974

---

(1) Que les psychologues et amis qui ont bien voulu participer à la lancée et à la structuration de ce document soient ici très chaleureusement remerciés.

TOME I

☆ ☆ ☆

CHOIX ET INTERPRÉTATION DES ÉPREUVES

☆ ☆ ☆

Intrication et proportions relatives des facteurs mis en jeu

Ce premier tome a pour but d'offrir au psychologue clinicien débutant les principaux éléments dont il a besoin pour choisir ses instruments de travail en fonction de ce qu'il peut attendre de leur interprétation. C'est à partir de là qu'il forgera sa propre expérience, pouvant alors en connaissance de cause poursuivre ou renoncer à l'utilisation des tests.

Les chapitres suivants se veulent donc eux-mêmes instruments de travail, dans lesquels il sera possible de puiser à volonté sans en épuiser d'un coup le contenu. Certaines notions n'y seront qu'entrevues, leur approfondissement étant prévu ultérieurement (1). Ce n'est ici que prémices à l'essentiel de l'ouvrage.

Il ne s'agit pas d'un inventaire exhaustif (2). Certains tests, pratiquement abandonnés, ne feront pas l'objet d'une étude aussi approfondie que, par exemple, la N.E.M.I. ou les échelles de **Wechsler** dont l'intérêt actuel demeure. Des tests ne seront cités que pour mémoire, et d'autres omis. Nous sommes persuadés que le psychologue qui possède bien le maniement et l'interprétation des principaux tests est capable d'assimiler, le jour venu selon les besoins, toute nouvelle technique.

Néanmoins, dans cette perspective pratique, il a semblé utile de rappeler l'historique de certaines épreuves afin de mieux saisir ce qu'elles sont aujourd'hui en mesure d'apporter. Pour chaque test abordé le plan suivant à été retenu :

Rationnel : . . . . . . — Intention des auteurs
— Arrière-plan théorique
— Données psychométriques
— Données génétiques
— Validation

Portée et limites : — Valeur
— Critiques
— Portée diagnostique

A la fin de ce premier tome (3) des exemples seront proposés. Le mode d'utilisation de cet ouvrage, notamment des tableaux, y sera esquissé.

Mais auparavant, nous commencerons par les épreuves de dessin. En raison de l'intrication des facteurs divers mis plus ou moins en jeu dans chaque test, elles démontrent la part d'arbitraire des dénominations habituelles d'"évaluation du fonctionnement intellectuel" ou d'"analyse instrumentale". Les épreuves analysées seront donc classées en fonction du facteur dominant, mais non unique, que leur administration met en jeu.

(1) Cf. Tomes II et III de l'ouvrage.

(2) Ce serait plutôt l'objet d'un ouvrage tel que celui du Dr **L. Moor**, *la pratique des tests mentaux en psychiatrie de l'enfant*, Masson, Paris, 1973.

(3) Cf. Annexes pp. 173 et sq.

CHAPITRE I

MULTIPLICITÉ DES FACTEURS IMPLIQUÉS DANS DES ÉPREUVES GRAPHIQUES

L'enfant dessine spontanément et dès son plus jeune âge. Sauf exceptions ou réactions défensives, son besoin d'expression est tel qu'il accepte volontiers de dessiner lorsqu'on le lui demande. On peut ainsi lui proposer soit de copier un dessin, soit d'exécuter de lui-même un dessin à thème ou un dessin libre.

Le choix de l'un ou de l'autre dépend, comme pour les autres épreuves, de ce qu'on en attend, du facteur que l'on désire analyser. Un dessin, plus que toute autre épreuve, doit toujours être considéré simultanément à travers les trois types de facteurs qui influencent son élaboration : grapho-perceptif, mental et affectif.

A - FACTEURS GRAPHO-PERCEPTIFS

I - GENÈSE DE L'ORGANISATION GRAPHO-PERCEPTIVE

L'enfant va, d'âge en âge, progresser à la fois en possibilités de centrations partielles et successives sur le plan perceptif d'une part et d'autre part en aptitudes à contrôler ses reproductions graphiques. Les étapes de ces progrès sont très repérables à travers la copie des dessins géométriques.

Plusieurs auteurs de tests ont situé approximativement les étapes génétiques que parcourt un enfant dès qu'il peut tenir un crayon :

— 18 mois . : Gribouillis.

— 2 ans. . . . : Imitation de lignes verticales.

— 2 ans 1/2 : Imitation de lignes horizontales.
Verticales parallèles.
Fermeture de demi-cercles exécutés devant l'enfant.
Prolongation de droites exécutées devant lui.

— 3 ans . . . .: Loops, cercle.
Les lignes auparavant brisées deviennent continues.

— 3 ans 1/2 : Imitation des obliques.
Croix.

— 4 ans . . . .: Carré.
Figures fermées.

— 4 ans 1/2 : Imitation de demi-cercles ouverts à gauche ou à droite.
Réussite d'une étoile sur trois essais.

— 5 ans . . . .: Réussite des trois essais de l'étoile.
Triangle.
Rectangle avec diagonales.

— 6 ans . . . .: Losange.
Croisement de lignes sinueuses.

— Après 6 ans, on observe la disparition des loops et des progrès dans la précision de l'obliquité.

A. Rey note qu'entre 4 et 7 à 8 ans on observe de nombreuses déformations ou **"particularités primitives"** normales à ces âges lorsqu'on demande à l'enfant d'exécuter ou de copier une figure géométrique complexe (1) :

– ***Interprétation :*** le sujet interprète et complète les détails suivant son imagination.

– *Absence de structuration :* accumulation chaotique de formes vagues, plus ou moins assimilables à certains éléments du dessin, souvent enfermées dans un contour, des lignes closes. Certains détails peuvent aussi être isolés en dehors de la figure.

– ***Répétition :*** stéréotypie d'un élément, qui peut parfois constituer tout le dessin.

---

(1) **Rey (A.)** : Test de copie d'une figure complexe. Centre de Psychologie appliquée, Paris, 1959, Cf. p. 32.

— *Inattention :* confusions, ligne prise pour une autre, inversions : orientation inversée par rapport au modèle, par exemple feuille tournée sans pour autant tenir compte de ce retournement.

— *Simplification :* contour ramené à une figure connue ou une ligne fermée quelconque ; éléments seulement évoqués et reproduits incomplets et inachevés.

— *Maladresse graphique :* confusion, déformation pour tenter de corriger, déformation pour obtenir les intersections.

— *Tendance à la symétrie :* éléments répétés ou déplacés dans ce but.

II - ÉPREUVES (1)

La copie de formes neutres ou géométriques a fait l'objet de nombreux tests spécifiques :

— Test moteur de structuration visuelle de **Bender,** adaptations par **Santucci** et collaborateurs (2).

— Figure complexe de **Rey-Osterrieth** (3).

— Test de rétention visuelle de **Benton** (4).

En raison de la simplicité et de l'apport de ces épreuves, bien des auteurs ont inclus dans leurs batteries ou séries d'items des copies de dessins géométriques, parmi lesquels :

— Echelle de développement de **Terman** ou de **Terman-Merrill** (5).

— N.E.M.I. (6).

— Test sans langage pour petits enfants de **Borel-Maisonny** (7).

— Echelle de performance de **Borelli-Oleron** (8), etc.

Nous étudierons successivement, dès maintenant :

— Le test moteur de structuration visuelle de **Lauretta Bender** (1938).

— L'adaptation de H. **Santucci** et N. **Galifret-Granjon** (6 à 14 ans - 1960).

— L'adaptation de H. **Santucci** et M.G. **Pécheux** (6 à 14 ans - 1967).

— L'adaptation de H. **Santucci** pour enfants de 4 à 6 ans (1960).

— Les figures complexes de **Rey-Osterrieth.**

---

(1) Ces épreuves ne peuvent être interprétées sérieusement, en cas de résultats faibles, que si l'on s'est auparavant assuré de l'absence de déficit strictement moteur, par exemple par l'administration d'épreuves spécifiques, telles que : **Stambak** (M.), *Epreuves de niveau et de style moteur,* Delachaux et Niestlé, 1965. Ancien fascicule 2, révisé et repris dans la nouvelle édition de **Zazzo** (R.). *Manuel pour l'examen psychologique de l'enfant.* Delachaux et Niestlé, 1969.

(2) Cf. p. 27.

(3) **Rey** (A.) : Test de copie d'une figure complexe. Centre de Psychologie appliquée, Paris, 1959, Cf. p. 32.

(4) *Application clinique du test de rétention visuelle de A.L.* **Benton**. Centre de Psychologie appliquée, Paris, 1965, **Clément** (F.) et **Poitrenaud** (J.) : Le test de rétention visuelle de **Benton,** Evolution des résultats avec l'âge, en fonction du sexe et du niveau intellectuel. *In Rev. Psychologie appliquée,* 1964, *14,* 4, 243-277.

(5) Cf. Ch II Epreuves à facteurs intellectuels dominants, pp. 51 et sq.

(6) d°, p. 55.

(7) Cf. Ch. III, Epreuves à facteurs instrumentaux dominants, p. 147.

(8) d°, p. 138.

TEST MOTEUR DE STRUCTURATION VISUELLE DE LAURETTA BENDER (1938) (1)

RATIONNEL

Intentions de l'auteur

Elle s'est inspirée des travaux de la Gestalt Theorie, er particulier de neuf dessins que **Wertheimer** utilisait en psychologie expérimentale.

Sur le plan clinique ses études ont un triple but :

— explorer le retard, la perte de la fonction motrice de structuration spatiale, les déficiences cérébrales organiques chez l'adulte et chez l'enfant ;

— contrôler la maturation de cette fonction chez l'enfant ;

— explorer les déviations de la personnalité, particulièrement dans les phénomènes de régression.

Validation

La comparaison des résultats aux différents âges a permis de considérer cette épreuve sous un angle génétique :

— à 11 ans toutes les figures sont reproduites correctement ;

— l'âge adulte n'apporte plus qu'une certaine perfection motrice ou bien une plus grande précision dans les détails des dimensions et des distances.

ADAPTATION DE H. SANTUCCI ET N. GALIFRET-GRANJON (6 à 14 ans - 1960) (2)

RATIONNEL

Intentions des auteurs

Les auteurs recherchent :

— chez les enfants présentant un retard scolaire un éventuel déficit de l'organisation grapho-perceptive;

— chez les enfants qui manifestent une déficience mentale l'existence d'un trouble de l'organisation grapho-perceptive qui peut avoir amplifié ou même déterminé, directement ou indirectement, le retard mental (3).

---

(1) Cf. les adaptations actuellement utilisées, pp. 27 à 32.

(2) **Santucci** (H.) et **Galifret-Granjon** (N.) *Epreuve graphique d'organisation perceptive, (6 à 14 ans).* Fascicule 5 du *Manuel de l'examen psychologique de* **Zazzo** (R.) et Coll. Delachaux et Niestlé, 1960. (Epuisé).

(3) Cf. l'analyse qualitative de la structuration spatiale à travers les échelles de **Wechsler**, notamment p. 86.

Données psychométriques

Cinq des modèles de **Bender** sont seulement retenus. La notation de la copie demandée tient compte de trois aspects du dessin :

— les angles - sauf pour la figure II -;

— l'orientation des éléments;

— la position relative des éléments.

Pour chaque aspect la note accordée va de 0 à 3. Des modèles de cotation sont donnés dans le Manuel (1).

La comparaison des résultats avec ceux des groupes d'étalonnage permet de situer chacun des aspects considérés dans les dessins et le résultat global par rapport à l'âge réel. La classification est faite par quartiles dans chaque groupe d'âge.

Données génétiques

L'étalonnage est établi sur une population française de 6 à 14 ans appartenant à des écoles primaires parisiennes.

Validation

Ces études ont fait constater que :

— la progression de l'échelle génétique est la plus satisfaisante pour les angles; pour les deux autres aspects les étapes sont moins régulières et le plafond est plus rapidement atteint (vers dix ans);

— pour tous les âges, sauf à 9 ans, les médians des garçons sont supérieurs à ceux des filles;

— l'échantillon des filles est trop réduit à 8 ans.

PORTÉE ET LIMITES

Valeur

- L'épreuve est rapide à faire passer et à coter.
- Elle est plus rapide que les Cubes de **Kohs** (2) pour apprécier le niveau de développement mental s'il n'y a pas de déficit grapho-moteur.
- Elle est plus rapide que la Figure complexe de **Rey** (3) pour apprécier l'organisation spatiale.

Critiques

- L'étalonnage, français, présente des lacunes sensibles.
- L'appréciation du niveau mental n'est pas valable en cas de déficit grapho-moteur ou de la structuration spatiale.

---

(1) **Santucci** (H.) et **Galifret-Granjon** (N.). *Epreuve graphique d'organisation perceptive (6 à 14 ans).* Fascicule 5 du *Manuel de l'examen psychologique de* **Zazzo** (R.) et Coll. Delachaux et Niestlé, 1960. (Epuisé).

(2) Cf. Ch. III, Epreuves à facteurs instrumentaux dominants, p. 125.

(3) Cf. p. 32.

Portée diagnostique

La portée diagnostique sera étudiée en même temps que celle des autres adaptations du **Bender** (1).

ADAPTATION DE H. SANTUCCI ET M.G. PÉCHEUX
(6 à 14 ans - 1967) (2)

RATIONNEL

Intentions des auteurs

Cette nouvelle adaptation du **Bender** tente de mettre plus de rigueur dans la cotation et le choix des groupes d'étalonnage.

Données psychométriques

La cotation s'établit avec une grille pour de nombreux items afin d'objectiver l'appréciation. Pour chacun des cinq modèles, les auteurs retiennent sept éléments qui seront eux-mêmes subdivisés selon les types de réussites ou d'erreurs : forme, nombre, rapport contiguité-séparation, orientation générale, orientation précise, précision des alignements, exactitude des dimensions.

Les résultats recueillis d'après la feuille de dépouillement rappelant tous les aspects cotables permettent une analyse quantitative détaillée et globale et une analyse qualitative extrêmement approfondie. La classification des groupes d'étalonnage est établie en quartiles par groupes d'âges réels.

Données génétiques

L'étalonnage va de 6 à 14 ans.

Validation

La rigueur de cette cotation a permis aux auteurs de constater l'hétérogénéité des cinq modèles, chacun appréciant un aspect différent de l'organisation grapho-perceptive.

Ainsi chaque dessin comporte des types de difficultés différents et l'ordre de difficulté des modèles varie selon les âges. Jusqu'à 9 ans on constate un certain retard des résultats des filles par rapport aux garçons.

PORTÉE ET LIMITES

Valeur

- L'étalonnage est excellent. On peut conclure qu'à tous les âges des résultats inférieurs à ceux fournis par les résultats médians de la population de référence doivent être considérés comme signes de difficultés dans le domaine grapho-perceptif.

---

(1) Cf. Portée et limites des adaptations du **Bender**, p. 31.

(2) **Santucci** (H.) et **Pécheux** (M.). *Epreuve d'organisation grapho-perceptive (6 à 14 ans).* Delachaux et Niestlé, 1967. Révisé et repris in **Zazzo** (R.) *Manuel de l'examen psychologique de l'enfant.* Tome I. Delachaux et Niestlé, 1969.

- Les critères relevés par les auteurs permettent une interprétation fine, nuancée, approfondie.

Critique

- La cotation et l'interprétation même minimale demande un temps très important.
- L'interprétation approfondie aspect par aspect et dessin par dessin demande une très grande minutie.
- L'étalonnage de 1967 est malheureusement inadaptable aux résultats obtenus par le système de notation de 1960 plus rapide.

Portée diagnostique

La portée diagnostique sera étudiée en même temps que celle des autres adaptations du **Bender** (1).

ADAPTATION DE H. SANTUCCI POUR ENFANTS DE 4 A 6 ANS (1960) (2)

RATIONNEL

Intentions de l'auteur

H. **Santucci** cherche à étendre l'application du test de **Bender** à des enfants de moins de 6 ans.

Données psychométriques

Cette épreuve comporte neuf dessins simples. Les principes de construction, de cotation et d'interprétation sont les mêmes que ceux de l'adaptation de 1960 (3) pour enfants de 6 à 14 ans.

Données génétiques

L'étalonnage va de 4 à 6 ans.

PORTÉE ET LIMITES

Valeur

- Cette épreuve est rapide à faire passer et à coter.
- Elle est utilisable pour des enfants de 6 ans ou plus présentant un retard de l'organisation perceptivo-graphique.

---

(1) Cf. Portée et limites des adaptations du **Bender**, p, 31.

(2) **Santucci** (H.). *Epreuve graphique d'organisation perceptive (4 à 6 ans).* Delachaux et Niestlé, 1960. Révisé et repris in *Manuel de l'examen psychologique de l'enfant,* de **Zazzo** (R.) et coll., tome I. Delachaux et Niestlé, 1969, Ancien fascicule 6 de ce manuel, 1ère édition 1960.

(3) Cf. p. 27.

PORTÉE ET LIMITES DES ADAPTATIONS DU BENDER

PORTÉE DIAGNOSTIQUE

- Ces épreuves sont moins élaborées que la Figure complexe de **Rey** (1) et moins sensibles que l'épreuve de rétention visuelle de **Benton** (2) pour apprécier les troubles organiques ou mnésiques.
- L'observation du comportement fournit des indications aidant à confirmer l'analyse du score : difficultés motrices, signes de séquelles de difficultés perceptives anciennes parfois compensées, etc.
- Les trois types de facteurs mis en jeu dans le dessin peuvent être analysés (3) même si les facteurs instrumentaux y sont dominants :

Facteurs instrumentaux

- Si le **Bender** à des résultats nettement inférieurs à ceux obtenus à d'autres épreuves de niveau intellectuel, ce peut être la mise en évidence d'un trouble électif de l'organisation spatiale, par exemple dyslexie.
- La comparaison du score global avec les résultats selon chaque aspect des dessins permet une ébauche de l'analyse des troubles de la structuration spatiale et de la sphère motrice. Les adaptations de 1960 prennent en considération :
  - la construction des angles : une bonne construction manifeste un niveau au moins moyen du développement perceptivo-moteur. De grosses perturbations, voire l'impossibilité de réaliser une ligne droite, signalent des difficultés dans ce développement.
  - l'orientation et la position relative des figures : c'est la structuration spatiale qui est alors plus en jeu. En cas de déficit, d'autres épreuves spatiales pourront affiner l'observation ébauchée.

Facteurs intellectuels

- Ces épreuves offrent une bonne appréciation du niveau de développement mental de 4 à 6 et de 6 à 10 ans s'il n'y a pas de déficit instrumental.
- Si le résultat au **Bender** est supérieur à celui obtenu à d'autres épreuves d'efficience intellectuelle, il faut éventuellement mettre en doute le retard manifesté par ces autres épreuves.

Facteurs affectifs

- Certains rapports de contiguité représentent parfois pour l'enfant une image fascinante ou dangereuse et les mécanismes mis alors électivement en jeu, par exemple l'inhibition, sont révélateurs.
- L'incitation de l'examinateur (3) entraîne une projection d'éléments affectifs intéressants, pourtant apparemment peu en jeu.

---

(1) Cf. p. 32.

(2) *Application clinique du test de rétention visuelle de A.L.* **Benton.** Centre de Psychologie appliquée, Paris, 1965. **Clément** (F.) et **Poitrenaud** (J.) : Le test de rétention visuelle de **Benton,** Evolution des résultats avec l'âge, en fonction du sexe et du niveau intellectuel. In *Rev. Psychologie appliquée,* 1964, *14,* 4, 243-277.

(3) Sur l'utilisation des épreuves de **Bender** comme test projectif, cf. **Riou** (M.) et **Bouisson** (J.). Le test de **Bender** comme épreuve projective, in *Bull. Psychologie,* 1973-1974, *27,* 1-4, p. 182.

- Ces épreuves sont très sensibles aux inhibitions centrées sur le graphisme.
- Certains retards grapho-moteurs peuvent être en rapport avec des perturbations affectives (1).

LES FIGURES COMPLEXES DE REY-OSTERRIETH (2)

RATIONNEL

Intentions des auteurs

A. **Rey** a imaginé une figure complexe géométrique dénuée d'intention représentative pour examiner les malades dont le fonctionnement mental était perturbé par un traumastime. P. **Osterrieth** l'a reprise, étalonnée, élaborée plus avant, surtout sur le plan génétique.

Données psychométriques

Sur les deux dessins demandés, l'un en copie, l'autre de mémoire, trois cotations sont effectuées :

— selon le type d'organisation, témoignant du degré de maturation;

— selon le temps passé;

— selon le nombre obtenu par cotation de chacun des 18 éléments reproduits, évalués de 0 à 2 chacun.

La classification est établie par centiles et par groupe d'âge réel pour le temps et le résultat chiffré. Les types de reproduction sont comparés aux dominantes génétiques.

Données génétiques

Deux figures différentes existent : la forme B est applicable de 4 à 7 ans et la forme A à partir de 8 ans.

PORTÉE ET LIMITES

Critiques

- Cette épreuve est plus longue à faire passer que le **Bender,** plus longue à coter que le **Bender-Santucci** 1960.
- A partir de 8, 9 ans pour la copie, de 10, 11 ans pour la reproduction de mémoire, ce n'est plus un bon test de développement, les scores médians ne différant plus guère d'un âge à l'autre.
- Plus complexe que le **Bender** il distingue moins finement le niveau de développement perceptivo-moteur que l'analyse des figures du **Bender** permet de cerner à travers la construction des angles.

---

(1) Cf. l'analyse des facteurs impliqués dans les épreuves du **Wechsler,** p. 78.

(2) **Rey** (A.). *Test de copie d'une figure complexe.* Centre de Psychologie appliquée, Paris, 1959.

- Son apparence neutre entraîne l'enfant à s'y projeter sans réticence. L'incitation de l'examinateur obtient aisément l'expression des éléments affectifs évoqués par l'ensemble ou des parties de la Figure (1).

Portée diagnostique

Facteurs instrumentaux

Cette épreuve permet de distinguer plusieurs sortes de troubles.

- Troubles de l'organisation perceptive :
  - — Le niveau d'efficience intellectuelle obtenu par ailleurs est normal.
  - — On constate des inversions importantes
  - — et des parties du dessin plus ou moins incohérentes.
- Troubles présentés par des épileptiques :
  - — Les éléments structurés sont bien copiés.
  - — On note une tendance à la persévérance.
    Des difficultés apparaissent à la mémoire.
- Troubles présentés par des aphasiques :
  - — Le temps des reproductions, copie et mémoire, est très long.
  - — Si la copie est faible, la mémoire l'est encore plus.
  - — On note des maladresses très importantes du tracé.
  - — On note une très mauvaise structure d'ensemble de la figure.
  - — On note de très mauvaises orientations et proportions.
- Troubles présentés par des traumatisés du crâne :
  - — Le résultat à la copie est normal (au contraire des aphasiques).
  - — Le temps est très long, surtout à la mémoire.
  - — La mémoire est très nettement inférieure à celle des sujets normaux, parfois jusqu'à amnésie totale.
  - — Il n'y a aucune bizarrerie (au contraire des psychotiques).

Facteurs intellectuels

- Cette épreuve permet l'étude du développement mental par l'observation des différents types de reproduction et la richesse de représentation graphique.

---

(1) Une méthode simple consiste à demander à l'enfant à quoi lui fait penser le dessin et, suivant ses réponses, à lui proposer tel ou tel élément, ou l'ensemble du dessin, sur lequel il n'aurait fait aucun commentaire spontané. Il est efficace de lui poser ces questions en commençant par le dessin qu'il vient de faire de mémoire, dans lequel la mise en jeu de la représentation mentale laisse plus facilement passage à des éléments projectifs. En un deuxième temps on peut lui demander de parler sur la copie qu'il a exécutée avant. Et, enfin, de comparer la copie avec le modèle pour dire plus précisément à quoi lui font penser les éléments du dessin original qu'il a justement oubliés ou déformés. Ceci est à nuancer suivant la personnalité de l'enfant, l'un pouvant être vraiment traumatisé par ce que lui évoque un détail dont il aime plus ou moins parler — par exemple la croix, pouvant être signe de mort —; l'autre n'étant pas à confronter à un sentiment d'échec s'il a fait de mauvaises reproductions. Dans ce dernier cas on peut se contenter de ses réponses sur la mémoire.

- Une déficience mentale, s'il n'y a pas déficit instrumental, peut s'y reconnaître à travers plusieurs éléments :

  — score faible, généralement inférieur au 25e centile inférieur de l'âge réel de l'enfant ;

  — niveau de reproduction inférieur à celui de l'âge réel, jamais le type dominant de leur âge réel ;

  — particularités primitives (1) persistant bien après 7 ans pour les enfants d'âge supérieur.

  — ensemble cohérent, pas d'anomalie ou d'incohérence notable.

Facteurs affectifs

- L'interprétation des commentaires de l'enfant sur son dessin relève des modes d'interprétation des tests projectifs (2).

- Certains éléments peuvent manifester des traits de personnalité typiques (3). La prudence incite à ne pas en conclure qu'il s'agit d'une structure de même type.

  Des traits psychotiques sont notamment reconnaissables, tels que :

  — Bizarreries des dessins, souvent pour obtenir la symétrie.

  — Tracé rigide, minutieux.

  — Temps très long pour la copie comme pour la mémoire.

  — Particularités primitives (1) pour les enfants de plus de 7 ans, surtout à la copie.

  — Rotation fréquente de la figure pour revenir à la verticale.

  — Maturation insuffisante des dessins, loops.

  — Lignes droites à tracé sinueux.

  — Surcharges à signification très personnelle.

  — Eléments dissociés ou reliés de façon arbitraire, agglomérés.

---

(1) Cf. p. 25.

(2) Cf. Ch. IV, Epreuves à facteurs affectifs dominants, p. 170.

(3) Se reporter également à l'analyse des traits caractéristiques apparaissant dans le Dessin du Bonhomme, p. 40.

B - FACTEURS INTELLECTUELS

L'arc réflexe ne nécessite pas d'opération mentale. Mais dès qu'il s'agit de coordination perceptivo-motrice, l'enfant va mettre en jeu non seulement ses capacités perceptive et motrice, mais également sinon essentiellement sa plasticité intellectuelle. Le dessin va être un moyen apparemment privilégié pour connaître la maturation de ses capacités intellectuelles en raison notamment de sa rapidité d'exécution (1).

I - GENÈSE DU DESSIN A THÈME

Le développement des opérations mentales propres au dessin peut être observé sous deux aspects :

— le développement de la représentation mentale par acquisition lente de détails et souvent par mutations brusques faisant atteindre des paliers nouveaux et plus riches quant à l'intégration de ces détails;

— le développement de la coordination mentale par dégagement d'un niveau syncrétique puis analytique à un niveau synthétique.

Le dessin de l'enfant devient en effet de plus en plus fidèle à un modèle et riche en reproductions détaillées de ce que ce modèle comporte, dans un ensemble de mieux en mieux structuré. La mesure du développement du dessin va donc être réalisable en tenant compte de la richesse numérique des éléments reproduits (2), de leur fidélité au modèle et de leur organisation les uns par rapport aux autres.

Les différents stades de l'évolution du dessin chez l'enfant se situent en fonction de la qualité de réalisme de leur reproduction :

— *Réalisme fortuit* : interprétation après coup, souvent à propos d'un gribouillage. A partir de 18 mois environ.

— *Réalisme manqué* : l'intention y est, mais pas encore les possibilités. A partir de 2 ans environ.

— *Réalisme intellectuel* : dessin des choses telles que l'enfant les conçoit, notion de modèle interne exprimé par un type familier. De 3 à 6, 7 ans environ.

— *Réalisme visuel* : dessin des choses comme elles sont vues. L'essentiel en est acquis vers 12 ans, entrepris depuis 6, 7 ans environ. Les progrès ultérieurs ne sont plus que de précision.

Le stade du réalisme intellectuel va comporter des caractéristiques particulières :

— *Transparence* : l'enfant reproduit certains éléments du dessin qui normalement doivent être cachés, par exemple nombril et jambes sous la jupe,

---

(1) Apparemment privilégié seulement : rappelons qu'il est indispensable, avant toute étude du niveau intellectuel à travers un dessin d'enfant, de s'assurer qu'une éventuelle déficience ne peut provenir de troubles instrumentaux.

(2) Cf. Dessin du Bonhomme, p. 37.

racines dans le pot de fleurs et sous la terre, maison fermée avec des gens dedans. La transparence commence à disparaître vers 8, 9 ans et a totalement disparu vers 12, 13 ans.

– *Rabattement* : l'enfant veut dessiner tout l'essentiel de son dessin en rabattant divers plans : par exemple la table ou l'auto aura les pieds ou les roues sur le même plan que le reste du dessin, à l'extérieur du centre du dessin, les personnages seront dessinés également sans perspective et donc éventuellement la tête en bas s'ils sont assis à une table et tournent le dos.

– *Narration graphique* : l'enfant représente dans une seule image de nombreux éléments d'un récit qui apparaissent à des moments différents. Le héros peut même être représenté plusieurs fois dans un même cadre.

– *Changements de points de vue, d'orientation.*

– *Confusion* (1).

Divers apprentissages suivent la courbe de la croissance mentale. L'observateur perçoit surtout les paliers successifs que l'enfant atteint, chaque atteinte d'un palier étant précédée d'une phase de stagnation ou de régression. Cette régression est alors normale, relative aux dernières acquisitions parce que les plus fragiles. Les différents stades du réalisme chevauchent ainsi entre eux sans que les indications d'âges soient déterminantes. On peut seulement dire qu'un enfant très doué aura un développement plus rapide et qu'au-delà de 12, 13 ans la socialisation prendra le dessus, permettant difficilement d'utiliser encore le dessin pour jauger le niveau de développement mental.

II - ÉPREUVES (2)

Pour déterminer un niveau de développement mental, il était indispensable d'établir une norme à partir d'un groupe d'étalonnage. Pour mieux circonscrire la richesse, la fidélité et la structuration du dessin, la copie de dessins géométriques a paru insuffisante. L'idéal aurait été l'utilisation du dessin libre. Pour concilier ces deux perspectives, c'est le dessin à thème que les auteurs de ce type d'épreuves ont retenu :

— Le dessin du Bonhomme de **F. Goodenough** (3).

— Le dessin de la Dame de **Fay** (4).

— La feuille de dessins de **Prud'hommeau** (5), qui réunit copie de dessins géométriques et de dessins à thèmes à quelques autres références.

Nous n'étudierons ici que les deux premières de ces épreuves.

---

(1) Cf. Facteurs grapho-perceptifs, p. 25.

(2) Cf. p. 35 note 1.

(3) Cf. p. 37.

(4) Cf. p. 41.

(5) **Prud'hommeau.** *Le dessin de l'enfant.* P.U.F., 1947. **Fornier** (M.), Etude de l'épreuve de dessins de **Prud'hommeau**, in *Enfance*, 1951, 4, 328-335.

DESSIN DU BONHOMME DE F. GOODENOUGH (1)

RATIONNEL

Intentions de l'auteur

En écartant les considérations esthétiques, l'auteur cherche à proposer aux enfants, non soupçonnés de déficience grapho-perceptive (2), une épreuve facilement acceptée permettant une estimation rapide du niveau de développement mental.

Données psychométriques

Le dessin s'exécute sans autre modèle que la représentation mentale que l'enfant s'en fait.

L'évolution du dessin du Bonhomme peut ainsi être schématisée :

- *Vers 3 ans* : bonhomme têtard, qui apparaît sans besoin d'explication.
- *Vers 3-4 ans* : le bonhomme est de face, des détails apparaissent progressivement : la tête avec bras et jambes, puis les yeux, puis les pieds tracés en direction opposée l'un par rapport à l'autre (vers l'extérieur).
- *Vers 5 ans* : le tronc avec des boutons est nettement dessiné, éventuellement d'autres détails vestimentaires apparaissent.
- *Vers 6 ans* : début des indications de dynamisme, par exemple mouvements des bras ou jambes, orientation des pieds dans la même direction — le plus généralement à droite pour un droitier —. Le dynamisme peut apparaître dès le bonhomme têtard, il s'agit souvent d'enfants très doués.
- *Vers 6 ans et demi* : apparition du profil. Il peut y avoir au début confusion entre profil et face, les deux yeux dessinés par exemple sur une tête dont le contour est de profil. Les indications de dynamisme augmentent parallèlement.
- *Vers 7 ans* : le personnage commence à acquérir une certaine ressemblance. La progression dans la ressemblance et la transcription de détails de plus en plus fidèles à la réalité (3) atteindra un palier vers 12-13 ans après lequel l'évolution du bonhomme ne sera plus sensible.

Les éléments manifestant chacune de ces acquisitions ont été précisés par l'auteur. Les critères de notation sont déterminés par la présence ou l'absence d'un détail ou de l'ensemble de chaque élément. La somme des points obtenus correspond au niveau d'âge mental atteint.

Données génétiques

Cette épreuve est utilisée en tant que test de développement mental de 4 à 12 ans.

---

(1) **Goodenough** (F.L.) : *L'intelligence d'après le dessin.* Presses Universitaires de France, 1957.

(2) Cf. Facteurs grapho-perceptifs, p. 25.

(3) Cf. les étapes du réalisme de reproduction, p. 35.

Validation

Le Dessin du bonhomme a une bonne fidélité : l'erreur probable dans un test-retest sur des enfants de 5 à 10 ans ne dépasserait pas 10 points.

L'étalonnage a été effectué dans des sociétés dites développées. On a constaté dans d'autres sociétés que l'influence socio-culturelle n'était pas négligeable, car cette épreuve sous-estimait alors le niveau. Dans l'ensemble le système de notation est assez rigoureux et tend à sous-estimer le niveau du sujet, même en France où la population d'étalonnage semblait pourtant représentative de la majorité des enfants.

L'analyse qualitative des dessins effectués par le groupe d'étalonnage a fait ressortir des différences entre les dessins des filles et ceux des garçons :

— Les enfants ont tendance à reproduire leur propre sexe. Mais, alors que seulement 75% des garçons représentent des garçons, 97% des filles représentent des filles.

— Les enfants ont tendance à reproduire leur propre sexe. Mais, alors que seulement une majorité des garçons représentent des garçons, presque toutes les filles représentent des filles.

— Les garçons attachent plus d'importance au mouvement et au dynamisme, les filles plus d'importance aux détails.

PORTÉE ET LIMITES

Valeur

- C'est un test non verbal, généralement très bien accepté.
- Il est très rapide à faire passer et à coter. Il demande un minimum de matériel.
- Il présente la possibilité de test-retest sans aucun inconvénient, même si l'intervalle de temps est très bref.
- Il permet une bonne estimation de la maturation mentale de l'enfant lorsqu'il ne présente pas de déficit spécifique.
- L'observation du comportement et du mode d'organisation de l'enfant apportent des éléments utiles à une meilleure compréhension de ses conduites habituelles.
- Lorsque l'enfant peut parler, ses commentaires complètent cette épreuve en permettant d'ébaucher l'interprétation des facteurs affectifs impliqués.

Critiques

- Cette épreuve est trop sensible aux troubles grapho-perceptifs, aux troubles de la structuration spatiale et à ceux du schéma corporel (1), risquant d'invalider le niveau obtenu (2).

---

(1) Nous désignons ici sous le terme de *schéma corporel* la représentation schématique du corps réel, fondée sur des données sensorielles multiples, proprioceptives et extéroceptives, et dont l'engramme se constitue dans le lobe pariétal. Le tome II reprendra cette notion plus à fond.

(2) Cf. l'analyse des facteurs impliqués dans les épreuves du **Wechsler**, pp. 86 et sq.

- Elle est trop sensible aux facteurs affectifs (1) impliqués par l'image du corps (2) et le facteur relationnel induits à travers le thème.

Portée diagnostique

Facteurs instrumentaux

Lorsque le niveau d'âge du dessin est inférieur à un niveau intellectuel obtenu par ailleurs, l'organisation grapho-perceptive peut être déficitaire. Son examen approfondi, notamment par le **Bender** (3), doit être entrepris avant d'envisager d'autres facteurs impliqués dans ces troubles.

Les troubles spécifiques de la structuration spatiale peuvent aussi être en cause. Leur distinction ressort alors de l'analyse du **Bender** (3).

Le déficit peut également être en rapport avec des troubles du schéma corporel et doit entraîner une analyse de ce domaine (4).

Facteurs intellectuels

Leur interprétation est directe si le niveau obtenu est au moins moyen. Mais elle s'enrichit toujours d'une comparaison avec le résultat à un test d'évaluation du fonctionnement intellectuel, comparaison rendue indispensable si l'âge obtenu au Bonhomme est inférieur à l'âge réel.

Lorsque le niveau du dessin et le niveau intellectuel obtenu à un autre test sont tous les deux déficitaires, il est alors nécessaire de rechercher par ailleurs l'impact plus ou moins réciproque de la déficience mentale et du facteur affectif.

Lorsque le niveau d'âge du dessin est supérieur au niveau intellectuel obtenu par ailleurs, les retards ou blocages de l'efficience intellectuelle doivent être analysés par ailleurs (5) et la potentialité intellectuelle paraît alors mieux estimée par le dessin.

Facteurs affectifs

Parfois le dessin atteindra un niveau d'âge correspondant à l'âge réel, mais la régression apparaîtra dans des traits caractéristiques du réalisme infantile : par exemple transparence, rabattement, etc. Il faudra alors chercher la part de régression normale entre plusieurs niveaux d'acquisition chez tout enfant, et la part de régression ou d'arrêt d'évolution due à des perturbations affectives.

Un certain nombre de signes peuvent être recueillis et reconnus comme manifestations de l'affectivité de l'enfant. Dans la mesure où les facteurs instrumentaux et intellectuels ont été analysés, l'interprétation de ces signes s'apparente alors à l'interprétation d'une épreuve projective (6) et doit en suivre les exigences, notamment de prudence.

---

(1) Cf. l'analyse des facteurs impliqués dans les épreuves du **Wechsler**, p. 90.

(2) Nous désignons par *image du corps* la représentation du corps imaginaire, dont la construction s'effectue inconsciemment à partir des émotions et des sentiments éprouvés dans la relation physique que l'enfant a avec son entourage, et qui se distingue toujours plus ou moins du schéma corporel.

Le tome II reprendra cette notion plus à fond. (bien ds sa peau)

(3) Cf. p. 27.

(4) Cf. l'analyse des facteurs impliqués dans les épreuves du **Wechsler**, p. 88.

(5) Cf. l'analyse des facteurs impliqués dans les épreuves du **Wechsler**, p. 78.

(6) Cf. p. 170.

Sans préjuger des conclusions ultérieures, surtout sans conclure qu'il s'agit d'une structure lorsqu'on situe des traits d'un type donné, la convergence de certains signes permet d'émettre des hypothèses sur la caractéristique de ces traits (hypothèses et listes de signes non exhaustifs bien évidemment) :

- *Impulsivité,* manifestée par :
  - — un tracé mal contrôlé, mal raccordé, un manque de proportion;
  - — un comportement négligent.
- *Anxiété* mal défendue, manifestée par :
  - — un tracé hachuré, ombré, noirci;
  - — un contenu de personnages ou objets effrayants, agressifs.
- *Difficultés relationnelles,* manifestées par :
  - — le refus ou la scotomisation de l'ensemble ou de parties du dessin;
  - — la mauvaise position relative ou la disproportion d'un élément par rapport aux autres.
- *Traits psychotiques* manifestés par :
  - — l'appauvrissement du dessin, ou au contraire des surajoutures, en particulier d'attributs sexuels ou de leurs symboles (1) ;
  - — des bizarreries importantes, l'aspect fantastique ou désorganisé ou au contraire l'excellente facture et la grande qualité esthétique des dessins;
  - — le processus de dévitalisation : mauvaise distinction entre monde humain, animal et végétal, tendance à dessiner des figures géométriques ou objets;
  - — le retour à des thèmes très archaïques, aux caractéristiques du dessin infantile : transparence, profil avec deux yeux, voire même seulement des loops (2), agglutination, condensation de différents éléments sur le même dessin ;
  - — le remplissage des espaces blancs avec des formes stéréotypées, des surajoutures : dessins, ronds, lettres, ayant pour le sujet une signification très personnelle.
- *Traits phobiques* manifestés par :
  - — l'inhibition plus ou moins massive perceptible à travers :
    - - la petitesse du dessin, sa mise dans un coin de page,
    - - un tracé très flou,
    - - l'absence ou la faiblesse du dynamisme,
    - - des contenus pauvres, parfois très régressifs;
  - — la fascination de certains éléments surinvestis;
  - — des situations en déséquilibre, par exemple chutes possibles en montagne, falaises à pic, etc.;
  - — une sensibilité à ce qui se cache ou peut être vu, souvent à travers une symbolique assez claire (1).
- *Traits obsessionnels,* manifestés par :
  - — la minutie, la scrupulosité du tracé, les nombreux détails et accessoires;

---

(1) Cf. Tests projectifs, p. 170 et tomes II et III.

(2) Cf. Genèse de l'organisation grapho-perceptive, p. 25.

— l'essai d'intégration en un tout et de contrôle de l'ensemble par le remplissage, la nette structuration des contours, des ratures souvent significatives d'éléments mal intégrés ;
— des éléments doublés, plus ou moins symétriques, reflétant la dichotomie interne, la difficulté à choisir, le doute ;
— l'exagération des éléments du haut du corps surinvestis parfois jusqu'au scotome de tout ce qui peut rappeler les difficultés d'identification sexuelle ;
— le choix de situations style faits divers exprimant par déplacement l'agressivité sous-jacente ;
— l'expression symbolique (1) des défenses : châteaux-forts envahis d'accessoires aussi meurtriers que défensifs, panoplie complète des justiciers du Far-West, etc. (2).

- *Traits hystériques,* manifestés par :
  — la valorisation des détails narcissiques, des visages, des vêtements, de mises en scènes ;
  — la sexualisation symbolique d'éléments neutres (1).

DESSIN DE LA DAME DE FAY ADAPTÉ PAR A. REY (3)

RATIONNEL

Intentions des auteurs

Ils désirent améliorer l'épreuve du Bonhomme de **Goodenough** en le rendant plus sensible à chaque âge.

Données psychométriques

L'enfant a pour consigne de dessiner une dame qui marche sous la pluie. Les éléments retenus par les auteurs sont plus nombreux que pour le Bonhomme. Les résultats comptés également en nombre de points obtenus par la présence de ces éléments peuvent être transformés en niveau d'âge mental.

Données génétiques

L'étalonnage est établi de 5 à 12 ans pour être appliqué comme test de développement.

PORTÉE ET LIMITES

Les mêmes valeurs, critiques et portée diagnostique que pour le Bonhomme, bien que la Dame de **Fay** soit un peu plus long à coter.

---

(1) Cf. Tests projectifs, p. 170 et tomes II et III.

(2) Cf. le développement des défenses, dans le tome II.

(3) **Fay** (F.) : Le test du dessin, in *L'intelligence et le caractère.* Paris, Foyer Centre d'Hygiène, 1934, 69-76. **Rey** : Epreuves de dessin, témoins du développement mental. in *Arch. Psychol.*, Genève, 1946, *31*, 369-380. Cotation du test de **Fay** in *Cah. Enfance inadapt.* 1953, *21*, 43.

C - FACTEURS AFFECTIFS

I - GENÈSES

Le dessin libre de l'enfant représente spontanément ses centres d'intérêt, son symbolisme corporel, ses relations parentales et fraternelles. Les éléments projectifs reflètent son affectivité, les modes de contrôle ou d'envahissement de son monde imaginaire (1).

L'interprétation des facteurs affectifs implique la connaissance du développement affectif de l'enfant (1), afin de reconnaître et de situer dans leurs genèses propres les contenus latents qu'il cherche à exprimer.

La facture du dessin de l'enfant repose d'abord sur le niveau de réalisme de ses reproductions (2). Mais par ailleurs l'éventail des contenus manifestes est sans limite. Certains d'entre eux reviennent néanmoins plus fréquemment et le développement de leur représentation doit être connu. C'est en effet une référence génétique essentielle pour être à même de distinguer les moments régressifs ou les signes d'une perturbation affective sous-jacente.

Parmi les représentations les plus fréquentes, toutes ne font pas l'objet de recherches connues comme le bonhomme (3) ou l'arbre (4). Chacun connaît plus ou moins le schéma du développement du dessin d'une maison (5). Des auteurs ont fait part de leurs expériences cliniques (6).

Il reste effectivement au clinicien à forger sa propre expérience, c'est-à-dire ses propres références, sur deux plans à la fois : genèse du graphisme de chaque élément et signification de chaque représentation. Celle-ci est tributaire des explications verbales que l'enfant donne de l'ensemble et des détails de ses dessins. Lorsqu'un enfant est mutique ou inhibé, une prudence d'autant plus grande est recommandée au moment de l'interprétation.

II - ÉPREUVES

— Le **dessin libre** est évidemment le mieux adapté à l'investigation des facteurs affectifs dans la mesure où il évite toute contrainte du thème.

— Le **dessin de la famille** (7) incite la projection des conflits relationnels (8) outre tout ce qui est déjà en jeu dans le dessin du bonhomme (3). Les situations et proportions relatives des personnages y connaissent également une genèse.

---

(1) Cf. Tome II.

(2) Cf. Facteurs intellectuels, p. 35.

(3) Cf. Facteurs intellectuels, p. 37.

(4) **Koch** (Ch.) : *Le test de l'arbre.* E. Vitte, édit., Lyon, 1958. **Stora** (R.) : La personnalité à travers le test de l'arbre. *Bull. Psychol.,* numéro spécial, 1965.

(5) Schéma qui peut commencer par la maison-meule arrondie et passer par la maison-dieu allongée en hauteur avant d'arriver à la maison rectangulaire surmontée d'un toit.

(6) Lire notamment : **Luquet** (Ch.) : *Le dessin enfantin.* Alcan, Paris, 1927. **Boutonnier** (J.) : *Les dessins de l'enfant.* Editions du Scarabée, Paris, 1953. **Widlöcher** (D.) : *L'interprétation des dessins d'enfants.* Charles Dessart, éditeur, Bruxelles, 1965. **Dolto** (F.) : Rapport sur l'interprétation psychanalytique des dessins au cours de traitements psychiatriques, in *Psyché*, 1948, *17*, p. 324.

(7) **Corman (L.)** Le test du dessin de famille, *P.U.F., PARIS, 1961.*

(8) **Borelli-Vincent** (M.). L'expression des conflits dans le dessin de la famille, in *Rev. Neuropsychiat. infant.,* 1965, *13*, 1-2, 45-65.

— Le **dessin de l'arbre** de **Koch,** repris par **Stora** (1) reflète plutôt l'affectivité par rapport à l'image du corps (2).

Nous n'étudierons ici que l'épreuve de dessin libre.

ÉPREUVE DE DESSIN LIBRE

RATIONNEL

Spécificité (3)

Cette épreuve implique la capacité de reproduction des représentations mentales.

L'absence de limite au thème permet la réactivation des situations les plus étendues et les plus régressives.

Cette épreuve privilégie la projection de la fantasmatique personnelle de l'enfant.

Données génétiques

Les productions de l'enfant sont intéressantes dès qu'il gribouille, c'est-à-dire environ vers dix-huit mois.

Mais c'est surtout à partir du moment où le réalisme manqué (4) intervient, puis vers 3 ans lorsque le réalisme intellectuel (4) commence à apparaître, que cette épreuve s'enrichit.

A partir de 7 à 8 ans et plus encore après 12 ans, si l'enfant n'est pas suspect de déficience mentale, le réalisme visuel (4) s'infiltre et l'attachement à la réalité, aux détails, peut être utilisé comme défense pour camoufler ou éviter l'angoisse, les fantasmes.

L'épreuve conserve néanmoins, malgré ou à cause de cette évolution, tout son intérêt. Pour les enfants très perturbés ou peu structurés, cette mise en place du réalisme visuel à partir de 7 ans entre évidemment moins en jeu.

Au-delà de l'âge de 12 ans le développement du graphisme et du réalisme n'est plus assez notable. L'épreuve conserve sa valeur dans la mesure où les éléments projectifs, manifestant des traces de perturbations affectives ou des modes d'évitement, s'y reflètent encore.

Références pour l'interprétation

- L'interprétation des dessins d'enfant nécessite les comparaisons aux données génétiques de tous les facteurs impliqués dans chaque graphisme (5).

---

(1) **Koch** (Ch.) : *Le test de l'arbre.* E. Vitte, édit., Lyon, 1958. **Stora** (R.) : La personnalité à travers le test de l'arbre. *Bull. Psychol.,* numéro spécial, 1965.

(2) Lire aussi **Dolto** (F.): *L'image inconsciente du corps.* Ed. du Seuil, Paris, 1984.

(3) Nous suivons ici le même plan que pour tous les tests, mais avec la dénomination des sous-titres qui nous a paru la mieux adaptée aux épreuves projectives, cf. pp.149 et sq.

(4) Cf. Facteurs intellectuels, p. 35.

(5) Cf. pp. 25, 35, 37 et tome II.

- Les contenus latents sous-jacents ou symbolisés (1) dans les contenus manifestes sont limités par les charges affectives propres de l'enfant. A priori multiples, ils sont néanmoins centrés sur l'image du corps, les images parentales, le maniement des affects.

PORTÉE ET LIMITES

Valeur

- Le maniement de cette épreuve est très facile, le matériel réduit à une feuille de papier blanc (ou de couleur) et des crayons, si possible de couleurs variées.
- Elle est très bien acceptée par la majorité des enfants.
- Elle peut servir d'excellente entrée en contact, particulièrement avec les enfants réticents ou inhibés, mais dont l'inhibition n'est pas centrée sur le graphisme.
- L'expression de certains conflits peut avoir un effet cathartique.
- Des dessins à thème (famille, arbre, bonhomme, etc.) permettent de compléter rapidement cette épreuve lorsque la production apparaît insuffisante pour l'interprétation.

Critiques

- L'analyse des éléments affectifs nécessite auparavant celle des facteurs instrumentaux (2) et intellectuels (3) s'il y a suspicion de déficit.
- L'interprétation des facteurs affectifs demande beaucoup de prudence et une longue expérience clinique. Elle exige l'explicitation par l'enfant lui-même du sens de l'ensemble et des détails de ses dessins. Si ce n'est pas possible, cela nécessite une prudence encore plus grande.
- L'absence de références habituelles et connues laisse la place à des erreurs d'intuition. Cette épreuve a donc intérêt à être incluse dans une batterie.
- L'interprétation approfondie nécessite une connaissance plus clinique encore que théorique de la psychanalyse.
- L'utilisation répétée du dessin libre dans une relation psychologue-enfant relève de la psychothérapie et exige une formation spécifique.

Portée diagnostique

Facteurs instrumentaux

- Cette épreuve est sensible, comme tout graphisme, aux facteurs grapho-perceptifs. Une suspicion de troubles ou déficits de cette organisation doit entraîner une analyse approfondie (4).
- Les troubles de la structuration spatiale (5) ou du schéma corporel (6) qui peuvent y être suspectés nécessitent également une analyse approfondie.

---

(1) Cf. Tome II.

(2) Cf. p. 25.

(3) Cf. p. 35.

(4) Cf. Facteurs grapho-perceptifs, p. 26.

(5) Cf. l'analyse des facteurs impliqués dans les épreuves du **Wechsler**, p. 86.

(6) Cf. l'analyse des facteurs impliqués dans les épreuves du **Wechsler**, p. 88.

Facteurs intellectuels

La sensibilité de cette épreuve à la maturation mentale permet d'y détecter d'éventuels retards ou troubles qui peuvent faire l'objet d'une analyse plus approfondie (1).

Facteurs affectifs

- Un certain nombre de signes déjà reconnus comme manifestations de l'affectivité à travers des dessins géométriques (2) ou le dessin du bonhomme (3), sont également ici parfois perceptibles et objets d'hypothèses.
- Le déficit ou les troubles manifestés au niveau des facteurs instrumentaux ou intellectuels peuvent être intriqués avec les facteurs affectifs (4), soit comme conséquences de carences, perturbations ou traumatismes affectifs dans le premier développement de l'enfant, soit ayant des répercussions non négligeables sur l'affectivité de l'enfant et pouvant alors être renforcés par cette intrication même.
- Cette épreuve est particulièrement sensible aux inhibitions psychomotrices centrées sur le graphisme.
- Elle entraîne de manière privilégiée la projection de situations traumatisantes ayant pû provoquer des blocages en divers domaines.
- L'interprétation des facteurs affectifs relève du domaine des épreuves projectives (5), la symbolique des contenus manifestes y nécessitant un maximum de rigueur face à l'intuition indispensable.

---

(1) Cf. Facteurs intellectuels, p. 35 et l'analyse des facteurs impliqués dans les épreuves du **Wechsler**, p. 78.

(2) Cf. Facteurs grapho-perceptifs, p. 33.

(3) Cf. Facteurs intellectuels, p. 39.

(4) Cf. l'analyse des facteurs impliqués dans les épreuves du **Wechsler**, p. 90.

(5) Cf. Chapitre IV, Epreuves à facteurs affectifs dominants, p. 170.

CHAPITRE II

ÉPREUVES A FACTEURS INTELLECTUELS DOMINANTS

Personne n'ignore que les auteurs du premier test ont été **Binet** et **Simon** et qu'il fut l'aboutissement de recherches orientées vers l'approche intellectuelle. Depuis cette époque les constructions de tests ne se sont guère interrompues, avec plus ou moins de bonheur et à travers diverses pistes.

Historiquement l'approche intellectuelle semble avoir ensuite été le moins mal circonscrite par les échelles composites et les échelles non verbales principalement étayées sur le Facteur G. C'est pourquoi ce chapitre étudie d'abord successivement :

— Le **Binet-Simon** et ses dérivés.

— Les échelles composites de **Wechsler**, ayant ici l'avantage de comporter à la fois des épreuves verbales et des épreuves non verbales.

— Parmi les échelles non-verbales, les principaux tests de Facteur G ou assimilés et un rappel des épreuves de dessin.

Dans une tout autre direction, des auteurs ont ultérieurement tenté d'approcher non plus les diverses facettes de l'efficience intellectuelle, mais les mécanismes structurant l'intelligence. Nous étudierons donc en fin de chapitre :

— Les échelles adaptées de **Piaget**, dont les conceptions ont servi de base aux épreuves.

Parmi les études de ces différentes séries d'échelles, celle des échelles de **Wechsler** constitue à la fois un instrument de travail immédiat pour leurs nombreux utilisateurs, et un prototype de l'approfondissement auquel chaque psychologue peut se livrer devant toute nouvelle épreuve.

C'est pourquoi nous en avons présenté la portée diagnostique sous forme de tableaux élaborés, n'hésitant pas ainsi à la valoriser disproportionnellement malgré les limites et lacunes du **Wechsler** et de tout test. Notre but est bien de dégager l'esprit qui peut animer le clinicien pour simultanément exploiter au maximum le matériel dont il dispose, test ou autre, et dépasser ce matériel lui-même.

A - LE BINET-SIMON ET SES DÉRIVÉS

Nous étudierons successivement :

— Le **Binet-Simon** originel, devenu test historique puisqu'il n'est plus utilisé lui-même tout en ayant beaucoup essaimé.

— Ses dérivés directs, conservant le même arrière-plan théorique, élaborés selon deux courants :

- Aux Etats-Unis, le **Terman** et le **Terman-Merrill.**
- En France, les travaux de **Zazzo** et ses collaborateurs ayant abouti à la **N.E.M.I.**

LE BINET-SIMON

La première échelle que **Binet** et **Simon** (1) ont construite a été déterminée par des nécessités d'ordre pratique : trouver un instrument qui permette le dépistage des enfants ne pouvant, par insuffisance intellectuelle, profiter de l'enseignement primaire normal.

RATIONNEL

Intentions des auteurs

Le **Binet-Simon** s'est élaboré schématiquement en deux étapes.

En 1905 les auteurs ont cherché à éprouver le degré des aptitudes de l'enfant en posant des questions de difficulté progressive.

Entre 1908 et 1911 les auteurs ont repris l'échelle primitive et ont cherché à en dégager une progression génétique.

Arrière-plan théorique

L'intelligence est pour **Binet** une aptitude à l'action. Il renonçait ainsi aux notions atomistes ou fonctionnalistes utilisées jusque-là.

Pour lui l'intelligence comporte quatre étapes dont la mise en jeu peut être éprouvée :

— la compréhension, à travers les problèmes posés par la consigne d'une épreuve ;

— l'invention, à travers ceux posés par la solution ;

— la direction, à travers la poursuite du but au-delà des tâtonnements;

— la censure, à travers la capacité d'esprit critique.

Evaluer l'aptitude à acquérir des connaissances — et non les connaissances elles-mêmes — serait donc possible grâce à une diversité d'épreuves rassemblées en un seul test, d'où l'appellation de test composite ou hochepot.

---

(1) **Binet** (A.) et **Simon** (Th.) : *Mesure du développement de l'intelligence chez les jeunes enfants.* Bourrelier, Paris, 1957.

Données psychométriques

En 1905 les questions constituaient une simple liste. Le résultat était exprimé par le nombre de réussites. Le critère du choix des épreuves était qu'un item est meilleur s'il semble, de façon plausible, mettre en jeu l'un au moins de ces aspects de l'intelligence.

En 1908-1911 les questions ont été regroupées par niveaux d'âge. Le résultat était exprimé par le niveau d'âge que l'ensemble des réussites permet d'atteindre. Le critère du choix s'avère plus objectif : un item n'est inclus dans l'échelle que si l'on voit la fréquence de réussite à cet item augmenter fortement en fonction de l'âge. Une épreuve devient ainsi significative d'un âge donné lorsqu'elle est réussie par 50 % de sujets de cet âge estimés normaux et échouée par les sujets plus jeunes.

Données génétiques

Les épreuves de l'échelle de 1908-1911 s'étendaient de 3 à 12 ans. On pensait alors qu'elles pouvaient aussi être utilisées pour des adultes débiles.

Validation

En 1905, la validation s'est effectuée par comparaison entre deux populations considérées sous deux aspects.

Les items échoués par des enfants estimés arriérés, alors qu'ils sont réussis par des enfants estimés normaux, prouveraient que c'est l'intelligence qui est mise en jeu. L'estimation ne reposait sur aucune objectivation.

Deux personnes d'âge réel différent pourraient ainsi obtenir le même nombre de réussites : d'où le risque de conclure que leur niveau d'intelligence est comparable. Ce serait en particulier une erreur de trouver équivalents les niveaux intellectuels d'un adulte "arriéré" et d'un enfant en plein développement.

Par ailleurs la comparaison entre les résultats de "bons" élèves et de "mauvais" élèves, estimés tels par leurs résultats scolaires, permettrait de déterminer les items utiles à leur discrimination. Mais c'était alors risquer d'oublier que bien des échecs scolaires procèdent d'autres causes que d'une insuffisance intellectuelle.

La validation de 1908-1911 repose encore sur ces mêmes comparaisons, mais elle a été orientée vers les qualités d'un test de développement, distinguées de celles d'un test d'aptitude :

— "Un bon test de développement différencie bien des enfants estimés "normaux d'âges différents : les médians d'âges sont très différents; "alors qu'il différencie mal les enfants de même âge : les dispersions "intra-âges sont faibles.

— "Un bon test d'aptitude différencie mal les enfants d'âges différents : "les médians d'âges sont peu différents; il différencie bien les enfants "du même âge selon l'efficience à cette aptitude : il existe une forte "dispersion intra-âge" (1).

---

(1) **Perron-Borelli** (M.) et **Perron** (R.). *L'examen psychologique de l'enfant.* Presses Universitaires de France, Paris, 1970, p. 25.

PORTÉE ET LIMITES

Valeur

- Historiquement le **Binet-Simon,** comme premier test, a donné un élan particulier à la psychologie.
- Ses épreuves sont courtes et variées.
- Beaucoup d'entre elles ont été appréciées et reprises pour constituer le fond d'un certain nombre de tests.

Critiques

- Certaines épreuves laissent trop de place à la chance.
- L'échelle cesse d'être discriminative au-delà de 10 ans chez les enfants estimés normaux.
- L'étalonnage présente des faiblesses : les résultats des enfants les plus jeunes sont très valorisés, alors qu'ils sont trop dévalorisés pour les enfants les plus âgés.

  Une rectification à ces distorsions est tentée par le moyen de courbes d'évolution servant de norme comparative **(Bonnis).** Mais ce procédé s'avèrera insuffisant.
- L'échelle primitive n'est plus utilisée, ses dérivés présentant de meilleures qualités.

LE TERMAN OU "BINET RÉVISION STANFORD" (1916) (1)

RATIONNEL

Intentions de l'auteur

A l'Université **Stanford, Terman** cherche à créer une adaptation du **Binet-Simon** 1911 à la population américaine en diminuant l'effet du hasard. Pour cela il transforme certaines consignes, retranche des épreuves et en ajoute de nouvelles.

La traduction française est due à **Claparède.**

Données psychométriques

Une épreuve est estimée significative d'un âge donné lorsqu'elle est réussie par 75% des sujets de cet âge estimés normaux dans le groupe d'étalonnage.

Chaque épreuve compte pour un nombre de points tel que le nombre total des épreuves par âge fasse douze. Le résultat total permet donc de transformer le nombre de réussites en âge mental, à partir duquel un Q.I. de type **Stern** peut être obtenu.

Données génétiques

L'étalonnage porte sur des enfants de 3 à 18 ans.

---

(1) Cf. le **Terman-Merrill**, p. 52, plus utilisable en France que le **Terman.**

PORTÉE ET LIMITES

Valeur

- Des items supplémentaires permettent des rattrapages.
- L'épreuve de vocabulaire adaptée par **Claparède** reste valable pour les sujets français.
- Ce test discrimine mieux que le **Binet-Simon** les enfants de 9 à 15 ans.
- Il est sensible aux aptitudes scolaires, au raisonnement logique et aux possibilités verbales.

Critiques

- L'échelle est beaucoup plus longue à faire passer que le **Binet-Simon.**
- L'échantillon est américain, l'étalonnage est mal adapté à une population française.
- Il est peu valable pour les enfants doués au-dessus de 15-16 ans en raison du plafonnement de l'échelle.
- L'échelle n'est pratiquement plus utilisée, le **Terman-Merrill** ayant des qualités supérieures.

LE TERMAN-MERRILL (1937) (1)

RATIONNEL

Intentions des auteurs

Terman s'est associé à **Merrill** pour profiter de son expérience des épreuves de performance. Ils souhaitent rendre le test de **Terman** moins verbal.

Ils ont cherché à affiner la valeur discriminative de l'échelle aux âges inférieurs et aux niveaux supérieurs, permettant un sondage aux points critiques du développement.

L'adaptation française a été faite par **Cesselin.**

Données psychométriques

Deux différences distinguent surtout ce test du **Terman.**

Une épreuve est estimée significative lorsqu'elle est réussie par 50% des sujets estimés normaux d'un âge donné.

Pour obtenir un Q.I. type **Stern,** l'âge réel situé entre 13 et 16 ans subit une correction mathématique qui évite le plafonnement aux âges supérieurs. Un adulte peut également passer l'épreuve, étant alors considéré comme ayant l'âge de 16 ans (qui, après cette correction, devient un âge plafond de 15 ans).

---

(1) **Cesselin** (F.) : *Comment évaluer le niveau intellectuel.* Editions Bourrelier, Paris, 1959.

Données génétiques

L'étalonnage est effectué sur une population américaine de 18 mois à 18 ans. L'échelle peut être appliquée au-delà de cet âge (cf. ci-dessus).

PORTÉE ET LIMITES

Valeur

- Cette échelle discrimine bien les enfants de 18 mois à 7-8 ans, en raison de la proportion plus importante d'épreuves de performance par rapport aux épreuves verbales pour les âges inférieurs.
- Elle comporte deux formes parallèles (forme L et forme M), permettant une situation de test-retest par diminution des effets d'apprentissage. Ceci lui confère une grande fidélité.
- L'étendue et la variété des épreuves entraîne souvent une large dispersion des résultats qui permet d'inventorier assez finement les capacités du sujet et ne doit pas être interprétée comme pathologique.

Critiques

- L'adaptation de **Cesselin** ne répond pas aux exigences des auteurs. En particulier certaines épreuves, surtout au-delà de 8 ans, telles que les "mots abstraits" à définir et les "phrases absurdes", sont mal adaptées à la population française.
- La population américaine d'étalonnage présente des différences notables avec la population française pour certains items.

  L'épreuve de "Vocabulaire" surestime la cotation du niveau des enfants français qui réussissent facilement au-dessus de leur âge. Or, elle constitue la principale épreuve de sondage. On ne peut donc en tenir compte, pour choisir l'âge des premières épreuves à présenter ensuite, que si le résultat est inférieur à l'âge réel de l'enfant. Si, au contraire, ce résultat lui est supérieur, il est conseillé de présenter les épreuves de l'âge réel sans tenir compte de cette épreuve de sondage.

  L'épreuve de copie de dessins surestime également le niveau des enfants français qui, par exemple, réussissent le losange en moyenne un an avant l'âge de 7 ans.

  Par contre les épreuves de mémoire sous-estiment les enfants français qui risquent d'y échouer avec un décalage d'environ un an sur les enfants américains.
- Dans l'intervalle de dispersion (entre l'âge de base où toutes les épreuves sont réussies et l'âge où se situe la dernière réussite), l'analyse des échecs intervenus en-dessous de l'âge réel et des réussites au-dessus de cet âge apporte les nuances qualitatives que l'appréciation globale des résultats ne distingue pas. Mais elle reste fastidieuse et relativement subjective.

Portée diagnostique (1)

- Elle s'avère limitée à des enfants de moins de 8 ans.
- L'analyse de la dispersion a un certain intérêt, mais n'est pas très fine, compte tenu des différences entre les populations d'étalonnage et française.

---

(1) Cf. Exemples, en Annexes, p. 177.

- L'analyse des résultats globaux et l'analyse qualitative des échecs et réussites est moins fine que celle de la N.E.M.I. Mais elle reste du même type et le schéma d'étude de la N.E.M.I. (1) peut lui être appliqué.

LE BINET-SIMON RÉVISION ZAZZO (1949) (2)

RATIONNEL

Intention des auteurs

Zazzo et ses collaborateurs ont cherché à mieux adapter l'échelle de **Binet-Simon** 1911 aux enfants de leur époque grâce à des modifications techniques portant notamment sur les consignes, la révision de l'ordre des items et l'étalonnage.

Données psychométriques

Un item est significatif d'un âge s'il est réussi par 75% des sujets de cet âge et échoué par les sujets des âges inférieurs.

Du nombre de réussites découle un âge mental d'où un Q.I. de type **Stern** peut être obtenu.

Données génétiques

L'échelle est destinée à des enfants de 3 à 14 ans.

PORTÉE ET LIMITES

Valeur

- L'échelle est sensible au-dessous de 9 ans.
- L'analyse qualitative des difficultés spécifiques s'avère efficace dans certains cas. Par exemple, des résultats déficitaires aux épreuves spatio-temporelles se sont montrés significatifs de difficultés probables dans l'apprentissage de la lecture.

Critiques

- L'échelle est peu sensible au-dessus de 10 ans.
- Les épreuves restent très hétérogènes et l'analyse qualitative assez subjective.

---

(1) Cf. Portée diagnostique de la N.E.M.I., p. 57.

(2) Cette échelle n'étant plus utilisée, cf. la N.E.M.I., p. 55.

NOUVELLE ÉCHELLE MÉTRIQUE DE L'INTELLIGENCE OU N.E.M.I.

(1963-1966) (1)

RATIONNEL

Intentions des auteurs

Zazzo et ses collaborateurs ont repris l'échelle de 1949 afin d'améliorer sa valeur de test de développement, en s'appuyant sur des modifications proches des précédentes : meilleure commodité d'application, élimination ou apport d'épreuves en fonction de leur qualité génétique ou pratique, étalonnage plus actuel et plus étendu, mieux sélectionné.

Données psychométriques

Tout en restant de même ordre qu'en 1949 les critères de sélection des épreuves sont plus rigoureux grâce au nouveau choix d'épreuves et au réétalonnage, notamment au delà de 10 ans.

Données génétiques

La N.E.M.I. est destinée aux enfants de 3 à 14 ans.

Validation

Fondée sur le critère de réussite scolaire, elle s'y trouve très corrélée.

PORTÉE ET LIMITES

Valeur

- Sa facilité d'application est grande, surtout grâce à la succession progressive des épreuves de sondage. Il existe une feuille de questions distincte de la feuille de niveau sur laquelle les résultats apparaissent clairement.
- Les qualités génétiques de la N.E.M.I. sont excellentes et rarement atteintes dans d'autres tests. Les meilleures épreuves sous cet aspect sont repérables sur la feuille de niveau.
- Les résultats sont de bons pronostics pour la réussite scolaire.
- Un tableau (2) présente les tendances centrales et indices de dispersion des distributions des scores de différents groupes d'âges, permettant de comparer les résultats d'un enfant avec ceux de même âge réel que lui.
- L'indice de dispersion peut être calculé et objectivement comparé aux normes de dispersion des groupes d'étalonnage (3).

---

(1) **Zazzo** (R.), **Gilly** (M.) et **Verba** (M.) : *Nouvelle échelle métrique de l'intelligence.* Armand Colin, Paris, 1966. 2 tomes.

(2) d°, t. I, p. 104.

(3) d°, p. 112 et 114.

- Toutes les données comparatives rassemblées dans le Manuel (1) par les auteurs permettent d'effectuer une analyse qualitative de très haute qualité, nuancée et objective, portant notamment sur le type d'intelligence induit (2), les épreuves saturées en facteur général de réussite (3) et les différents mécanismes ou opérations mis en jeu (4).

Critiques

Malgré ces améliorations capitales, la N.E.M.I. conserve encore des inconvénients propres à toutes les échelles de type **Binet-Simon** :

- Plusieurs questions ou récits pourraient avoir un caractère traumatisant pour certains enfants.
- La majorité des épreuves étant verbale, à base culturelle et scolaire, l'échelle risque d'handicaper les enfants présentant des troubles ou un retard du langage, provenant d'un milieu culturel différent de ceux des groupes d'étalonnage, ou ayant subi des perturbations dans la poursuite de leurs études.
- A un nombre total de réussites correspond un âge mental déterminé, tous les items étant équivalents, sans souci de leur répartition.
- Les analyses diverses (5) qui permettent de compenser l'inconvénient précédent sont longues et demandent beaucoup de minutie pour utiliser toute la richesse des manuels.
- L'appréciation globale des résultats ne tient pas compte des diverses aptitudes mises en jeu par l'ensemble des épreuves et risque d'handicaper les enfants présentant un trouble spécifique : mémoire, structuration spatiale, etc. (6).
- Le résultat global risque donc d'être sous-estimé. Traduit en Q.I. il ne suffit pas pour définir une déficience intellectuelle.
- Le plafonnement de l'échelle, dont le nombre d'épreuves est forcément limité, peut handicaper les sujets les plus âgés très doués ou qui ne peuvent compenser des échecs spécifiques par des réussites à d'autres types d'épreuves.
- Etant constituée d'épreuves de types différents selon les âges, l'échelle n'est pas un test fidèle.
- Le critère du choix des épreuves est la réussite par une majorité. Il détermine donc la commune mesure des acquisitions d'un groupe donné. Le résultat d'un enfant n'évalue ainsi que son avance ou son retard actuel par rapport à cette norme, offrant les limites de l'interprétation de l'échelle. L'échelle ne permet pas, par ailleurs, de saisir l'aptitude intellectuelle permanente d'un enfant, comme bon nombre de personnes le pensent encore.

---

(1) *op. cit.*

(2) d°, t. I, p. 115.

(3) d°, p. 119.

(4) d°, pp. 123 et sq.

(5) Cf. Valeur de la N.E.M.I. ci-dessus.

(6) Cf. Portée diagnostique des épreuves du **Wechsler**, p. 65.

Portée diagnostique (1)

- Le résultat global n'est interprétable que s'il est au moins moyen. Les échecs qui entraînent un résultat inférieur à la moyenne peuvent être extrêmement variés. C'est pourquoi plus le résultat global est faible et plus l'analyse qualitative doit le compléter.
- L'indice de dispersion particulier à la N.E.M.I. (2) est objectivé par la comparaison possible avec ses variations dans les groupes d'âges réels et d'âges mentaux.
- L'analyse qualitative des échecs et des réussites dans l'intervalle de dispersion concourt à l'élaboration d'hypothèses diagnostiques, moins précises cependant qu'au **Wechsler**, bien qu'épaulées sur la même compréhension des mécanismes mis en jeu par les épreuves (3).
- Des épreuves complémentaires peuvent être proposées pour approfondir les échecs spécifiques détectés par l'analyse qualitative (4).

Facteurs intellectuels

- Un résultat faible ne permet pas de définir une déficience mentale sans être confirmé par ailleurs, l'échelle étant trop saturée en facteur verbal.
- Les résultats de l'échelle étant très fortement corrélés avec les résultats scolaires, l'échelle discrimine bien les capacités d'adaptation scolaires. La scolarité est en effet basée en France sur l'âge réel, l'âge mental obtenu exprime l'aptitude actuelle d'un enfant à mettre en jeu ses potentialités intellectuelles.
- Il arrive néanmoins qu'un enfant particulier puisse obtenir un Q.I. moyen sans avoir une bonne adaptation scolaire. L'analyse qualitative permet de préciser éventuellement l'origine de cette inadaptation, due à l'hétérogénéité des mécanismes mis en jeu dans les épreuves. Dans ce cas, le niveau global obtenu sous-estime les potentialités de l'enfant, mais non forcément ses capacités actuelles d'adaptation et de mise en action de son intelligence.
- Il est vraisemblable que les épreuves les mieux corrélées avec le niveau global de l'échelle (5) reflètent également, comme l'échelle elle-même, les capacités d'adaptation scolaire. Leur coefficient de corrélation varie suivant les âges. L'analyse qualitative des résultats peut déterminer où se situent les échecs et les réussites significatifs par rapport à ce type d'épreuves.
- Fidèle à la génèse du développement mental, la N.E.M.I. comporte un passage de l'intelligence concrète à l'intelligence abstraite (6) impliqué dans les épreuves situées entre 8 et 10 ans. Les difficultés d'un enfant à le franchir seront donc perceptibles à travers la faiblesse de sa dispersion à partir de l'épreuve-clé (n° 32), dans la mesure où son âge réel est d'au moins 8 ans.
- Un certain nombre d'épreuves sont saturées assez fortement en Facteur G (7). Il est donc possible dans l'analyse qualitative de considérer si les

---

(1) Cf. Exemples, en Annexes, p. 185.

(2) *op. cit.*, t. I, pp. 104, 112, 114.

(3) Cf. Portée diagnostique des épreuves du **Wechsler**, pp. 65 et sq.

(4) d°, Colonne : examens complémentaires, p. 78.

(5) *op. cit.,* t. I, p. 120.

(6) d°, t. I, p. 115.

(7) d°, p. 119.

échecs ou les réussites s'y présentent. En cas de résultat global inférieur à la moyenne et de réussite à ce type d'épreuves, cet aspect de l'analyse permet de penser que le niveau global est sous-estimé à la N.E.M.I. par rapport au niveau qui pourrait sans doute être obtenu à une épreuve de Facteur G (1).

Facteurs instrumentaux

- Les épreuves sensibles aux troubles tels que dyslexie, dysorthographie, sont signalées par une indication sur la feuille de niveau. L'analyse de ces difficultés en cas de déficit spécifique est donc aisée.
- L'analyse qualitative conduit à considérer les mécanismes mis en jeu par chaque type d'épreuves dont l'échec ou la réussite est significatif. On peut ainsi émettre des hypothèses de troubles de la structuration spatiale, de la verbalisation, du schéma corporel, de l'organisation grapho-perceptive, de la motricité digitale, etc. (2). Les échecs spécifiques confirmés par plusieurs épreuves sont évidemment un indice important. Mais l'hétérogénéité de l'échelle ne permet pas d'une manière générale la mise en relief automatique de ces types d'échecs.

Facteurs affectifs

- L'analyse de l'indice de dispersion, d'une part par rapport aux enfants de même âge réel et d'autre part par rapport aux enfants de même âge mental, grâce à des tableaux extrêmement précis (3), met parfois en lumière des troubles affectifs, plus ou moins perceptibles au niveau du comportement.

  Ainsi un indice nul ou presque nul peut-il être le signe d'une inhibition importante, empêchant l'enfant de s'affirmer au delà d'un certain seuil en deça duquel il est au contraire réassuré. S'il ne s'agit pas de troubles spécifiques tels que des troubles instrumentaux ou d'une aptitude intellectuelle particulière, un indice très supérieur aux normes ou répartitions extrêmes des résultats des groupes d'étalonnage peut aussi manifester à l'opposé un mode de comportement cherchant inefficacement à masquer l'angoisse sous-jacente, par exemple l'instabilité.

  Tous les échecs ou déficits peuvent être mis en rapport (4) avec des perturbations affectives, surtout si l'origine instrumentale ou intellectuelle des déficits est infirmée. L'analyse fine des difficultés permet alors des hypothèses éventuelles (5) qui doivent être confirmées ou infirmées elles-mêmes par des entretiens ou d'autres épreuves, en particulier par des tests projectifs.

---

(1) Cf. p. 103.

(2) Cf. l'analyse des facteurs impliqués dans les épreuves du **Wechsler**, p. 82.

(3) *op. cit.*, t. I, pp. 112, 114.

(4) Rapports de cause, de conséquence, ou seulement de répercussions.

(5) Cf. l'analyse des facteurs impliqués dans les épreuves du **Wechsler**, p. 90.

B - LES ÉCHELLES DE WECHSLER

Nous suivons également ici le plan habituel d'étude d'un test, ne distinguant les diverses échelles que presqu'uniquement en fonction des données génétiques. L'essentiel de cette partie repose sur l'approfondissement de la portée diagnostique de ces échelles. Elle sera en premier lieu abordée à travers la spécificité de chaque épreuve, puis à travers les facteurs impliqués par une ou plusieurs épreuves.

LE WECHSLER

RATIONNEL

Intentions de l'auteur

• L'échelle de **Binet-Simon** de 1911 a donné l'élan à la construction d'un grand nombre de tests tenant plus ou moins compte des critiques adressées à ce premier test.

La première réaction envers la critique du **Binet-Simon** comme trop verbal a été de rechercher des tests non-verbaux, notamment fondés sur les aptitudes intellectuelles mises en jeu à travers des activités de performance.

D'autres inconvénients se sont alors présentés. Le matériel s'est trouvé trop complexe et encombrant, entraînant une passation très longue. Ces épreuves mesurent des aspects trop spécifiques de l'intelligence, induisant une estimation peu valable du niveau global affecté ainsi à l'efficience intellectuelle, les risques d'échecs pouvant provenir d'autres facteurs.

La question de la comparativité entre l'intelligence verbale et l'intelligence non-verbale s'est posée. A défaut de réponse et afin de pallier les inconvénients ci-dessus, un retour à des tests composites a suivi, et parmi eux principalement le **Wechsler.**

C'est en effet dans cet esprit que **Wechsler**, psychologue à l'Hôpital Bellevue à **New York**, publie en 1939 une échelle composite destinée à la mesure de l'intelligence des adultes : l'échelle de **Wechsler-Bellevue** (1). Cette première échelle n'a pas été étalonnée valablement en France mais a été suivie par d'autres également construites d'après les principes de **Wechsler** (2).

Le premier principe correspond aux considérations ci-dessus : **Permettre la comparaison chez un même sujet de son efficience intellectuelle à des épreuves verbales et à des épreuves non-verbales.**

• Par ailleurs, les épreuves du **Binet-Simon** étaient à la fois hétérogènes et irrégulièrement dispersées, ne permettant une comparaison globale qu'à travers la notion d'âge mental, ne donnant que des indices analytiques qualitatifs sur la dispersion des résultats à travers des niveaux différents d'âge mental.

---

(1) **Wechsler** (D.) : *La mesure de l'intelligence de l'adulte.* Presses Universitaires de France, Paris, 1956.

(2) Cf. Données génétiques, p. 60.

Wechsler a en un premier temps regroupé les épreuves par catégories générales, selon le type des mécanismes mis en jeu et par ordre de difficulté progressive.

Il a ensuite estimé que la référence à l'âge mental était insuffisante (1) et devait être remplacée par une évaluation en termes de dispersion avec référence à l'âge chronologique réel.

Le deuxième principe de **Wechsler** s'appuye en effet sur l'introduction de notions statistiques : **Permettre la comparaison de l'efficience d'un enfant avec les résultats des enfants de même âge réel, que ce soient les résultats globaux ou ceux de chaque épreuve.**

• **Wechsler** a démontré que le Q.I. type **Stern**, déterminé à partir de l'âge mental, était inconstant pour un même enfant à des âges différents (1). En effet, pour **Binet** et **Simon**, les épreuves ne permettaient d'estimer qu'un état de développement en cours.

Or **Wechsler** pense que l'intelligence reste constante chez un individu tout au long de sa vie. Il va alors construire successivement plusieurs échelles pour couvrir une étendue d'âges maximale :

– Wechsler Intelligence Scale for Children ou **W.I.S.C.** révisée en 1974, traduite et réétalonnée en 1981 en France: **WISC-R** (2).
– Wechsler Adult Intelligence Scale ou **W.A.I.S.** (3), également révisée et réétalonnée en 1989 en France: **WAIS-R.**
— Wechsler Preschool and Primary Scale of Intelligence ou **W.P.P.S.I.** (4), traduite en 1972 et étalonnée en France.

L'existence de ces échelles étaye l'application du troisième principe de **Wechsler : Permettre la comparaison chez un même sujet de son efficience intellectuelle à des âges différents.**

Arrière-plan théorique

Wechsler a ainsi réintroduit la notion d'intelligence-aptitude, gardant pour la définir une démarche empirique, pragmatique, mais qui n'a pas la valeur discriminative de celle de **Binet** :

"L'intelligence est la capacité globale ou complexe de l'individu d'agir dans "un but déterminé, de penser d'une manière rationnelle et d'avoir des "rapports utiles avec son milieu". C'est, "au sens le plus large, une définition "biologique" (5).

Données psychométriques

Mais **Wechsler** ne fait pas intervenir ces notions pour justifier le choix des épreuves. Il demande à son échelle de mesurer des "domaines suffisants de

---

(1) *op. cit.*, ch. III, p. 24. Cf. également l'analyse qu'en font **Perron-Borelli** (M.) et **Perron** (R.) : *L'examen psychologique de l'enfant.* Presses Universitaires de France, 1970. Première partie ch. III, p. 66.

(2) **Wechsler** (D.): *Echelle d'intelligence de Wechsler pour enfants. Forme révisée WISC-R. Manuel.* Centre de Psychologie appliquée, Paris, 1981.

(3) **Wechsler** (D.): *Echelle d'intelligence de Wechsler pour adultes (W.A.I.S.). Manuel.*. Centre de Psychologie appliquée, Paris, 1968. *Forme révisée WAIS-R.* Idem, 1989.

(4) **Wechsler** (D.) : *Echelle d'intelligence de Wechsler pour la période préscolaire et primaire (W.P.P.S.I.). Manuel.* Centre de Psychologie appliquée, Paris, 1972.

(5) **Wechsler** (D.) : *La mesure de l'intelligence de l'adulte.* Presses Universitaires de France, Paris 1956, p. 13.

l'intelligence pour permettre d'utiliser ses résultats comme indication à peu près fidèle de la capacité globale d'un individu" (1).

Ce sont en effet trois arguments apparemment peu solides qu'il utilise comme critères de choix :

— l'expérience clinique a prouvé que c'était une bonne épreuve ;
— historiquement elle a déjà été utilisée ;
— elle est censée comporter un facteur de groupe ou le facteur général.

Wechsler ne procède en fait à aucune analyse factorielle. L'argument clinique apparaît comme le plus fort malgré tout. Mais c'est surtout la conviction de **Wechsler** en la rigueur du procédé statistique qu'il introduit qui lui fait considérer ce dernier comme nécessaire et suffisant.

Wechsler part d'un postulat : la non-correspondance entre le Q.I. (type **Stern**) et la position d'un enfant au sein de son groupe d'âge réel tout au long de son développement. Il en conclut que la position dans le groupe d'âge réel paraît exprimer plus valablement la puissance intellectuelle. M. et R. **Perron** (2) ont démontré que cette conclusion était tout aussi insatisfaisante. C'est en effet oublier les facteurs influents de l'histoire personnelle de l'enfant que la pseudo-rigueur statistique camouflerait.

Les données de base du **Wechsler** sont une construction purement mathématique. La classification est faite à partir des notes brutes obtenues à chaque épreuve par chaque groupe d'un âge donné. Chaque groupe de l'échantillon doit seulement être suffisant pour que les courbes soient gaussiennes.

En un premier temps, les notes brutes sont réduites selon la loi normale, puis converties en notes "pondérées" ou "standard" par la méthode de **Hull**, prenant pour convention m = 10 et $\sigma = 3$.

En un deuxième temps, les notes pondérées sont additionnées, puis réduites et converties en deux résultats semi-globaux et un global, dénommés tous trois "Quotient Intellectuel", tout en ne découlant que de la méthode de **Hull**, avec pour convention m = 100 et $\sigma = 15$.

Données génétiques

La **W.P.P.S.I** s'adresse à des enfants de 3 ans 10 mois 16 jours à 6 ans 7 mois 15 jours.

La **W.I.S.C.-R** (3) va de 6 ans 4 mois à 16 ans 7 mois 30 jours.

Ces deux échelles présentent des tables de conversion des notes brutes en notes standard par tranches successives de trois mois. Les tables de conversion des sommes de notes standard sont valables pour tous les enfants sans distinction d'âges intermédiaires, soit de 4 à 6 ans 1/2 pour la W.P.P.S.I. et de 5 à 15 ans 11 mois pour la W.I.S.C.

L'étalonnage français de la W.A.I.S. a été établi pour des sujets de 13 à plus de 75 ans. Celui de la W.A.I.S-R de 16 à 79 ans.

---

(1) **Wechsler** (D.) : *La mesure de l'intelligence de l'adulte.* Presses Universitaires de France, Paris 1956, p.13.

(2) **Perron-Borelli** (M.) et **Perron** (R.), *op. cit.* Première partie, ch. III, pp. 66 et sq.

(3) Depuis des années l'usage courant laisse dire "le" W.I.S.C., comme on dit "le" **Binet-Simon**, "le" (test de) **Wechsler.** Scale est traduit par échelle, on peut donner logiquement le genre féminin à "la" **W.I.S.C.**

La table de conversion des notes brutes en notes standard est établie pour tous les sujets de ces âges (1). Par contre les tables de conversion des sommes de notes standard en Q.I. sont distinctes pour des groupes d'âges qui vont d'année en année à 13, 14 et 15 ans, couvrent ensuite deux années jusqu'à 20 ans (16-17 et 18-19), puis vont ensuite par tranches de cinq ans pour la W.A.I.S., mais ne commencent qu'à 16 ans pour la W.A.I.S.-R.

Validation

Les échelles de **Wechsler** reçoivent effectivement une validation par l'utilisation clinique qui en est très largement faite.

Notons cependant d'une part la fragilité de ce type de validation, reposant sur l'expérience qui, certes, peut se communiquer, mais manque par définition aux débutants dont l'interprétation des résultats risque de s'en ressentir.

Notons d'autre part que **Wechsler** n'a qu'ébauché l'analyse factorielle telle qu'il en avait parlé comme troisième critère du choix des épreuves. Les études de corrélation intra-subtests qu'il a effectuées ont surtout permis de connaître le degré de dépendance des différents mécanismes mis en jeu par l'une ou l'autre des épreuves. Une corrélation élevée révèle une certaine redondance entre les épreuves concernées. Une corrélation nulle ou faible manifeste une complémentarité et par là même la valeur du résultat global couvrant un champ plus large d'aptitudes.

PORTÉE ET LIMITES

Valeur

Même en tenant compte des limites du procédé statistique, son introduction dans le calcul des résultats des échelles de **Wechsler** permet effectivement d'opérer des comparaisons utiles.

• La comparaison d'un sujet à son groupe d'âge réel est utilisée pour son orientation, pour connaître ses possibilités de compétition par rapport à ses pairs.

• C'est un test qui a prouvé sa fidélité, permettant des comparaisons entre les résultats d'un même sujet à des âges différents. Un léger phénomène d'apprentissage peut normalement intervenir, sans nuire à ces comparaisons, lors d'un test-retest que l'on effectue rarement avant une durée minimum de six mois.

La "constance" du Q.I. **Wechsler** tolérerait une variation de 5 points selon l'auteur. Il semble qu'une différence de 15 points (un sygma) puisse servir d'indice révélateur de chute ou de progression d'efficience intellectuelle en rapport avec des facteurs de l'histoire individuelle — non forcément pathologiques — qui restent à analyser.

• La comparaison intra-subtests chez un même sujet apporte une valeur diagnostique (2) particulièrement intéressante, la pondération des notes donnant du poids à l'analyse qualitative que les tests de type **Binet-Simon** ne permettaient que d'effleurer.

---

(1) Des tables de conversion des notes brutes en notes standard ont été établies distinctement par groupes d'âges, mais seulement à partir de 16 ans, et ne devant pas être utilisées pour le calcul des Q.I.

(2) Cf. Portée diagnostique, p. 65.

Chaque résultat à un subtest se situe d'abord en fonction de sa distance par rapport à la moyenne du groupe d'âge, 10 en note pondérée, la valeur du sygma (3 points) pouvant servir de critère de comparaison. Cependant la moyenne statistique d'un groupe est une référence insuffisante, l'expérience ayant prouvé qu'aucun enfant n'a des résultats totalement conformes à la moyenne d'un groupe d'étalonnage (1).

D'autres modes d'utilisation des indices de dispersion ont donc été recherchés. Il existe divers types de "scatter" ou dispersion des résultats permettant d'établir des profils individuels (2). L'un des plus usités en clinique, suggéré par **Wechsler**, consiste à déterminer les distances différentes des notes aux subtests autour de la moyenne personnelle d'un enfant, et à interpréter ces déviations par la méthode des signes (3).

En cas de différence notable entre les résultats verbaux et de performance, il est possible de déterminer une moyenne et d'établir des comparaisons indépendantes pour chacune des deux échelles, toujours sur le même modèle.

• La référence à l'âge mental est globalement éliminée. Mais le procédé statistique, tel qu'il est pratiqué dans la **W.I.S.C.**, peut être utilisé à rebours pour la retrouver au niveau des subtests.

Par construction du test, la note moyenne pondérée est 10. Elle est attribuée par conversion à la note brute moyenne obtenue par le groupe d'étalonnage de l'âge réel considéré. Cette note brute correspond donc au niveau d'âge mental défini par l'âge réel de ce groupe. Lorsque le résultat d'un enfant obtenu en note pondérée à une épreuve donnée est inférieur à la moyenne de 10, on peut chercher dans quel groupe d'âge inférieur la note brute obtenue est transformée en note pondérée de 10, moyenne conventionnelle de cet autre groupe d'âge réel. L'âge mental de cet enfant pour l'épreuve en question est celui de ce dernier groupe (4).

---

(1) **Perron-Borelli** (M.) et **Perron** (R.), *op. cit.,* Première partie ch. III, p. 77.

(2) **Delay** (J.), **Perse** (J.) et **Pichot** (P.) : *Méthodes psychométriques en clinique. Tests mentaux et interprétation.* Masson, Paris, 1955.

(3) **Wechsler** pensait que les notes basses ou élevées pouvaient être des *signes* interprétables. L'évaluation des baisses ou élévations est objectivée par l'utilisation de symboles permettant de différencier les degrés des déviations à la moyenne personnelle de l'enfant.

Soit, par exemple, un enfant dont le total des résultats pondérés s'élève à 83, pour un total de dix épreuves. Sa moyenne personnelle est donc de 8,3. Autour de 8,3 des notes vont être calculées à des distances régulières. On détermine ainsi des bornes en ajoutant ou retranchant à cette moyenne une fois, puis une deuxième fois, la valeur d'un demi sygma, soit 1,5 point. Les zones intra-bornes sont chacune définie à l'aide d'un symbole : — —, —, 0, +, ++, comme ci-dessous, les zones extrêmes n'ayant qu'une borne :

(— 1,5 =) (— 1,5 =) moyenne (+ 1,5 =) (+ 1,5 =)
5,3 6,8 8,3 9,8 11,3
— — | — | 0 | + | + +

Les résultats à chaque épreuve se situent naturellement dans les différentes zones intra-bornes. La lecture des symboles les caractérisant permet avec rapidité et objectivité d'analyser les résultats qui s'avèrent "signes" de quelque chose.

Notons que **Wechsler** avait cherché les listes de signes caractérisant notamment les schizophrènes ou les débiles. D'autres auteurs (2) ont poursuivi ces recherches. La variation des scatters caractéristiques selon les auteurs consultés manifeste la souplesse nécessaire à l'utilisation de tels schémas.

(4) Il ne s'agit là que de la W.I.S.C., le procédé statistique appliqué à la W.A.I.S. donnant des résultats aux subtests pour l'ensemble des âges. Cf. en Annexes, Exemples, p. 199.

Critiques

• Le **Wechsler** ne peut donner directement le niveau global en âge mental. Or la scolarité en France est fondée sur l'âge. On ne peut donc facilement utiliser ce résultat pour apprécier les possibilités d'adaptation scolaire : le résultat global de la N.E.M.I. ou des tests de niveau scolaire sont plus adéquats.

• La réutilisation du terme de Quotient Intellectuel pour les résultats aux échelles verbales, de performance et global est un risque de confusion (1). Le Q.I. type **Stern** établit un constat d'avance ou de retard par rapport à un développement estimé normal. Le Q.I. type **Wechsler** dénote l'écart par rapport à la note moyenne d'un groupe de même âge que le sujet. Au lieu d'une comparaison longitudinale, c'est une comparaison transversale. Les divergences entre les deux Q.I. sont fréquentes. Et le psychologue a donc toujours intérêt à spécifier le nom du test sinon le type de Q.I. dont il s'agit quand il communique des résultats.

• Comme tout test défini d'abord par un âge mental, le **Binet-Simon** test de développement par excellence n'établit qu'un constat actuel d'efficience. Devant ce que **Wechsler** estime être une insuffisance, il réintroduit la notion d'innéité de l'intelligence-aptitude grâce à son postulat de constance du Q.I. Or cette constance, dont la tentation subsiste encore largement, s'avère cependant très discutable (2).

L'expérience confirme qu'un écart important entre deux Q.I. **Wechsler** obtenus à des âges différents par un même sujet, tout en restant à analyser, est loin d'être forcément pathologique, et qu'à l'opposé un écart faible ou nul n'est pas forcément "normal", car il peut camoufler une dispersion intra-subtest ou des écarts significatifs des notes aux mêmes subtests.

Il arrive par exemple que le Q.I. global d'enfants varie dans un test-retest de plus de 20 points, par exemple à la suite d'une psychothérapie chez un enfant inhibé. La plupart du temps, les facteurs de l'histoire personnelle de l'enfant, dans laquelle s'intriquent tous les facteurs de son environnement, expliquent des variations qu'on ne peut considérer comme des exceptions rares.

• **Wechsler** reconnaît lui-même que ses échelles n'atteignent pas "tout de l'intelligence" et que certaines épreuves font appel à des phénomènes "non intellectifs" (3). Or beaucoup continuent malgré tout à considérer le Q.I. **Wechsler** comme ce mythe permettant de toucher l'intelligence elle-même.

C'est oublier tout d'abord que chaque subtest n'éprouve qu'une ou plusieurs facettes de l'aptitude intellectuelle, l'ensemble des subtests ne cernant pas l'ensemble des facettes possibles. C'est une approche et cela ne reste qu'une approche de l'efficience actuelle de ces diverses aptitudes, dont le facteur commun serait de mettre plus ou moins en jeu une intelligence encore si difficile à définir.

---

(1) Outre les risques de confusion, le terme de Quotient Intellectuel est rarement adéquat : le Q.I. type **Stern** est plus un quotient de développement d'aptitudes diverses que strictement un quotient intellectuel ; le Q.I. type **Wechsler** n'est apparemment même plus un quotient.

(2) Cf. **Perron-Borelli** (M.) et **Perron** (R.), *op. cit.,* Première partie, ch. III, p. 76.

(3) **Wechsler** (D.), *La mesure de l'intelligence de l'adulte.* Presses Universitaires de France, Paris, 1956. Traduit de l'anglais par M. **Commandré.** p. 13.

C'est oublier surtout qu'à travers la diversité des épreuves de nombreux facteurs interfèrent, notamment instrumentaux et affectifs. Leur analyse approfondie (1) conduit souvent à l'utilisation d'autres épreuves pour mieux discriminer les facteurs éventuellement mis en jeu, leurs modalités et leur tonalité. Leur interprétation amène ainsi à apprécier la valeur, sous-estimant, sur-estimant, ou judicieuse, du Q.I. d'un enfant précis.

Rejeter l'utilisation de tout Q.I., en raison des limites esquissées ci-dessus, revient à se priver de ce que ces limites mêmes, dans la mesure où elles sont connues, apportent à la compréhension d'un enfant. Les résultats des tests manifestent l'interférence des différents facteurs sur les données intellectuelles, et par là même la relativité des Q.I. Mais cette approche de l'enfant objective et précise la connaissance de ses perturbations et modes de réactions. A partir de là, d'autres moyens d'approche, tels que les entretiens cliniques avec l'enfant, avec ses parents, parviennent à mieux approfondir l'impact des facteurs significatifs non seulement sur les données intellectuelles, mais surtout sur les conduites de l'enfant.

Portée diagnostique (2)

L'analyse des résultats se fonde sur les deux comparaisons déjà entrevues : chaque note pondérée obtenue à un subtest est comparée d'une part à la moyenne du groupe et d'autre part à celle du sujet lui-même, par exemple par la méthode des signes (3).

Nous parlerons d'échec ou de réussite en fonction de la dispersion des notes par rapport à l'une ou à l'autre de ces deux moyennes. La notion de surinvestissement interviendra lorsque l'écart à la moyenne personnelle apparaît significatif (4).

Les analyses qui vont suivre découlent de l'expérience clinique de la W.I.S.C.(5). et de la W.A.I.S. Leur extension à la W.P.P.S.I. semble possible, bien qu'avec quelques réserves, notamment pour les épreuves de performance dont les équivalences ne sont pas absolues.

La portée diagnostique du **Wechsler** va d'abord être analysée à travers la spécificité de chaque épreuve, puis à travers les facteurs impliqués par les épreuves. **La forme de tableau choisie pour présenter ces analyses est destinée à la pratique clinique** (6). Les termes de psychopathologie et les données affectives ou projectives feront ultérieurement l'objet d'une étude approfondie (7). Il est, par exemple, important de constater à travers les résultats obtenus à une épreuve donnée par un enfant que certains mécanismes, normalement impliqués par l'épreuve, le sont parfois de telle manière qu'ils dénotent leur utilisation comme moyen défensif. Mais on ne peut à partir du **Wechsler** aller au-delà de cette constatation.

---

(1) Cf. Analyse des facteurs impliqués, p. 78.

(2) Cf. Exemples, en Annexes, p. 199.

(3) Cf. p. 63 note 3.

(4) Il y a surinvestissement lorsque la réussite significative est symbolisée par ++, parfois le symbole + suffit. Mais on peut aussi parler de surinvestissement lorsqu'il y a échec, avec le symbole — — ou parfois seulement le symbole —, en raison du mécanisme d'inhibition manifestant justement la charge affective sous-jacente.

(5) Dans la W.I.S.C.-R. l'essentiel des épreuves reste le même. L'analyse des facteurs que nous proposons conserve donc toute sa valeur.

(6) Cf. en Annexes, Exemples, p. 199. L'utilisation des tableaux sera esquissée.

(7) Cf. Tomes II et III.

Notons d'abord que la manifestation de défenses à travers des résultats au **Wechsler** ne préjuge en rien de leur degré d'efficacité. D'autre part un mode de défense d'un type donné ne suffit pas pour entraîner l'hypothèse d'une structure de ce type. Par exemple, une défense de type hystérique peut aussi bien être utilisée par un enfant à personnalité phobique ou obsessionnelle, ou une défense de type obsessionnel par un enfant à personnalité hystérique.

Ces tableaux sont destinés à être consultés à l'occasion d'un cas précis d'enfant pour qui seules quelques hypothèses seront adaptées. Pour ne pas avoir à consulter l'ensemble des tableaux, les redondances ont été inévitables, et sans doute n'y en a-t-il pas encore suffisamment, tout n'ayant pas été répété cependant à chaque occasion. C'est donc en se familiarisant avec ces tableaux que l'on pourra non seulement y trouver plus chaque fois, mais également les compléter de ses propres expériences.

Spécificité de chaque épreuve

(Voir tableaux pages 68 à 77)

L'analyse des mécanismes mis en jeu (1) par la spécificité de chaque épreuve (2) entraîne d'abord des conclusions descriptives : après l'étude des résultats globaux, l'analyse des échecs ou réussites à telle ou telle épreuve manifeste le déficit ou le très bon niveau de tel ou tel type d'aptitude. Ces conclusions descriptives s'épaulent le plus souvent sur la dispersion des notes par rapport à la moyenne du groupe. Elles confirment ou nuancent l'analyse des niveaux globaux, considérés par définition en fonction de l'écart à la moyenne du groupe de même âge réel.

En un deuxième temps, les échecs ou réussites à une épreuve donnée permettent d'ébaucher des hypothèses destinées à les interpréter (3). Il s'agit bien ici d'hypothèses et non de conclusions, le résultat à une épreuve n'étant qu'un signe dont l'interprétation ne prendra son sens plein que dans l'ensemble de tous les signes, non seulement de l'examen psychologique, mais également des autres éléments de l'examen clinique. Les hypothèses interprétatives s'appuieront le plus souvent sur la dispersion par rapport à la moyenne personnelle des notes pondérées obtenues par un enfant. Ces interprétations — qui seront reprises et élargies plus loin (4) — restent en effet toujours à effectuer pour cet enfant particulier, différent de tout autre.

Après l'analyse de la spécificité de chaque épreuve, indispensable donc pour effectuer d'abord les conclusions descriptives des résultats, nous examinerons quels sont les facteurs mis en jeu par plusieurs épreuves, parfois pour une seule épreuve (4). Pour faciliter l'étude de ces facteurs, une colonne du tableau est réservée à l'inscription des numéros (arbitraires) qui permettront de les trouver dans les tableaux suivants (5).

---

(1) Cette analyse a été ébauchée par **Wechsler** lui-même dans des études de corrélation dont la poursuite présenterait à l'évidence un grand intérêt, objectivant les données d'expérience clinique que nous reconnaissons comme notre principal appui, nécessaire dans l'état actuel des recherches, mais insuffisant.

(2) Cf. Colonne "Analyse qualitative" dans les tableaux ci-après, p. 68 à 77.

(3) Cf. Colonne "Hypothèses interprétatives" dans les tableaux ci-après.

(4) Cf. Analyse des facteurs impliqués, p. 78.

(5) Cf. Colonne "Renvois aux numéros des facteurs impliqués" dans les tableaux ci-après.

Facteurs impliqués par les épreuves

(Voir tableaux pages 78 à 101)

La comparaison des résultats intra-subtests permet une discrimination fine du niveau des différentes aptitudes mises en jeu. Cette comparaison est facilitée par la considération des facteurs (1) impliqués par plusieurs épreuves à la fois, parfois électivement par une seule épreuve (2). La spécificité de chaque épreuve (3) aide à moduler ces données.

Selon le profil que le scatter (4) des résultats obtenus par un enfant détermine, il est possible d'élaborer des hypothèses (5) et de préciser les examens complémentaires (6) éventuellement nécessaires pour infirmer ou confirmer ces hypothèses.

Dans les tableaux suivants (7) l'ordre des facteurs est arbitraire. Pour une utilisation pratique, chaque facteur est numéroté. Ce numéro est attribué à chaque épreuve qui met ce facteur en jeu. Lorsque ce numéro est placé entre parenthèses devant une épreuve, cela signifie que l'épreuve ne met en jeu ce facteur qu'à minima (8).

---

(1) Cf. Colonne "Facteurs impliqués" dans les tableaux pages 78 à 101.

(2) Cf. Colonne "Epreuves concernées" dans les tableaux.

(3) Cf. Colonne "Spécificité fine" dans les tableaux.

(4) Cf. p. 63 note 3.

(5) Cf. Colonne "Hypothèses interprétatives" dans les tableaux.

(6) Cf. Colonne "Examens complémentaires" dans les tableaux.

(7) L'utilisation pratique de ces tableaux sera esquissée dans les exemples. Cf. en Annexes, p. 199.

(8) Cf. Colonne "Renvois aux numéros d'autres facteurs" dans les tableaux.

SPÉCIFICITÉ DE CHAQUE ÉPREUVE

Renvois aux numéros des facteurs impliqués (1)	ANALYSE QUALITATIVE
	ÉPREUVES VERBALES
4, (7), (8), 22, (23)	**Information** Cette épreuve semblait trop sensible à l'influence du milieu culturel. Or sa corrélation statistique avec la note globale de l'échelle était la meilleure du test. De plus certaines questions se sont révélées très bonnes pour déterminer le seuil entre le niveau estimé inférieur et le moyen, de même que celui entre le niveau moyen et le supérieur. **Wechsler** a donc conservé cette épreuve en éliminant des questions trop spécialisées ou techniques. Elle manifeste autant l'influence du milieu culturel que du milieu scolaire, l'attention à la vie sociale, l'aisance verbale.
8, 27	**Compréhension** (2) Cette épreuve met en jeu le bon sens en restant relativement indépendante des acquisitions scolaires. Elle montre surtout les capacités d'adaptation pratique, d'intégration de l'éducation parentale et des normes sociales, des valeurs du groupe. Elle n'éprouve pas de mécanisme intellectuel proprement dit.

(1) Cf. Facteurs impliqués, p. 78.

(2) Cette épreuve a été légèrement restructurée dans la W.I.S.C.-R. Les normes comparatives restent valables puisqu'elles reflètent les résultats obtenus par les groupes d'enfants de chaque âge à cette épreuve telle qu'elle est actuellement.

HYPOTHÈSES INTERPRÉTATIVES (3)

Cette épreuve peut handicaper des enfants de milieu socio-culturel différent de celui de l'étalonnage, par exemple chez des immigrés. Son résultat sous-estime alors les possibilités.

Par contre, chez certains déficients mentaux que leur famille cherche à suréduquer par compensation, le résultat peut être bon et amener à surestimer les possibilités, mettant néanmoins en relief les capacités mnésiques et d'attention au groupe. Dans ces deux derniers cas le résultat doit être comparé à celui du vocabulaire.

Son résultat est généralement faible chez les psychopathes et peut être très élevé chez les psychotiques.

Cette épreuve est sensible à l'opposition aux normes sociales que des adolescents paranormaux ou des psychopathes peuvent manifester, conduisant à un résultat plus faible.

Elle désavantage les sujets pauvres en vocabulaire ou qui ont peu l'habitude d'exprimer leurs idées par des paroles. Cependant, chez certains déficients mentaux, la référence aux expériences personnelles concrètes peut les aider à réussir : ce sera alors l'indice d'une intégration sociale de bon pronostic.

Cette épreuve laisse plus que d'autres émerger des réponses de type projectif (4). Chez des psychopathes le contenu est immature ou fruste, sinon asocial. Chez des psychotiques la chute fréquente peut s'accompagner de réponses bizarres, de raisonnements "à côté", de stéréotypies.

Les résultats peuvent être faibles lorsque le sujet, présentant des traits paranoïdes, argumente sur des données floues; ou lorsque la méfiance paranoïaque ou la fuite phobique poussent à éviter certaines questions par des équivalents de refus. Parfois le contenu pourra manifester une culpabilité de type obsessionnel.

Par contre, le désir de plaire, de type hystérique, ou de ne pas être abandonné, tel qu'un phobique, voire un obsessionnel se sentant coupable pense parfois le mériter, peut conduire à renforcer l'attachement aux normes parentales et sociales et réussir brillamment cette épreuve. La projection manifestée par le contenu souligne souvent les difficultés de maniement ou de contrôle de l'agressivité. L'inhibition, manifestée par certains enfants à fond phobique, peut entraîner à éviter la projection sur ces questions affectivement très chargées et être ainsi facteur d'échec.

La comparaison des résultats avec ceux d'Arrangement d'images permet de nuancer l'analyse de l'adaptation sociale.

(3) Ces hypothèses ne sont que des ébauches qui seront reprises et élargies plus loin. Cf. Facteurs impliqués, p. 79.

(4) Leur contenu est alors à rapprocher de l'interprétation des épreuves projectives, cf. p. 170.

Renvois aux numéros des facteurs impliqués (1)	ANALYSE QUALITATIVE
3, 5, 18, 21, 22 24	**Arithmétique** Bien que cette épreuve ait une excellente corrélation statistique avec les résultats à l'ensemble de l'échelle, elle est très sensible à l'influence de l'éducation et du niveau scolaire. Pour en minimiser les effets, **Wechsler** a limité le choix des problèmes à ceux qui nécessitaient seulement les sept premières années d'école suivies par la majorité de la population. Il est certain que l'enseignement des mathématiques modernes en France nécessiterait de réadapter et réétalonner actuellement cette épreuve. Mais elle reste néanmoins significative telle qu'elle est, les opérations impliquées devant être normalement connues. Elle met en jeu non seulement l'adaptation scolaire, mais aussi la capacité de représentation mentale de situations concrètes et d'opérations plus ou moins complexes. Elle est très sensible à l'émotivité, notamment en raison du chronométrage.
1, 2, 19, (20), 33	**Similitudes** Ce subtest semble relativement indépendant des influences socio-culturelles et de l'adaptation scolaire. Très saturé en facteur G il met en jeu la capacité de conceptualisation, de généralisation, de pensée catégorielle.
4, (7), 10, 22, 23	**Vocabulaire** Cette épreuve a une forte corrélation avec le résultat verbal et également le résultat global. Elle reste néanmoins très dépendante du contexte scolaire et socio-culturel. Elle met en jeu la capacité à acquérir des connaissances et leur étendue générale, la facilité de verbalisation.

(1) Cf. Facteurs impliqués, p. 78.

HYPOTHÈSES INTERPRÉTATIVES (2)

Elle est fréquemment chutée en cas d'organicité et l'est toujours chez les déficients mentaux. Les psychopathes, investissant peu la scolarité et pouvant avoir des difficultés de représentation symbolique, la réussissent rarement.

L'investissement ou le surinvestissement (3) de la scolarité, fréquent chez des enfants présentant des traits obsessionnels, conduit à une bonne, voire une excellente réussite à cette épreuve. Mais un surinvestissement peut s'accompagner d'une inhibition de type phobique et provoquer alors l'échec.

Le résultat est par ailleurs toujours à comparer avec celui des autres épreuves scolaires et des autres épreuves comportant des chiffres.

Certains enfants, éprouvant impossibilité ou difficultés de représentation mentale, arrivent mal à transposer les données concrètes des problèmes en symboles chiffrés ou à effectuer les opérations elles-mêmes, surtout divisions et fractions. Le résultat échoué reste à comparer à celui de Cubes.

Elle est chutée en cas d'organicité avec perte de la pensée conceptuelle. Elle est toujours faible chez les déficients mentaux, si bien que sa bonne réussite en élimine la suspicion et permet de faire l'hypothèse d'une pseudo-déficience.

Le surinvestissement de cette épreuve témoigne des efforts tentés pour situer les objets dans une catégorie générale. Une forte réussite peut alors manifester le mécanisme de défense d'un enfant cherchant à tout prix à situer les choses qui l'environnent pour compenser ses propres difficultés à se situer, par exemple au sein d'une fratrie multiple ou face à des parents désunis ou rejetants. Dans ce cas, et si cette réussite reste relativement isolée, un excellent score à cette épreuve ne signifie pas forcément que l'efficience intellectuelle est très supérieure.

Elle peut aussi être très investie par des sujets intelligents présentant des traits obsessionnels ou même psychotiques, pour qui la recherche de généralisation équivaut à un évitement sinon un retrait des réalités affectivement chargées ou de la réalité elle-même.

Cette épreuve n'est évidemment pas valable pour les illétrés ou les étrangers et handicape les sujets de milieu socio-culturel fruste. Elle révèle d'éventuelles difficultés scolaires liées à l'investissement de la langue maternelle.

Le résultat peut en être moyen chez les déficients mentaux, voire même supérieur lorsque leur famille les suréduque par compensation.

(2) Ces hypothèses ne sont que des ébauches qui seront reprises et élargies plus loin. Cf. Facteurs impliqués, p. 79.

(3) Cf. p. 65 note 4.

Renvois aux numéros des facteurs impliqués (1)	ANALYSE QUALITATIVE
(3), 7, 18, 20, (21), 24, 26	**Mémoire des chiffres** Cette épreuve a une faible corrélation avec les autres épreuves. Elle est très sensible à l'émotivité, à l'instabilité, aux difficultés d'attention, à la fatigue. Elle met en jeu les capacités de mémoire immédiate et de concentration, de représentation mentale dans la répétition à l'envers surtout.
9, 28	**ÉPREUVES DE PERFORMANCE** **Complètement d'images** Cette épreuve ne fait pas appel à des connaissances techniques spéciales, bien que quelques images restent encore liées à une culture donnée. **Wechsler** estime qu'elle discrimine bien les niveaux inférieurs des niveaux moyens. Elle met en jeu les capacités de perception fine, l'attention au détail, à ce qui manque, l'impact de la réalité environnante. Elle fait peu appel au vocabulaire puisqu'elle peut être réussie sans que le mot juste soit toujours employé.
8, (9), 14, 27, 31	**Arrangement d'images** (2) Cette épreuve est très saturée en facteur verbal, implicitement mis en jeu, ou de façon explicite sur la demande de l'examinateur pour vérifier la capacité d'autocritique. Elle fait appel à la fois à l'aptitude à saisir une situation dans son ensemble, à la capacité d'ordonner logiquement et temporellement une situation concrète, à l'adaptation pratique et sociale. Elle implique a minima le sens de la latéralité.

(1) Cf. Facteurs impliqués, p. 78.

(2) Cette épreuve n'existe pas dans la W.P.P.S.I., où l'on trouve les "Figures géométriques" qui s'en rapprochent seulement par l'implication de la structuration spatiale. Cf. Facteurs grapho-perceptifs dans les épreuves de dessin, p. 25.

HYPOTHÈSES INTERPRÉTATIVES (3)

Le caractère de la verbalisation est parfois révélateur. On trouve, par exemple, des persévérations en cas d'organicité ou chez des déficients ou psychotiques; un perfectionnisme de type obsessionnel; ou un surinvestissement avec néologismes, incohérences, associations recherchées, bizarres, par consonnance, chez des psychotiques.

Cette épreuve est à comparer avec les autres épreuves scolaires. La qualité de la verbalisation est à comparer avec celle de Complètement d'images, où elle est facultative.

Cette épreuve révèle les troubles de la mémoire immédiate, étant fréquemment échouée en cas d'organicité. A l'inverse elle valorise parfois certains déficients mentaux, chez qui l'utilisation surinvestie de la mémoire permet dans certains cas une sécurisation compensatoire.

Elle peut être très réussie par des sujets évitant une implication personnelle, tels que certains obsessionnels ou psychotiques. Elle risque d'être échouée lorsque le mécanisme de refoulement de type hystérique tend à se généraliser.

Par ailleurs elle manifeste l'inhibition d'enfants chez qui la représentation mentale est très fragile, notamment lors de la répétition à l'envers; ou pour qui les chiffres comportent une valeur particulière même en dehors du domaine scolaire. Le résultat est alors à comparer avec les autres épreuves comportant représentation mentale ou chiffres.

Cette épreuve est échouée par les sujets qui cherchent à éviter la réalité par un retrait de type psychotique, un évitement phobique, une fixation ou une régression dans un monde plus ou moins imprécis, flou, trait paranoïde ou parfois hystérique.

A l'opposé c'est une épreuve très réussie par les sujets présentant une grande vigilance, un attachement à la réalité, au détail, de type obsessionnel ou paranoïaque, ou simplement chez des adolescents. Le surinvestissement du manque, d'un objet ou d'un membre du corps, peut entraîner réussite ou échec par inhibition.

Cette épreuve est rarement réussie par les déficients mentaux. Des psychotiques peuvent l'échouer en faisant des combinaisons bizarres.

Elle handicape les sujets chez qui les mécanismes d'isolation sont excessifs, fréquents chez les obsessionnels, qui entravent les mises en relation des situations. L'échec peut n'apparaître électivement que sur une seule situation très chargée affectivement. L'inhibition peut aussi faire échouer électivement sur une situation donnée ou être généralisée.

Elle est très réussie chez des sujets pour qui l'organisation logique par référence à la temporalité d'une situation est surinvestie, trait de type obsessionnel qui peut être utilisé dans différentes structures.

---

(3) Ces hypothèses ne sont que des ébauches qui seront reprises et élargies plus loin. Cf. Facteurs impliqués, p. 79.

Renvois aux numéros des facteurs impliqués (1)	ANALYSE QUALITATIVE
1, 3, 13, 15, 18, 19, 21, 29, (30)	**Cubes de Kohs** (2) Cette épreuve a une forte corrélation avec le résultat global et encore plus forte avec celui de l'échelle de performance. Elle met en jeu les capacités conceptuelles d'analyse et de synthèse, de représentation mentale, d'abstraction. La recherche de la bonne solution fait intervenir divers modes d'organisation : tâtonnements au hasard, essais et erreurs, image directrice, schéma abstrait ; nécessitant autocritique, jugement et décision. Outre la distinction perceptive des couleurs, elle fait également appel à la structuration spatiale, à la latéralisation, aux capacités d'orientation. Elle utilise a minima une aptitude motrice digitale. Elle est très sensible à l'émotivité, notamment en raison du chronométrage.
(9), 13, 15, 17, 29, (30), 32	**Assemblage d'objets** (3) La corrélation de ce subtest avec les autres épreuves est faible, la meilleure étant avec les cubes de **Kohs.** Comme ces derniers il fait appel à la structuration spatiale et à la latéralisation, mais implique en outre le schéma corporel et l'image du corps. (4)

(1) Cf. Facteurs impliqués, p. 78.

(2) L'épreuve des "Carrés" de la W.P.P.S.I. est équivalente aux Cubes.

(3) Cette épreuve n'existe pas dans la W.P.P.S.I. Sans doute celle des "Figures géométriques" lui est-elle proche, mettant en jeu la structuration spatiale, mais non le schéma corporel. De plus "Figures géométriques" comportent un facteur grapho-perceptif qui la rapproche également de Code. Cf. Facteurs grapho-perceptifs des épreuves de dessin, p. 25.

(4) Cf. p. 38 note 1 et p. 39 note 2.

HYPOTHÈSES INTERPRÉTATIVES (5)

Les psychopathes offrant une bonne adaptation pratique la réussissent bien. Certains enfants à fond phobique présentant des risques de psychopathie arrivent à une très bonne réussite en surinvestissant les références au temps dans son versant passé et présent immédiats. Dans ces cas là le résultat est à comparer avec celui de Compréhension.

Les enfants ayant des difficultés de latéralisation peuvent inverser la présentation de plusieurs ou de toutes les images. Mais, sur interrogation, le récit de la succession réelle leur permet de rectifier.

Cette épreuve est sensible aux troubles de la pensée conceptuelle chez des organiques. Les déficients mentaux ne pouvant la réussir bien, un bon résultat élimine toute suspicion de déficience.

Elle révèle les capacités d'abstraction, pouvant être surinvesties par certains psychotiques ou obsessionnels. Le résultat doit alors être comparé avec celui de Complètement d'images.

Elle handicape les sujets ayant des difficultés de représentation mentale, étant l'épreuve où celle-ci est le plus impliquée. Le résultat est à comparer d'abord avec celui d'Arithmétique.

Elle handicape aussi les sujets ayant des difficultés de structuration spatiale, et doit alors être comparée avec Assemblage d'objets. Les dyslexiques ou dysorthographiques y effectuent souvent des erreurs assez typiques : orientation erronée des cubes, inversions de direction, nombreuses hésitations, incapacité à voir l'ensemble de la figure, difficultés à saisir rapidement le nombre de cubes nécessaires à la construction.

Des difficultés de manipulation fine peuvent gêner certains enfants.

Lorsque des troubles instrumentaux ou affectifs ne l'altèrent pas, le résultat à cette épreuve correspond à la note globale la plus probable d'un sujet. Si son efficience aux Cubes est au moins moyenne, on peut se contenter de ce sondage en cas de manque de temps.

Cette épreuve est fréquemment échouée en cas d'organicité, mais son résultat peut être moyen chez les déficients mentaux. Elle est très sensible aux troubles du schéma corporel et de l'image du corps (4).

Elle confirme ou infirme d'éventuelles difficultés de structuration spatiale, en comparant les résultats avec ceux de Cubes. Mais elle manifeste spécifiquement le surinvestissement de l'image du corps avec réussite ou, en cas d'inhibition, échec. L'attachement au détail manquant qu'elle peut alors révéler est à comparer avec celui de Complètement d'images.

(5) Ces hypothèses ne sont que des ébauches qui seront reprises et élargies plus loin. Cf. Facteurs impliqués, p. 79.

Renvois aux numéros des facteurs impliqués (1)	ANALYSE QUALITATIVE
	Il met en jeu la motricité fine. Etant plus concret que les Cubes de **Kohs**, il est sensible aux aptitudes mécaniques ainsi qu'au besoin de reconstituer un objet en un tout. Comme aux Cubes le mode d'organisation peut y être observé.
6, (7), 16, 20, 22, 24, 25, 30	**Code** (2) Maisons. Animaux. Cette épreuve a une assez bonne corrélation avec les autres, relativement meilleure avec les épreuves verbales, spécialement avec l'item Mémoire des chiffres. Elle utilise les capacités mnésiques, mais aussi de concentration, d'attention et surtout d'apprentissage. Elle est très sensible à l'émotivité en raison du chronométrage. C'est la seule épreuve qui fasse appel à l'aptitude graphomotrice.
	Labyrinthes (3) Cette épreuve n'existe que dans la W.I.S.C., où elle est très rarement utilisée, et dans la W.P.P.S.I., où elle y est adaptée à des enfants plus jeunes. Elle fait appel à l'aptitude intellectuelle dans la recherche progressive d'une direction (4) et à travers elle à l'adaptation sociale. Elle implique une coordination perceptivo-motrice et le contrôle de l'impulsivité.

(1) Cf. Facteurs impliqués, p. 78.

(2) Cette épreuve n'existe pas dans la W.P.P.S.I. Cependant "La Maison des Animaux" lui est équivalente, sans pourtant faire appel au facteur grapho-moteur. Celui-ci est plutôt impliqué dans l'épreuve de "Figures géométriques", qui met en jeu bien d'autres mécanismes. Cf. Facteurs grapho-perceptifs dans les épreuves de dessin, p. 25.

(3) Cette épreuve, très peu utilisée dans la W.I.S.C. semble de bon pronostic, mais n'a pas été comprise dans l'étude des facteurs impliqués par les épreuves. Elle ne comporte donc pas de numéro de facteur dans la colonne "Renvois".

(4) Cf. le **Binet-Simon**, Arrière-plan théorique, p. 49.

HYPOTHÈSES INTERPRÉTATIVES (5)

Certains sujets y manifestent leur effort particulier pour tenter d'intégrer les choses en un tout, pour éviter l'angoisse du manque, de la castration ou du morcellement, ou pour mieux contrôler l'environnement.

Cette épreuve handicape les personnes peu habituées à écrire. Elle est fortement chutée en cas d'organicité et l'est souvent par des psychotiques.

Elle peut être très réussie par certains enfants à fond phobique qui échouent pourtant une ou toutes les épreuves scolaires, manifestant ainsi parallèlement à leur inhibition spécifique leur désir d'apprendre.

Elle peut être échouée, au-dessus de 8 ans, lorsque les chiffres représentent une valeur particulière et induit un mécanisme d'inhibition. Elle doit alors être comparée aux autres épreuves comportant des chiffres.

Elle peut être échouée chez des enfants ayant des difficultés grapho-motrices ou de coordination perceptivo-motrice.

Le résultat est faible parfois lorsque l'enfant n'a pas encore atteint la maturation sociale nécessaire à s'attacher à la poursuite d'un but par des essais et des tâtonnements ou qui manifeste une grande difficulté d'attention et de stabilité. C'est souvent le cas chez des enfants à fond phobique ou dont l'envahissement par des fantasmes, par exemple d'abandon, est encore trop grand ou qui présentent un risque de psychopathie.

(5) Ces hypothèses ne sont que des ébauches qui seront reprises et élargies plus loin. Cf. Facteurs impliqués, p. 79.

FACTEURS IMPLIQUÉS PAR LES ÉPREUVES

FACTEURS IMPLIQUÉS	Renvois aux numéros d'autres facteurs	ÉPREUVES CONCERNÉES	SPÉCIFICITÉ FINE (1)
A - FACTEURS INTELLECTUELS			
Types d'intelligence (facteurs 1 et 2)			
1. **Conceptualisation**	2, 19, (20), 33	Similitudes	Capacité de généralisation, de pensée catégorielle, à partir de données concrètes pour la majorité des questions.
	3, 13, 15, 18, 19, 20, 21, 29, (30)	Cubes	Capacité d'abstraction à travers analyse et synthèse sans données concrètes.
2. **Facteur G**	1, 19, (20), 33	Similitudes	
3. **Représentation symbolique**	5, 18, 21, 22, 24	Arithmétique	Opérations mentales à partir de situations concrètes représentées par des symboles chiffrés.
	1, 13, 15, 18, 19, 20, 21, 29, (30)	Cubes	Schéma spatial abstrait mentalement décomposé et restructuré.
	7, 18, 20, (21), 24, 26	(Mémoire des chiffres) (2)	Représentation mentale de symboles chiffrés, d'abord mémorisés dans l'ordre direct.
Adaptation scolaire (facteurs 4, 5 et 6)			
4. **En rapport avec la langue maternelle**	(7) (2), (8), 22, (23)	Information	Mémorisation des données scolaires et socio-culturelles.
	(7), 10, 22, 23	Vocabulaire	Dénomination, représentation des choses par des mots.

(1) Pour plus de détails, se reporter à l'analyse qualitative de chaque épreuve, pp. 68 et sq.

(2) Lorsque le facteur est impliqué à un moindre degré dans l'épreuve, celle-ci est inscrite entre parenthèses. Dans la colonne "Renvois" correspondant à cette épreuve chaque fois qu'elle est évoquée, le numéro de ce facteur est également mis entre parenthèse.

HYPOTHÈSES INTERPRÉTATIVES	EXAMENS COMPLÉMENTAIRES
Ces épreuves sont échouées par les déficients mentaux. Une réussite en élimine toute suspicion. Mais les résultats à d'autres épreuves, notamment les plus concrètes, modulent toujours l'hypothèse éventuelle de déficience mentale, celle-ci ne devant être portée qu'avec la plus extrême prudence. →	Un test de facteur G à support concret (3), tel que le Matrix concret, peut être mieux adapté aux sujets ayant des difficultés d'abstraction. Les échelles de **Piaget** (4) permettent de préciser les stades d'évolution atteints dans la perspective de la pensée opératoire, du raisonnement logique.
En cas de réussite plus ou moins isolée on peut supposer que le niveau général est sous-estimé. →	Une réussite en ce domaine peut augurer d'un bon score à des tests de Facteur G, tels que les Progressive Matrix ou le Columbia (5).
L'incapacité de représentation mentale peut être en rapport avec la non-acquisition de la représentation symbolique. →	Les épreuves de **Piaget** (4) permettent de situer le niveau de développement de la représentation symbolique. Des épreuves impliquant moins la représentation symbolique, et pouvant se passer en dehors de la présence d'un examinateur, permettent de situer le niveau général : épreuves de facteur G (3) ou de niveau scolaire (6).
La poursuite de la scolarité a été irrégulière, quels que puissent être les motifs très divers des perturbations. →	Des épreuves de niveau scolaire (6) apportent des précisions sur les aptitudes et connaissances actuelles en chaque matière.
Des difficultés spécifiques peuvent être imputables au type scolaire des épreuves. →	Le test de Vocabulaire de **Binois-Pichot** (7) donne une mesure des acquisitions par la méthode des choix multiples. Mais il n'est applicable qu'au-dessus de 10 ans.

(3) Cf. p. 106.

(4) Cf. p. 111.

(5) Cf. pp. 104 et 109.

(6) Cf. entre autres les différents tests d'acquisitions scolaires édités par le Centre de Psychologie appliquée, Paris.

(7) Test de Vocabulaire de **Binois-Pichot,** édité par le Centre de Psychologie appliquée, Paris, 1959.

FACTEURS IMPLIQUÉS	Renvois aux numéros d'autres facteurs	ÉPREUVES CONCERNÉES	SPÉCIFICITÉ FINE (1)
5. **En rapport avec les opérations arithmétiques**	3, 18, 21, 22, 24	Arithmétique	
6. **Capacité d'apprentissage**	(7) (1), 16, 20, 22, 24, 25, 30	Code	
7. **<u>Mémoire</u>**	(3), 18, 20, (21), 24, 26	Mémoire des chiffres	Mémoire immédiate auditive relative à des symboles chiffrés.
	6, 16, 20, 22, 24, 25, 30	(Code) (2)	Mémorisation par perceptions visuelles répétées, de signes et symboles chiffrés, permettant une plus grande rapidité d'exécution.
	4, (8), 22, (23)	(Information)	Acquisitions scolaires.
	4, 10, 22, 23	(Vocabulaire)	Acquisitions scolaires.

(1) Pour plus de détails, se reporter à l'analyse qualitative de chaque épreuve, pp. 68 et sq.

(2) Lorsque le facteur est impliqué à un moindre degré dans l'épreuve, celle-ci est inscrite entre parenthèses. Dans la colonne "Renvois" correspondant à cette épreuve chaque fois qu'elle est évoquée, le numéro de ce facteur est également mis entre parenthèses.

HYPOTHÈSES INTERPRÉTATIVES	EXAMENS COMPLÉMENTAIRES
Les difficultés peuvent être en rapport avec des opérations précises, surtout divisions et fractions. →	Outre les épreuves de niveau scolaire (3) les épreuves de **Piaget** (4) manifestent les étapes du développement de la pensée opératoire et logique, l'aptitude à l'approche des mathématiques.
La capacité d'apprendre peut être plus ou moins déficiente selon l'objet de l'apprentissage. →	**Rey** A. a établi plusieurs types d'épreuves (5) permettant de discriminer ces aptitudes en des domaines différents.
Les capacités mnésiques sont particulièrement fragiles en cas d'organicité. →	Un E.E.G. est toujours utile, apportant aussi bien infirmation que confirmation des troubles organiques suspectés. Il faut tenir compte néanmoins des limites de cet examen. Le test de rétention visuelle de **Benton** (6) apporte éventuellement une confirmation en cas d'erreurs typiques aux formes C et D. Mais noter qu'une absence d'erreurs n'élimine pas totalement la suspicion.
Les difficultés mnésiques peuvent être limitées à la capacité de fixation. →	Une forme à choix multiples du **Benton** (6) aide à discerner les capacités de mémoire de reconnaissance.
Des troubles peuvent provenir de l'objet même de cette épreuve. →	Le test de Mémorisation d'une série de mots de **Rey** (7), impliquant également la mémoire immédiate, recourt au vocabulaire et non plus aux chiffres, aidant à en distinguer l'impact. La comparaison entre l'épreuve de copie et celle de mémoire à la Figure complexe de **Rey** (8), permet dès l'âge de 4 ans pour la forme B et de 8 ans pour la forme A, une approche du déficit mnésique en rapport avec la capacité grapho-perceptive.

(3) Cf. p. 79 note 6.

(4) Cf. p. 111.

(5) **Rey** (A.) : *L'examen clinique en psychologie.* Presses Universitaires de France, Paris, 1958.

(6) *Application clinique du test de rétention visuelle de A.L.* **Benton.** Centre de Psychologie appliquée, Paris, 1965. **Clément** (F.) et **Poitrenaud** (J.) : Le test de rétention visuelle de **Benton.** Evolution des résultats avec l'âge, en fonction du sexe et du niveau intellectuel. *In Rev. Psychologie appliquée,* 1964, *14*, 4, 243-277.

(7) **Rey** (A.) : *L'examen clinique en psychologie.* Presses Universitaires de France, 1958, pp. 141-193.

(8) Cf. p. 32.

FACTEURS IMPLIQUÉS	Renvois aux numéros d'autres facteurs	ÉPREUVES CONCERNÉES	SPÉCIFICITÉ FINE (1)
8. **Adaptation sociale**	27	Compréhension	Intégration des normes parentales et sociales.
	(9), 14, 27, 31	Arrangement d'images	Adaptation pratique et sociale.
	4, (7), 22, (23)	(Information)	Acquisitions culturelles.
9. **Adaptation à la réalité**	28	Complètement d'images	Sens de l'observation fine.
	8, 14, 27, 31	(Arrangement d'images)	Organisation logique d'une situation.
	13, 15, 17, 29, (30), 32	(Assemblage d'objets)	Intégration en un tout.
B - FACTEURS INSTRUMENTAUX			
10. **Verbalisation**	23	Q.I. Verbal (2)	Expression usuelle.
	4, (7), 22, 23	Vocabulaire	Dénomination précise des choses.

(1) Pour plus de détails, se reporter à l'analyse qualitative de chaque épreuve, pp. 68 et sq.

(2) Noter qu'une réussite aux épreuves verbales peut parfois apparaître en raison d'un échec à l'ensemble des épreuves de performance. De même, un échec à l'ensemble des épreuves verbales peut entraîner l'apparence d'une réussite importante aux épreuves de performance. Dans ces cas-là, c'est le meilleur des deux niveaux qui représente le mieux les possibilités du sujet. Il reste à interpréter le déficit du niveau le plus faible.

HYPOTHÈSES INTERPRÉTATIVES	EXAMENS COMPLÉMENTAIRES
Surtout lorsque Compréhension est l'épreuve la plus échouée, les difficultés peuvent être en rapport avec la verbalisation. →	L'épreuve non verbale de Complètement d'images de **Healy** (3) confirme ou infirme cette hypothèse.
Les échecs peuvent être en rapport avec une crise d'adolescence normale ou un risque de psychopathie. →	Les Labyrinthes de **Porteus** (4) cernent les capacités d'adaptation à travers la prévision d'un plan et le contrôle de l'impulsivité, fréquemment en déficit chez des psychopathes.
La pensée concrète peut être plus ou moins gênée selon l'optique de chaque épreuve. →	D'autres batteries de performances discriminent les diverses aptitudes concrètes, notamment : **Grace Arthur** (3), **Alexander** (5), cette dernière plus précisément destinée à l'orientation professionnelle.
Des difficultés verbales peuvent d'abord être dues à des troubles du langage oral ou à des séquelles de troubles auditifs. →	Les épreuves de langage de **Borel-Maisonny** (6) permettent d'estimer les troubles d'articulation et de la parole en distinguant la compréhension et la réalisation du langage. Un approfondissement des difficultés de ce type relève d'un bilan orthophonique.
Lorsque l'échec paraît imputable aux difficultés de verbalisation, cela peut aussi bien provenir d'un retard simple du langage que d'un milieu bilingue ou immigré dans lequel vit l'enfant, ou d'une fréquentation scolaire assez perturbée. →	Des épreuves non verbales d'efficience mentale permettent une estimation comparative : tests de facteur G (7), épreuves d'efficience de **Borel-Maisonny** (8) pour enfants au-dessous de 5 ans, de **Borelli-Oléron** (9) de 5 à 11 ans.

(3) Cf. p. 134.

(4) Distribué par le Centre de Psychologie appliquée, Paris. Cf. p. 134.

(5) Cf. p. 132.

(6) **Borel-Maisonny** (S.) : Test d'orientation du jugement et de langage pour enfants de 5 ans 1/2 à 9 ans, in *Langage oral et écrit,* Delachaux et Niestlé, 1966, tome II, pp. 75-134. Distribué par la Librairie de l'Education nouvelle, Paris.

Borel-Maisonny (S.) : Test sans paroles pour enfants de 18 mois à 5 ans, in *op. cit.* tome II, pp. 51-74.

(7) Cf. p. 103.

(8) Cf. p. 145.

(9) Cf. p. 138.

FACTEURS IMPLIQUÉS	Renvois aux numéros d'autres facteurs	ÉPREUVES CONCERNÉES	SPÉCIFICITÉ FINE (1)
Perception (facteurs 11 et 12) 11. **Perception auditive**	 18	 Q.I. global	
12. **Perception visuelle**		Q.I. Performance (2)	

(1) Pour plus de détails, se reporter à l'analyse qualitative de chaque épreuve, pp. 68 et sq.
(2) Cf. p. 82 note 2.

HYPOTHÈSES INTERPRÉTATIVES	EXAMENS COMPLÉMENTAIRES
La déficience mentale entraîne souvent une chute aux épreuves verbales plus importante qu'aux épreuves de performance ou Cubes seul peut être chuté. Mais elle risque parfois d'être camouflée par une suréducation des épreuves scolaires verbales faisant peu appel à la conceptualisation.	→ Les tests ci-dessus peuvent confirmer ou infirmer cette hypothèse. Le test de performance d'**Alexander** (3), comportant aussi une forme des Cubes de **Kohs**, précise par ses épreuves les possibilités pratiques professionnelles.
Des difficultés perceptives d'ordres divers peuvent être liées à des troubles organiques et apparaître notamment à travers des chutes en performance.	→ Un E.E.G. et éventuellement un bilan médical sont à conseiller.
Des troubles auditifs importants sont en général détectables lors d'un entretien. Seules quelques épreuves de l'échelle de performance sont valables pour les non-entendants à condition de s'assurer qu'ils comprennent les consignes, au moins par gestes ou par écrit. La passation de l'échelle à un malentendant implique la même condition.	→ L'approfondissement des troubles auditifs relève d'abord du médecin otorhinolaryngologiste. Un bilan orthophonique peut être demandé.
Mais parfois seuls les mauvais résultats conduisent à une suspicion de déficit auditif.	→ La connaissance des audiogrammes et le bilan orthophonique sont alors indispensables. Le test de performance de **Borelli-Oléron** (4), spécialement adapté aux non- et malentendants, permet une mesure comparative de la coordination et de l'efficience mentale.
Certains amblyopes peuvent passer les épreuves. Mais lorsque les résultats ne sont pas au moins moyens, une amblyopie ou une myopie importante non corrigées peuvent avoir handicapé le sujet.	→ Une consultation ophtalmologique doit être conseillée.
Le retard scolaire amène parfois la découverte d'un déficit visuel, alors même que des hypothèses de déficience mentale sont presque avancées.	→ Le test de **Hayes-Binet** (5), adaptation du **Binet-Simon** pour non-voyants, est actuellement la seule épreuve d'efficience intellectuelle adaptée aux non- ou mal-voyants, mais elle reste très verbale, et très scolaire dans sa validation. Néanmoins, cette épreuve permet une approche, comme l'échelle verbale du **Wechsler.**

(3) Cf. p. 132.

(4) Cf. p. 138.

(5) A second test scale for the mental measurement of the visually handicaped, in *Outlook for the Blind,* 1943, *37,* 37-41.

FACTEURS IMPLIQUÉS	Renvois aux numéros d'autres facteurs	ÉPREUVES CONCERNÉES	SPÉCIFICITÉ FINE (1)
13. **Structuration spatiale, latéralisation**	1, 3, 15, 18, 19, 20, 21, 29, (30)	Cubes	Modèles non représentatifs.
	(9), 15, 17, 29, (30), 32	Assemblages d'objets	Modèles représentatifs et schéma corporel (2).

(1) Pour plus de détails, se reporter à l'analyse qualitative de chaque épreuve, pp. 68 et sq.

(2) Cf. p. 38 note 1.

HYPOTHÈSES INTERPRÉTATIVES	EXAMENS COMPLÉMENTAIRES
Les perturbations peuvent être liées à des troubles organiques.	→ Le test de rétention visuelle de **Benton** (3) peut révéler l'organicité à travers des erreurs typiques.
Les troubles manifestés n'ont pas toujours une origine bien nette et, en cas de fort déficit, les possibilités de réadaptation restent inconnues.	→ L'adaptation de **Santucci** pour enfants du test de **Kohs-Goldstein** (4) permet de déterminer s'il s'agit d'une déficience simple ou d'un trouble organique et de mesurer les possibilités d'apprentissage et de récupération.
Les échecs peuvent manifester une organisation de l'espace plus ou moins déficiente.	→ L'épreuve grapho-perceptive de **Santucci** pour enfants de 4 à 6 ans (5) et l'adaptation par **Santucci** du test de **Bender** pour enfants au delà de 6 ans (5) permettent en particulier une bonne discrimination entre le retard du développement perceptivo-grapho-moteur et les erreurs d'orientation. Leur contenu reste assez simple et au delà de 8 ans les troubles de structuration spatiale risquent d'apparaître parfois peu clairement s'ils ne sont pas assez importants. Dans ce dernier cas la Figure complexe de **Rey** (6) manifeste ce type de troubles même lorsqu'ils sont légers. A l'inverse, si des troubles sont manifestés d'abord dans la copie de la Figure complexe de **Rey**, il peut être utile de faire ensuite passer le **Bender-Santucci** pour mieux discerner leur tonalité.
Des difficultés peuvent provenir d'une coordination visuo-motrice déficiente, parfois seulement en échec lorsque la tâche est plus complexe.	→ La comparaison entre les résultats aux épreuves grapho-perceptives de **Bender-Santucci** (5) et de copie de la Figure complexe de **Rey** (6) discrimine les capacités d'attention perceptive et de coordination dans la reproduction. Cette analyse peut être encore approfondie par la passation de la forme à choix multiples du test de rétention visuelle de **Benton** (3) qui ne met pas en jeu la reproduction.

(3) Cf. p. 81 note 6.

(4) Cf. p. 127.

(5) Cf. pp. 27 et sq.

(6) Cf. p. 32.

FACTEURS IMPLIQUÉS	Renvois aux numéros d'autres facteurs	ÉPREUVES CONCERNÉES	SPÉCIFICITÉ FINE (1)
14. **Structuration temporelle**	8, (9), 27, 31	Arrangement d'images	
Motricité (facteurs 15 et 16) 15. **Manipulation**	1, 3, 13, 18, 19, 20, 21, 29, (30) (9), 13, 17, 29, (30), 32	Cubes Assemblage d'objets	Manipulation digitale habituelle. Manipulation digitale plus fine.
16. **Graphisme**	6, (7), 20, 22, 24, 25, 30	Code	
17. **Schéma corporel**	(9), 13, 15, 29, (30), 32	Assemblage d'objets	

(1) Pour plus de détails, se reporter à l'analyse qualitative de chaque épreuve, pp. 68 et sq.

HYPOTHÈSES INTERPRÉTATIVES	EXAMENS COMPLÉMENTAIRES
Une dyslexie peut être supposée en cas d'échecs typiques (2).	→ Des items précis de la **N.E.M.I.** (3) et surtout les tests de langage de **Borel-Maisonny** (4) détectent avec finesse la gravité de ce trouble.
Les erreurs peuvent manifester des difficultés de latéralisation.	→ Les tests de latéralité de **Piaget-Head** (5) et d'imitation de gestes de **Bergès-Lézine** (6) permettent une bonne analyse de la latéralisation.
Les échecs proviennent souvent de difficultés à se situer dans le temps.	→ Les épreuves de rythme de **Mira Stambak** (7) cernent la capacité à structurer la temporalité.
Les échecs peuvent manifester des difficultés plus ou moins importantes de coordination motrice.	→ Un bilan psychomoteur est conseillé.
Les échecs manifestent soit une difficulté motrice que des épreuves de manipulation fine n'ont pas révélée, soit plus fréquemment des troubles de l'expression écrite.	→ L'épreuve de pointillage de **Mira Stambak**, (8) donne à la fois la dominance manuelle et le niveau de développement des capacités graphiques actuelles.
Les échecs peuvent manifester des troubles du schéma corporel.	→ Le test de schéma corporel de **Bergès** (9) permet de cerner les aspects cognitifs du schéma corporel, faisant le moins possible intervenir la motricité. Il est valable de 4 à 11 ans.

(2) Cf. l'analyse qualitative des Cubes de **Kohs**, p. 75.

(3) Cf. p. 55.

(4) Cf. p. 83 note 7.

(5) **Galifret-Granjon** (N.) : Batterie **Piaget Head**, in **Zazzo** (R.) : *Manuel pour l'examen psychologique de l'enfant.* Delachaux et Niestlé, 1960, pp. 95-126.

(6) **Bergès** (J) et **Lézine** (I.) : *Test d'imitation de gestes.* Masson, Paris, 1972. Distribué par les Editions scientifiques et psychotechniques, Issy-les-Moulineaux.

(7) **Stambak** (M.) : *Trois épreuves de rythme.* Delachaux et Niestlé, 1960. Repris et révisé in **Zazzo** (R.) et coll. : *Manuel pour l'examen psychologique de l'enfant.* Delachaux et Niestlé, 1969, tome I, pp. 241 à 258.

(8) **Stambak** (M.) : Epreuves de niveau et de style moteurs, in **Zazzo** (R.) et coll. : *Manuel pour l'examen psychologique de l'enfant.* Delachaux et Niestlé, 1969, tome I, pp. 179 à 181.

(9) **Daurat-Hmeljak** (C.), **Stambak** (M.) et **Bergès** (J.). *Test de schéma corporel. Manuel.* Centre de Psychologie appliquée, Paris, 1966.

FACTEURS IMPLIQUÉS	Renvois aux numéros d'autres facteurs	ÉPREUVES CONCERNÉES	SPÉCIFICITÉ FINE (1)

C - FACTEURS AFFECTIFS (2)

Il est bien évident que l'interprétation de ces facteurs exige d'avoir auparavant analysé les troubles pouvant relever des deux types de facteurs précédents.

Pour l'approfondissement des facteurs affectifs plus ou moins impliqués dans le mode d'exécution de l'une ou de l'autre des épreuves du **Wechsler,** la passation d'épreuves spécifiquement projectives s'impose. Le choix de ces épreuves sera abordé ultérieurement (3). La colonne "Epreuves complémentaires" est donc inutile.

FACTEURS IMPLIQUÉS	Renvois aux numéros d'autres facteurs	ÉPREUVES CONCERNÉES	SPÉCIFICITÉ FINE (1)
18. **Comportement**	11	Q.I. Global	L'exécution de toutes les épreuves est sensible à l'instabilité.
	3, 5, 21, 22, 24	Arithmétique	
	1, 3, 13, 15, 19, 20, 21, 29, (30)	Cubes	La représentation mentale est sensible à l'émotivité.
	(3), 7, 20, (21), 24, 26	Mémoire des chiffres	L'effort mnésique est sensible à la fatigabilité.
19. **Abstraction**	1, 2, (20), 33	Similitudes	Début de l'épreuve plus concret,mais catégorisation noyant les détails.
	1, 3, 13, 15, 18, 20, 21, 29, (30)	Cubes	Schéma abstrait constant.

(1) Pour plus de détails, se reporter à l'analyse qualitative de chaque épreuve, pp. 68 et sq.

(2) Toutes les données entrevues dans cette analyse seront approfondies dans le tome II.

(3) Cf. Epreuves à facteurs affectifs dominants, p. 149.

HYPOTHÈSES INTERPRÉTATIVES

L'instabilité, comme une trop grande émotivité renforcée par la situation d'examen, témoignent des difficultés du système défensif pour contrôler l'angoisse sous-jacente. Des traits hypomanes légers sont paranormaux jusque vers 5 à 6 ans. Lorsqu'ils restent présents après cet âge, leur intensité est à la mesure de l'angoisse qu'ils tentent inefficacement de dénier. Tout ceci est facteur d'échec à l'ensemble des épreuves ou seulement à celles qui demandent le plus d'attention, de concentration.

L'angoisse excessive devant la situation d'examen ou devant la relation impliquée par les épreuves du **Wechsler** peut entraîner une inhibition plus ou moins généralisée. On peut aussi constater que l'enfant semble ne pas écouter, parfois même ne pas entendre. Ce comportement se retrouve chez des enfants très insécurisés, à fond phobique, ou présentant quelques traits schizoïdes.

La fatigabilité, même d'origine organique, élève le seuil de l'émotivité ou de l'instabilité latente, et est facteur d'échec surtout pour les épreuves demandant des capacités d'attention et de concentration.

Mais elle peut aussi provenir d'un système défensif mobilisant une énergie excessive. Les échecs, provenant tout autant de manques d'attention que d'une diminution des aptitudes, toucheront électivement les épreuves passées en dernier lieu.

Une forte réussite peut témoigner d'une recherche d'évitement de la réalité par intellectualisation, de type psychotique s'il est confirmé par ailleurs, ou comme surinvestissement de la conceptualisation, de la logique, de type obsessionnel.

Une chute peut indiquer une inhibition cristallisée sur la conceptualisation traduisant parfois une pseudo-débilité : le symptôme de débilisation (2) signifie et évite à la fois le danger représenté par le fait de penser, comprendre et la croissance intellectuelle.

Comme pour toutes les chutes d'origine affective à la **W.I.S.C.**, il est souvent intéressant de chercher l'âge mental (4) auquel correspond la note brute obtenue. Dans l'hypothèse d'un blocage des processus par inhibition massive, visant ici la conceptualisation, l'âge mental coïncide parfois avec l'âge d'un éventuel traumatisme en étant l'origine.

(4) Cf. Données psychométriques, p. 63 et en Annexes, Exemples, p. 199.

FACTEURS IMPLIQUÉS	Renvois aux numéros d'autres facteurs	ÉPREUVES CONCERNÉES	SPÉCIFICITÉ FINE (1)
20. **Non-implication personnelle**	(3), 7, 18, (21), 24, 26	Mémoire des chiffres	
	6, (7), 16, 22, 24, 25, 30	Code	
	1, 2, 19, 33	(Similitudes)	
	1, 3, 13, 15, 18, 19, 21, 29, (30)	Cubes	
21. **Représentation mentale**	3, 5, 18, 22, 24	Arithmétique	Voir 3. Représentation symbolique.
	1, 3, 13, 15, 18, 19, 20, 29, (30)	Cubes	
	(3), 7, 18, 20, 24, 26	Mémoire des chiffres	
22. **Investissement de la scolarité**	4, (7), (8), (23)	Information	Voir 4, 5, 6. Adaptation scolaire.
	3, 5, 18, 21, 24	Arithmétique	
	4, (7), 10, 23	Vocabulaire	
	6, (7), 16, 20, 24, 25, 30	Code	
23. **Expression verbale**	10	Q.I. Verbal	Expression orale.
	4, (7), 10, 22	Vocabulaire	Langage relationnel.
	4, (7), (8), 22	(Information)	Communication au niveau du groupe.

(1) Pour plus de détails, se reporter à l'analyse qualitative de chaque épreuve, pp. 68 et sq.

HYPOTHÈSES INTERPRÉTATIVES

Lorsque les chiffres ne représentent pas de valeur particulière pour l'enfant, une réussite plus ou moins importante témoigne d'un évitement projectif dans la mesure où les autres épreuves, mettant en jeu une charge émotionnelle, restent moyennes ou chutées. Cette attitude peut être de type obsessionnel, voire phobique. Certaines entrées dans les processus psychotiques utilisent aussi ce mécanisme.

Une chute peut manifester l'angoisse évoquée par la représentation mentale de quelque chose — de quelqu'un — d'absent. Cela provient parfois d'une angoisse d'abandon intense, telle que l'éprouvent certains phobiques, certaines personnalités fragiles (2).

Paradoxalement des psychotiques réussissent ces épreuves dans lesquelles la représentation ne réactive pas ou plus celle d'une relation et donc d'un abandon latent, comme chez les phobiques, mais se réduit à la représentation d'une chose.

Une réussite peut traduire le déplacement d'un désir sur la scolarité tel qu'il se rencontre chez certains obsessionnels.

Un échec aux trois épreuves scolaires et une réussite paradoxale au Code peuvent manifester l'inhibition phobique malgré ou à cause du surinvestissement de la scolarité (ou d'une partie de cette dernière si l'une, ou deux seulement, des épreuves de ce type est échouée).

Un échec aux quatres épreuves, parfois seulement aux trois premières, traduit une absence d'investissement de la scolarité, soit par suite d'un envahissement trop intense de l'angoisse, d'une fantasmatique archaïque, soit par immaturité affective, les deux pouvant également s'intriquer.

Lorsque la scolarité a été désinvestie après un début normal, la suspicion d'un traumatisme peut être émise. La recherche de l'âge mental auquel les acquisitions scolaires sont bloquées est alors utile (3).

Une chute au Vocabulaire seul peut être en rapport avec les difficultés ou la quasi-absence des tout premiers dialogues vocaux avec la mère ou son substitut ; ou avec des difficultés relationnelles moins précoces mais néanmoins avec la mère, les mots qu'elle lui a elle-même appris auparavant étant investis comme agents de cette relation.

Une chute isolée à Information signale des difficultés d'écoute attentive au niveau du groupe dont les intérêts ne sont pas encore investis. Le résultat à Compréhension risque aussi d'être faible.

Une chute limitée à Vocabulaire et Information manifeste des difficultés scolaires en rapport avec la langue maternelle, le plus souvent avec l'image maternelle.

---

(2) Cf. Tome III.

(3) Cf. Données psychométriques, p. 63 et en Annexes, Exemples, p. 199.

FACTEURS IMPLIQUÉS	Renvois aux numéros d'autres facteurs	ÉPREUVES CONCERNÉES	SPÉCIFICITÉ FINE (1)
24. **Valeur symbolique des chiffres**	3, 5, 18, 21, 22	Arithmétique	
	(3), 7, 18, 20, (21), 26	Mémoire des chiffres	
	6, (7), 16, 20, 22, 25, 30	Code	

(1) Pour plus de détails, se reporter à l'analyse qualitative de chaque épreuve, pp. 68 et sq.

HYPOTHÈSES INTERPRÉTATIVES

Une chute à toutes les épreuves verbales peut manifester une inhibition devant l'expression orale perçue comme dangereuse, souvent en rapport avec une angoisse d'abandon ou un fantasme de dévoration, par exemple chez des phobiques. Ce danger peut avoir des sources réelles diverses, telles que des bruits, disputes ou interdits traumatisants.

Par contre une réussite importante aux épreuves verbales, spécialement Vocabulaire et Information, peut traduire le surinvestissement du langage, de type anal, en grande relation avec la scolarité mais qui peut s'en distinguer.

Une forte réussite à l'ensemble des épreuves verbales se manifeste assez fréquemment chez des psychotiques pour qui le langage, le mot, investi comme un objet neutre, est parfois spécifiquement utilisé dans un retrait d'une réalité moins neutre. Il arrive chez certains adolescents de ce type de trouver un écart d'environ 20 sinon 30 points entre le Q.I. Verbal, supérieur, et le Q.I. Performance.

Les chiffres sont des symboles. Certains d'entre eux peuvent avoir un impact particulier pour un enfant donné, soit en fonction de leurs caractéristiques perceptives, forme ou phonétique, soit en fonction de ce qu'ils représentent pour lui (2).

L'ensemble des symboles chiffrés peut être investi d'une valeur relationnelle, par exemple d'identification à un père scientifique ou d'évitement d'identification à un père ou une mère scientifique. Ils peuvent au contraire être désinvestis de toute valeur symbolique affective par renforcement du mécanisme d'isolation : ils ont alors une valeur d'abstraction.

La réussite manifeste d'un enfant aux épreuves comportant des symboles chiffrés entraîne donc à se demander quelle est pour cet enfant la valeur des chiffres expliquant son investissement.

A l'inverse, mais répondant à des mécanismes proches en profondeur, un échec spécifique à ce type d'épreuve signale que les chiffres ont pour cet enfant une valeur particulière, qui reste à préciser, mais est suffisamment chargée affectivement pour avoir provoqué l'inhibition.

Lorsqu'un échec n'est pas en rapport direct avec les chiffres eux-mêmes, mais avec toutes ou l'une des opérations impliquées par Arithmétique, on peut se demander ce que représente le mot opération pour cet enfant. Pour certains il renvoie à un traumatisme physique réel, pour d'autres à une angoisse massive de castration. Il arrive parfois que certains enfants éprouvent une angoisse intense d'abandon, pensant alors qu'ils ne "comptent" pour personne, qu'ils ne comptent pas pour la mère où le père qu'ils aiment et dont ils se sentent totalement dépendant, objet vital pour eux : ces enfants ne parviennent pas alors, malgré leur désir, à apprendre à "compter" et présentent un échec aux opérations, parfois généralisé à tout ce qui comporte des chiffres.

---

(2) Par exemple, pour des enfants, la forme des chiffres 0 ou 1 évoque un symbolisme du corps sexué. D'autres entendent un 9 comme un œuf ou un neuf au sens de nouveau. Pour certains, le chiffre 3 représente la situation triangulaire qui ne peut être atteinte tant que la relation duelle, représentée par le chiffre 2, reste trop angoissante. Ces quelques exemples prouvent que bien des enfants sont susceptibles de voir dans les chiffres autre chose qu'un symbole neutre, mais surtout qu'il est impossible de généraliser de telles constatations.

FACTEURS IMPLIQUÉS	Renvois aux numéros d'autres facteurs	ÉPREUVES CONCERNÉES	SPÉCIFICITÉ FINE (1)
25. <u>**Désir de réussir**</u>	6, (7), 16, 20, 22, 24, 30	Code	
26. <u>**Mémorisation**</u>	(3), 7, 18, 20, (21), 24	Mémoire des chiffres	
27. <u>**Sociabilité**</u>	8	Compréhension	
	8, (9), 14 31	Arrangement d'images	

(1) Pour plus de détails, se reporter à l'analyse qualitative de chaque épreuve, pp. 68 et sq.

HYPOTHÈSES INTERPRÉTATIVES

Certains psychotiques, pré-psychotiques ou enfants à fond très fragile, chez qui la reconnaissance de la permanence de l'objet (maternel tout autant que la forme et le volume cernés par les épreuves de **Piaget** (2)) n'est pas acquise, ne sont pas toujours en mesure d'utiliser la représentation symbolique dans des opérations complexes et abstraites. Ils échoueront aux opérations complexes de leur niveau, ayant besoin pour assimiler d'un support concret, de la présence de l'objet dont les transformations éliminent la constance.

Une bonne ou forte réussite à cette épreuve manifeste généralement le désir de réussir, d'apprendre, de profiter d'une expérience par l'utilisation de sa mémoire qui permet d'aller plus rapidement, finalement de mettre toutes ses potentialités au service de la finalité de grandir.

Lorsque cette réussite est paradoxalement en contraste avec une chute à l'une ou toutes les épreuves scolaires, il est fréquent que ce soit le signe d'une inhibition de type phobique : désirer réussir, mais ne pas pouvoir, ne pas s'en donner le droit.

Chez des enfants à fond phobique pour qui le fait de grandir, l'identification à l'une des images parentales, est investi d'une angoisse intense, l'épreuve de Code est également chutée : le désir même de réussir est inhibé.

Le désinvestissement des normes parentales ou sociales, comme il se rencontre parfois chez des psychopathes, provoque aussi une chute à Code : la problématique d'identification est vitale mais primaire, n'étant pas en mesure d'entr'apercevoir la problématique d'identification génitale indispensable en ses prémisses pour désirer réussir.

D'autres enfants, immatures ou pré-psychotiques, n'ont pas encore investi ce désir et obtiennent donc un score faible. Une charge fantasmatique trop lourde ne laisse pas l'enfant assez libre pour penser à autre chose.

Une forte réussite manifeste généralement une recherche de compensation, rencontrée par exemple chez certains obsessionnels dont les troubles dûs au mécanisme d'isolation leur font croire à des manques de mémoire et provoquent au contraire un renforcement des exercices de mémorisation neutres.

Un bon score peut également être l'effet d'une recherche de sécurisation chez des enfants à fond phobique pour qui le symptôme de débilisation n'a pas totalement éliminé le désir de se prouver qu'ils existent sinon le désir ou la capacité de réussir en des domaines affectivement chargés.

Par contre l'échec, s'il n'est évidemment pas dû à un trouble mnésique d'origine non affective, par exemple organique ou médicamenteux, s'il n'est pas en rapport avec une inhibition élective pour les chiffres, peut résulter d'un mécanisme de refoulement très vif, relativement généralisé, tel que certains hystéro-phobiques à fond très fragile le mettent en œuvre pour éviter la réactivation d'une angoisse intolérable — ou d'un traumatisme.

Une forte réussite à ce type d'épreuve manifeste le surinvestissement du système d'adaptation aux autres, généralement destiné à éviter un fantasme d'abandon plus ou moins intense, à le camoufler par une façade syntone et séductrice. La fragilité de cette défense, de type hystérique, est d'autant plus grande qu'elle n'est pas épaulée par d'autres mécanismes, que la réussite est presque limitée à Compréhension.

(2) Cf. p. 111.

FACTEURS IMPLIQUÉS	Renvois aux numéros d'autres facteurs	ÉPREUVES CONCERNÉES	SPÉCIFICITÉ FINE (1)
28. **Attachement à la réalité**	9	Complètement d'images	
29. **Références spatiales**	1, 3, 13, 15, 18, 19, 20, 21, (30)	Cubes	
	(9), 13, 15, 17, 30, 32	Assemblage d'objets	
30. **Expression motrice**	6, (7), 16, 20, 22, 24, 25	Code	
	1, 3, 13, 15, 18, 19, 20, 21, 29	(Cubes)	
	(9), 13, 15, 17, 29, 32	(Assemblage d'objets)	

(1) Pour plus de détails, se reporter à l'analyse qualitative de chaque épreuve, pp. 68 et sq.

HYPOTHÈSES INTERPRÉTATIVES

Des enfants immatures, n'étant pas encore en mesure de se libérer d'une importante charge fantasmatique archaïque, ayant parfois trop manqué d'images parentales sécurisantes, se trouvent incapables de s'intéresser, et encore moins d'assimiler des normes qui régissent le groupe familial et échouent ici.

Néanmoins certains enfants immatures restent marginaux en échouant à Compréhension, mais arrivent à s'adapter pratiquement et avoir un résultat au moins moyen à Arrangement d'images. Ce sont en général des enfants à fond fragile et présentant des traits laissant suspecter un risque de psychopathie.

Une excellente réussite manifeste la vigilance, la recherche de contrôle de la réalité dans ses détails, telles qu'elles se rencontrent chez certains obsessionnels ou paranoïaques.

L'échec peut également provenir d'un surinvestissement de la réalité accompagné d'inhibition phobique devant le danger plus ou moins généralisé que le monde extérieur représente. Mais il peut être aussi provoqué par un retrait de cette réalité de type psychotique ou par l'indifférence à ce qui n'est pas centré sur soi, équivalent à un non investissement de type hystérique manifestant que la découverte de la réalité environnante, normale à la période anale, ne s'est que peu ou pas effectuée.

Le surinvestissement du détail qui manque ou risque de manquer peut être en rapport avec une forte angoisse de castration et se manifester par une réussite compensatrice ou au contraire un échec s'il y a inhibition dominante.

En dehors des difficultés d'origine instrumentale, un échec à ces épreuves peut manifester une carence ou des traumatismes vécus lors de la formation des références spatiales dans la première relation objectale. Une angoisse massive d'abandon ou de mort, liée au retour trop attendu du visage de la mère déjà reconnu, peut fortement altérer la structuration de la distance spatiale. Par suite la structuration de l'espace à trois dimensions et de la latéralisation, se greffant sur les acquisitions antérieures, reste déficitaire (2).

Une carence affective importante et précoce peut provoquer un état prépsychotique. L'adaptation à la réalité reste minimale et superficielle sans que le retrait de cette réalité frustrante et dangereuse soit néanmoins nécessaire. Le système perceptivo-moteur n'a pas été touché comme dans la psychose au niveau de la perception de la réalité. Mais on constate avec une fréquence non négligeable qu'il a été perturbé au niveau moteur, comme une réaction défensive devant le manque de maternage (2). A la W.I.S.C. des échecs à ce type d'épreuves sont alors possibles.

Lorsqu'il n'y a pas de déficit d'origine instrumentale, l'échec à ces épreuves peut être en rapport avec une forte inhibition devant l'expression de soi perçue comme agressive, dangereuse. Cette inhibition de type phobique peut n'affecter que l'expression graphique surinvestie, parfois en rapport avec une problématique d'identification virile. Des recherches ont montré sa relation probable avec le fantasme de la mort du père (3).

---

(2) Cf. l'approfondissement de ces notions dans le tome II.

(3) Cf. notamment **Pasquier** (J. du), Ecriture et fantasmes : la mort du père et l'écriture in *Pratique des mots* du 15.3.1974.

FACTEURS IMPLIQUÉS	Renvois aux numéros d'autres facteurs	ÉPREUVES CONCERNEÉS	SPÉCIFICITÉ FINE (1)
31. **Références temporelles**	8, (9), 14, 27, 31	Arrangement d'images	
32. **Image du corps**	(9), 13, 15, 17, 29, (30)	Assemblage d'objets	
33. **Références catégorielles**	1, 2, 19, (20)	Similitudes	

(1) Pour plus de détails, se reporter à l'analyse qualitative de chaque épreuve, pp. 68 et sq.

HYPOTHÈSES INTERPRÉTATIVES

Lorsque ces épreuves sont au contraire bien ou très bien réussies, cela peut manifester un surinvestissement de l'"agir" par opposition au verbal et au mental, tel que certains psychopathes ou hystériques peuvent le mettre en jeu.

Le surinvestissement de ce facteur avec réussite excellente peut manifester une recherche pour se situer dans le temps présent par rapport à un passé ou un futur immédiats, telle qu'on peut la rencontrer chez certains enfants ou adolescents insécurisés et peu structurés.

Certains obsessionnels, qui cherchent le contrôle du temps et de la réalité, en la chiffrant par exemple, vont également très bien réussir cette épreuve.

Des enfants peuvent échouer à l'une ou l'autre des histoires parce qu'elles sont affectivement trop chargées. C'est le cas lorsque les mécanismes d'isolation, de type obsessionnel, empêchent l'enfant de saisir le lien logique qui unit les composantes de l'histoire, ou lorsque l'inhibition, de type phobique, provoque un blocage devant quelques séquences.

L'échec peut se rencontrer chez un enfant immature qui ne perçoit pas l'intérêt de se situer dans le temps, au regard d'investissement vitaux dont il est encore par trop privé.

Si le schéma corporel (2) s'est normalement construit à partir des différents modes de sensibilité, l'image du corps (2) se forme à partir des premières perceptions visuelles et tactiles du corps de la mère ou de son substitut. Si cette référence essentielle subit des perturbations, pour des raisons diverses (3), l'enfant risque de ressentir entre son schéma corporel et son image du corps une faille plus ou moins large provoquant des troubles que l'épreuve d'Assemblage d'objets est susceptible de manifester.

Un échec spécifique au puzzle du visage peut témoigner d'une perturbation liée à l'angoisse d'abandon, alors qu'à celui du mannequin il s'agirait plutôt de l'angoisse de castration. Pour les autres puzzles la charge affective ressentie par l'enfant et ayant pû provoquer un échec dépend de la symbolique particulière qu'il y met, et qu'il est souvent seul à pouvoir préciser.

L'angoisse de castration peut chez d'autres provoquer un surinvestissement avec réussite, lorsque la lutte contre l'angoisse utilise au maximum la capacité d'intégrer des objets épars en un tout. Une angoisse de morcellement trop intense risque cependant de provoquer un échec, particulièrement au Mannequin.

Une forte réussite peut manifester à la fois les tentatives faites par un enfant pour situer les choses qui l'environnent dans leurs catégories propres, donc ses capacités en pensée catégorielle, et les difficultés qu'il éprouve lui-même à se situer dans son environnement relationnel et qui justifient le renforcement de l'utilisation de ses capacités à titre de réassurance. C'est souvent le cas chez certains enfants insécurisés, dont le fond phobique peut être lui-même renforcé dans la réalité par une situation familiale instable ou rejetante ou des placements successifs.

---

(2) Cf. p. 38 note 1 et p. 39 note 2.

(3) Cf. Tome II.

C - ÉCHELLES NON VERBALES

Après le **Binet-Simon,** estimé trop verbal, bien des tentatives ont été effectuées avant les tests de **Wechsler** pour analyser l'efficience intellectuelle sans faire appel au langage. Elles se sont principalement orientées dans deux directions : épreuves de Facteur G et batteries de performance.

Ces dernières, mettant en jeu des facteurs instrumentaux non négligeables, seront étudiées plus loin, alors que nous rappellerons ici l'existence des épreuves de dessin spécifiquement destinées à l'évaluation du fonctionnement intellectuel.

I - PRINCIPAUX TESTS DE FACTEUR G ET ASSIMILÉS

Le test de **Spearman** (1932-1933) et le **Cattell** Culture Free (1940) ne sont plus guère utilisés. Parmi les tests de facteur G (1) dénommés homogènes, à support non verbal, nous analyserons deux catégories d'épreuves encore utilisées en passation individuelle ou collective :

— A *matériel non figuratif :* le **P.M. 38** et le **P.M. 47. Progressive Matrices de Raven;**

— A *matériel figuratif :* le **Matrix concret** et le **D 48,** que nous ferons suivre d'une étude sur **la portée et les limites des Matrices en général;**

— Une échelle à *matériel figuratif et non figuratif,* **l'échelle de maturité mentale de Columbia,** sera ensuite rapprochée des tests de facteur G.

RATIONNEL GÉNÉRAL DES TESTS DE FACTEUR G.

INTENTIONS DES AUTEURS

Dès 1904, l'analyse bi-factorielle de **Spearman** permit d'effectuer des recherches qui déterminèrent la création de tests de facteur G.

L'analyse factorielle est une méthode de traitement statistique des résultats obtenus à des tests. Pour **Spearman,** si deux tests mentaux ont entre eux une corrélation élevée, c'est qu'ils apprécient quelque chose en commun : la corrélation exprime la mesure du facteur commun ou G (1).

Les tests qu'il construit sont censés mesurer une corrélation se rapportant avec le facteur d'intelligence générale. Cette corrélation n'étant jamais absolue, le test est censé mesurer par ailleurs un facteur dit spécifique : d'où le nom d'analyse bi-factorielle.

Dans une orientation proche, des recherches destinées à sélectionner et orienter les recrues pendant la seconde guerre mondiale aboutirent à l'élaboration d'épreuves qui se voulaient indépendantes du langage et de toute culture.

---

(1) Cf. Tests de facteur G, in *Bull. Psychologie,* 1952, *5,* 5, 275.

ARRIÈRE-PLAN THÉORIQUE

Pour **Spearman,** le facteur G ne peut être identifié exactement à l'intelligence, mais à l'énergie mentale. Les tests construits sur cette notion doivent, pour renforcer la corrélation, être des tests non verbaux, indépendants de facteurs éducatifs ou culturels, ne faisant intervenir que la pensée éductive : c'est-à-dire la capacité de découvrir une loi de série à partir des éléments de cette série et d'appliquer cette loi à la découverte d'un élément prolongeant cette série.

LE P.M. 38 (1)

RATIONNEL

Intentions de l'auteur

Raven cherche à réaliser un test de facteur G à partir de dessins géométriques.

Données psychométriques

Pour chaque problème une loi de série est à découvrir à travers la composition et la disposition de différents dessins. Selon la méthode de choix multiples, la solution est à trouver parmi cinq à huit autres dessins.

La forme originale a été établie en temps libre, mais il peut être donné en temps limité à vingt minutes, les deux étalonnages étant réalisés.

Les réussites donnant droit à un nombre de points correspondent à un classement par centiles et par âge.

Données génétiques

Il est étalonné à partir de 6 ans.

PORTÉE ET LIMITES

Valeur

- L'étalonnage français est bon.
- Il a une forte saturation en facteur G (.80).
- Il a une forte corrélation avec le **Binet-Simon** (.86).

Critiques

- Les trente premiers problèmes sont plus saturés en facteur spatial qu'en facteur G, rendant le test peu homogène.
- Donné en temps libre, le test a l'inconvénient de ne pas prendre en considération la rapidité à trouver des solutions adéquates.
- Mais en temps limité il a l'inconvénient de consacrer une bonne partie de ce temps à la résolution des premiers problèmes, les plus faciles et les moins discriminatifs.

---

(1) Distribué par les Etablissements d'Applications psychotechniques, Issy-les-Moulineaux.

- Il ne semble pas que les corrélations soient très élevées avec les réussites scolaires, même avec des matières qui font appel au raisonnement logique comme le latin et les mathématiques.
- Malgré l'intention de l'auteur il reste sensible à l'influence culturelle et au facteur verbal implicite.
- Il n'est guère utilisable pour les enfants qu'entre 9 et 14 ans.

Portée diagnostique

La portée diagnostique sera étudiée en même temps que celle des autres Matrices (1).

LE P.M. 47 (2)

RATIONNEL

Intentions de l'auteur

Raven désire améliorer le P.M. 38 en le rendant notamment discriminatif pour des populations d'enfants d'âges plus étendus.

Données psychométriques

L'étalonnage français classe les résultats en centiles par âges. Des correspondances en Q.I. sont proposées.

Les résultats à trois séries de problèmes peuvent être comparés en fonction des types différents de relation qu'ils présentent (Séries A, Ab, C).

Données génétiques

L'étalonnage français s'étend de 6 ans à 9 ans 1/2.

PORTÉE ET LIMITES

Valeur

- L'étalonnage français est valable.
- Un scatter des résultats aux différentes séries permet l'étude des déficiences mentales spécifiques.
- Il est plus valable que le P.M. 38 avant que les enfants aient acquis la capacité de comparer et de raisonner par analogie.

Critiques

- Le test est très sensible au facteur spatial et même au schéma corporel, dans la mesure où les problèmes impliquent des notions de symétrie.
- Les différents types de relation proposés rendent le test peu homogène.
- Il handicape les personnes peu habituées aux perceptions abstraites.

---

(1) Cf. p. 107.

(2) Distribué par les Etablissements d'Applications psychotechniques, Issy-les-Moulineaux.

Portée diagnostique

La portée diagnostique sera étudiée en même temps que celle des autres Matrices (1).

LE MATRIX CONCRET (2)

RATIONNEL

Intentions de l'auteur

Il cherche à construire un test de facteur G à partir de représentations d'objets simples connus, afin d'éviter l'aspect abstrait des dessins géométriques qui handicape certaines populations.

Données psychométriques

Les résultats sont classés en centiles par âges.

Données génétiques

L'étalonnage français va de 10 à 14 ans.

PORTÉE ET LIMITES

Valeur

- L'étalonnage français est valable.
- Le matériel perceptif concret est bien adapté aux enfants peu à l'aise avec l'abstrait et le symbolisme.

Critiques

- Le matériel est parfois influencé par des données culturelles.
- Le test est peu discriminatif dès que les enfants sont capables d'intelligence abstraite.

Portée diagnostique

La portée diagnostique sera étudiée en même temps que celle des autres Matrices (1).

LE D 48 (3)

RATIONNEL

Intentions

Il souhaite construire un test de facteur G en réduisant la place laissée au hasard.

---

(1) Cf. p. 107.

(2) Distribué par le Centre de Psychologie appliquée, Paris, 1964.

(3) Distribué par le Centre de Psychologie appliquée, Paris, 1959.

Données psychométriques

Le test utilise des séries de dominos disposés suivant une certaine loi et qui doivent être complétées par une réponse totalement libre mais logique.

Le nombre de réussites correspond à une classification en Q.I. (méthode de **Hull**).

Données génétiques

Il est étalonné en France à partir de 12 ans.

PORTÉE ET LIMITES

Valeur

- L'étalonnage français est très valable.
- Le test élimine au maximum les réponses dues au hasard.
- Il est très saturé en facteur G et l'est un peu en facteur numérique.
- Il a été suivi d'une forme D 70 qui permet le test-retest en raison de l'étalonnage établi sur des populations comparables.
- La traduction des résultats en Q.I. permet des comparaisons statistiques et présente une meilleure discrimination que les Progressive Matrices pour les cotations s'écartant notablement de la moyenne.

Critiques

- Cette épreuve n'est cependant pas encore assez discriminative pour les sujets intellectuellement très doués.
- L'étalonnage est assez sévère pour les adolescents de 12 à 18 ans.

PORTÉE ET LIMITES DES MATRICES

VALEUR

- Ces tests sont indépendants des facteurs de langage, de motricité, et relativement indépendants des facteurs scolaires et culturels ; ce qui les rend administrables aux enfants sourds, infirmes moteur, étrangers.
- Il est possible de les administrer collectivement ou sans examinateur, ce qui handicape moins les enfants émotifs devant une situation relationnelle.

CRITIQUES

- Les épreuves sont très épurées, portant sur des activités mentales très spécifiques et comportent les inconvénients liés à cette spécificité même.
- A l'exception du D 48 les réponses par choix multiples laissent trop de place au hasard.
- A l'exception du D 48 les classifications par centiles sont peu discriminatives pour les résultats s'écartant notablement de la moyenne.
- Pour certains sujets la monotonie ou la recherche d'une situation rappelant une situation scolaire atténue la motivation et rend l'épreuve très sensible à l'instabilité.

- En présentation collective ou sans examinateur, la passation empêche l'établissement de relation personnelle avec le sujet pourtant souvent très utile pour la compréhension de ses conduites.
- L'élimination du poids de l'environnement culturel devient obstacle pour étudier la capacité d'adaptation de l'enfant sous cette pression elle-même.
- Le caractère presque toujours global et statique des résultats ne permet pas d'analyse qualitative.

PORTÉE DIAGNOSTIQUE

Facteurs intellectuels

- Ce type d'épreuves fait appel à un aspect particulier des processus intellectuels et est donc surtout sensible aux troubles correspondants. On ne peut déterminer définitivement une déficience mentale à partir des résultats.
- Cependant, ces processus étant essentiels, l'utilisation de la diversité des épreuves ou des types de relation mis en jeu par chaque série permet une discrimination fine des déficits (1), par exemple l'analyse de l'aisance à manipuler les symboles abstraits ou la nécessité de s'épauler sur des supports concrets.
- La pensée catégorielle mise en jeu dans ce test non verbal peut être comparée au processus mis en jeu dans l'épreuve verbale de Similitudes (2) du **Wechsler**.

Facteurs instrumentaux

- Ils sont peu en jeu dans ce type de test. Néanmoins la structuration spatiale y est plus ou moins impliquée, d'autant plus que les séries incluent des éléments de symétrie, faisant également appel au schéma corporel. La comparaison des différentes séries permet d'analyser si les échecs proviennent de l'organisation spatiale à travers les données perceptives (3).

Facteurs affectifs

- Les déficits des processus intellectuels peuvent être en rapport avec des difficultés de représentation mentale (4) si les échecs électifs arrivent sur des séries comportant des symboles.
- Ils peuvent également provenir de difficultés de conceptualisation en rapport avec le danger imaginaire, ou la souffrance que représente pour certains enfants à fond phobique le fait de penser, comprendre, grandir en intelligence comme en taille (5).
- De fortes réussites peuvent manifester le surinvestissement des capacités d'éduction, de la logique, comme défense, souvent de type obsessionnel (5).
- D'éventuelles difficultés de structuration spatiale perceptibles à travers des erreurs électives de symétrie peuvent être en rapport avec des perturbations de l'espace ou du corps imaginaires (6).

---

(1) Pour plus de précisions sur les discriminations réalisables, se reporter aux différents manuels des tests de facteur G, cf. notes pp. 103 et sq.

(2) Cf. p. 70.

(3) Cf. l'étude de la perception visuelle à travers différentes épreuves mettant en jeu l'organisation spatiale, pp. 25 et sq.

(4) Cf. le facteur "Représentation mentale" dans les épreuves du **Wechsler**, p. 92.

(5) Cf. le facteur "Abstraction" dans les épreuves du **Wechsler**, p. 90.

(6) Cf. les facteurs "Références spatiales" et "Image du corps" dans les épreuves du **Wechsler**, pp. 98 et 100.

ÉCHELLE DE MATURITÉ MENTALE DE COLUMBIA (1)

Cette échelle est à rapprocher des tests de Facteur G par le principe de sa construction, la loi d'éduction qui doit être trouvée à chaque problème.

RATIONNEL

Intentions des auteurs

Cette échelle a été spécialement conçue pour des infirmes moteurs cérébraux. Les auteurs cherchent à mesurer le degré de maturation de certains processus intellectuels sans faire appel au langage ou à la motricité.

Lorsque les enfants peuvent parler, les auteurs présentent une enquête permettant de cerner la pensée opératoire grâce à laquelle la solution a été trouvée.

Données psychométriques

L'enfant est invité à montrer le dessin qui ne va pas avec les autres parmi des figures géométriques ou des reproductions concrètes qui lui sont présentées successivement sur cent planches. L'exclusion d'un seul dessin devient progressivement plus difficile. Passant d'un matériel concret à un matériel abstrait, l'enfant doit découvrir la loi d'organisation des dessins de la planche.

Le nombre de réussites correspond à un niveau en âge mental.

L'enquête facultative sur les raisons du choix est cotée séparément.

Données génétiques

L'étalonnage français va de 4 à 11 ans.

PORTÉE ET LIMITES

Valeur

- L'étalonnage français est excellent.
- L'échelle ne fait pas appel au langage, en dehors de l'épreuve facultative, ni à une activité motrice. Elle est donc très bien adaptée pour les enfants handicapés moteurs et verbaux.

Critiques

- L'épreuve ne permet de mesurer qu'un aspect de l'intelligence, bien qu'il s'agisse de processus intellectuels fondamentaux.
- Certains dessins sont d'utilisation périmée.

Portée diagnostique

- Elle est très proche de celle des tests de facteur G (2).

---

(1) *Echelle de maturité mentale de Columbia, Manuel.* Centre de Psychologie appliquée, Paris, 1965.

(2) Cf. p. 108.

- Au niveau des facteurs intellectuels, l'enquête facultative permet en plus d'ébaucher l'étude de la pensée opératoire (1).
- Les enfants I.M.C. sont très sensibles aux facteurs instrumentaux mis en jeu. Leur analyse devra donc être particulièrement approfondie dans le cas où la perception visuelle elle-même serait handicapée.

II - ÉPREUVES DE DESSIN (2)

Utilisées pour l'évaluation du fonctionnement intellectuel, ces épreuves ne peuvent servir que d'ébauche ou de complément. A ces deux titres elles sont très efficaces. Mais, comme nous l'avons déjà vu (2), il est impossible de s'en contenter lorsque le niveau obtenu n'est pas au moins moyen, les risques d'échec pouvant provenir d'autres facteurs.

La description des épreuves est faite par ailleurs (2).

---

(1) Cf. Echelles adaptées de **Piaget**, p. 111.

(2) Cf. Facteurs intellectuels impliqués dans des épreuves graphiques, p. 35.

D - ÉCHELLES ADAPTÉES DE PIAGET

Ces échelles sont, bien à tort, relativement délaissées par le psychologue clinicien. Elles demandent, de fait, un apprentissage spécifique et une bonne connaissance des conceptions et expérimentations de **Piaget**, que beaucoup estiment peu attrayantes sinon ardues sans tenir compte de leur extrême intérêt.

Nous aborderons ici les échelles suivantes :

— Les étapes de l'intelligence sensori-motrice, par **Casati** I. et **Lézine** I.

— L'échelle individuelle de développement de la pensée logique, par **Longeot** F.

RATIONNEL GÉNÉRAL

Arrière-plan théorique

Pour **Piaget** (1), l'intelligence ne se développe pas sur un mode linéaire régulier. La croissance des mécanismes intellectuels fondamentaux s'observe à travers l'atteinte de stades successifs qui diffèrent qualitativement l'un de l'autre. On ne peut saisir leurs différences par des mesures quantifiées d'efficience.

Parallèlement à la maturation neurologique et à l'apport des interrelations socio-culturelles, c'est aux capacités d'adaptation du sujet à son milieu que la progression d'un stade à l'autre est essentiellement due. Pour définir le principe de cette adaptation, d'abord biologique et simple, puis psycho-biologique et de plus en plus complexe, **Piaget** introduit la notion "d'équilibration".

Les processus d'équilibration, dont les formes supérieures sont les opérations mentales elles-mêmes, s'étayent sur deux mécanismes opposés et complémentaires :

— *"l'assimilation"* ou l'intégration de ce qui est extérieur aux structures propres du sujet ;

— *"l'accommodation"* ou la transformation des structures propres en fonction des changements du milieu extérieur.

Ces deux mécanismes assurent la continuité à travers les changements qui s'opèrent d'une forme d'équilibre déjà atteinte jusqu'à l'atteinte d'une autre forme d'équilibre. Chaque forme constitue une structure dite "de groupe" dont les propriétés sont progressivement découvertes et assimilées.

En un premier temps les schèmes et les propriétés de la structure revêtent un caractère "d'irréversibilité", de spécificité en quelque sorte à sens unique définissant leur ensemble. En un deuxième temps la mobilité de la structure apparaît à travers des possibilités de transformations, de transpositions, de "réversibilité" des données non invariantes de la structure.

La réversibilité permet la transition vers l'adaptation ultérieure à une nouvelle structure dans laquelle la structure précédente sera intégrée. Le cycle irréversibilité-réversibilité se repète à chaque nouvelle structuration. Les grandes

---

(1) **Piaget** (J.), **Inhelder** (B.). *La psychologie de l'enfant.* Presses Universitaires de France, Paris, 1966. **Piaget** (J.), **Inhelder** (B.). Les opérations intellectuelles et leur développement, in **Fraisse** (P.), **Piaget** (J.). *Traité de psychologie expérimentale.* Presses Universitaire de France, Paris, 1963, *7*, 109-155.

phases du développement intellectuel s'articulent en effet à des niveaux fonctionnels différents. Les conduites intelligentes sont d'abord adaptées à des actions pratiques, puis progressivement à des actions intériorisées. A partir du plan sensori-moteur, la pensée passe ainsi à un plan pré-représentatif puis symbolique.

Données génétiques

Les stades opérationnels n'obéissent pas à une chronologie mais à une succession. Les références à des âges restent donc approximatives.

Piaget distingue quatre grandes périodes dans le développement des structures cognitives :

— La période de l'intelligence sensori-motrice, antérieure au langage et à la pensée proprement dite, s'étend de la naissance jusque vers 24 mois.

— La période préopératoire, utilisant le langage et la possibilité de représentations intérieures, s'étend d'environ 18 mois jusque vers 6 ans.

— La période des opérations concrètes, où l'objectivation de la pensée et la socialisation progressent remarquablement mais seulement à partir des données réelles actuelles, s'étend d'environ 7 ans jusque vers 11 à 12 ans.

— La période des opérations formelles, où les processus cognitifs se dégagent des données concrètes et accèdent à un ensemble de données virtuelles rendant possible la coordination des opérations, correspond à l'adolescence.

Chaque stade comporte différents niveaux, sa préparation et son achèvement. Les processus génétiques de formation se distinguent de la forme d'équilibre finale.

LES ÉTAPES DE L'INTELLIGENCE SENSORI-MOTRICE PAR CASATI I. ET LÉZINE I. (1)

RATIONNEL

Intentions des auteurs

Pour compléter l'appréciation du niveau de développement psycho-moteur que permettent les échelles classiques de baby-tests (2), les auteurs souhaitent ici analyser les mécanismes intellectuels proprement dits en formation.

La construction des épreuves est centrée sur les mécanismes mis en jeu dans l'évolution de l'intelligence sensori-motrice, sans approfondir l'évolution simultanée des relations spatio-temporelles et causales.

Arrière-plan théorique

La base la plus solide pour cette analyse semble être, pour ces auteurs, les théories que **Piaget** expose dans ses deux ouvrages (3) consacrés au développement de l'enfant au cours des deux premières années de sa vie.

---

(1) **Casati** (I.) et **Lézine** (I.). *Les étapes de l'intelligence sensori-motrice. Épreuves adaptées de* **Piaget**. *Manuel.* Centre de Psychologie appliquée, Paris, 1968.

(2) Cf. Echelles de développement pour petits enfants, p. 140.

(3) **Piaget** (J.). *La naissance de l'intelligence chez l'enfant.* Delachaux et Niestlé, 1963.
Piaget (J.). *La construction du réel chez l'enfant.* Delachaux et Niestlé, 1963.

Avant la constitution de la fonction symbolique qui apparaît entre 16 et 20 mois, l'intelligence se manifeste par la capacité de résoudre les problèmes à partir d'activités faisant intervenir la perception, les attitudes et les mouvements. L'adaptation conduit l'enfant à mettre en relation objets et actes par la distinction des moyens et des fins, la recherche des résultats à obtenir et l'intentionnalité.

Données psychométriques

Les auteurs reprennent les différents schèmes sensori-moteurs que les enfants ont utilisés dans la manipulation des objets face aux diverses situations observées ou proposées par **Piaget**. Les épreuves sont hiérarchisées logiquement selon son hypothèse de schématisme assimilateur (1).

A l'exception de l'une d'elles, les techniques proposées dans l'échelle ont été utilisées par **Piaget** lui-même pour explorer les différentes étapes de l'intelligence sensori-motrice. Les quatre épreuves tentent de cerner les thèmes suivants :

— la recherche de l'objet disparu, à travers des conduites d'obstacles à supprimer ;

— l'utilisation des intermédiaires, à travers l'utilisation du prolongement des objets ;

— l'exploration des objets ;

— les combinaisons d'objets.

La notation des résultats est fondée sur l'apparition du comportement défini pour caractériser chaque stade. L'évaluation du niveau global considère le niveau atteint par l'enfant dans sa meilleure performance à l'une ou à l'autre des séries proposées. Les concordances et discordances des autres résultats avec cette meilleure performance atteinte à une épreuve au moins sont à analyser par ailleurs.

Données génétiques

Les références purement chronologiques restent approximatives (1). Les résultats sont situés par rapport aux différents stades de développement de l'intelligence sensori-motrice de la naissance à environ 2 ans, tels que **Piaget** les a exposés et que rappellent les auteurs :

Dans cette échelle les deux premiers stades ne donnent pas lieu à des situations expérimentales :

— Stade I, de la naissance à environ 6 semaines : Adaptations sensori-motrices élémentaires.

— Stade II : Premières adaptations acquises et réactions circulaires primaires (2).

Quelques épreuves marquent le franchissement du :

— Stade III, à partir de 6 mois : Adaptations sensori-motrices intellectuelles.

---

(1) Cf. Arrière-plan théorique, p. 111.

(2) Exercices fonctionnels destinés à consolider l'acquisition récente ou à découvrir un résultat nouveau.

L'expérimentation approfondie commence avec l'accès au stade suivant et se poursuit ensuite :

— Stade IV, fin du 8e mois jusqu'à environ 14 mois : Coordination, qui marque la transition vers des conduites plus intellectuelles.

— Stade V, fin du 12e mois jusqu'aux environs du 19e : Réactions circulaires tertiaires (1), qui permettent l'élaboration des formes les plus élevées de l'intelligence empirique avec le début des conduites instrumentales.

— Stade VI, du 16e mois à environ 2 ans : Invention, marquant la fin de la période sensori-motrice, la transition vers la période de l'intelligence réfléchie ou représentative. Les acquisitions de ce stade impliquent la construction de l'organisation de l'espace proche et la permanence de l'objet.

Validation

Les auteurs ont consacré une étude approfondie (2) à l'analyse des discordances entre les séries et des discordances entre les âges et les stades.

Malgré ces discordances, auxquelles on peut ajouter celles qui sont dues au comportement particulier des sujets, il découle schématiquement des fourchettes d'âges certains de réussites dans une population paranormale :

— Stade IV : entre 9 et 12 mois.
— Stade V : entre 12 et 17 mois.
— Stade VI : entre 16 et 22 mois.

PORTÉE ET LIMITES

Valeur

- Cette échelle est relativement simple à administrer. Le Manuel (3) est très clair.
- Elle est bien admise par l'enfant et sans inconvénient pour son comportement habituel.

Critiques

- Son interprétation demande une initiation minimale aux conceptions et expérimentations de **Piaget** que bien des psychologues semblent avoir oubliées.
- Cette échelle couvre l'étude des mécanismes intellectuels en formation jusqu'aux environs de 2 ans. L'échelle de développement de la pensée logique, adaptée de **Piaget** par **Longeot** F. (4) n'est applicable qu'à partir de l'âge de 9 ans. Le développement des mécanismes intellectuels entre ces deux périodes ne comporte donc pas de moyens d'approche de ce type.

---

(1) Expérimentations actives destinées à chercher en quoi la situation actuelle est nouvelle, hors des schèmes déjà connus.

(2) **Lézine** (I.), **Casati** (I.) et **Stambak** (M.). *Les étapes de l'intelligence sensori-motrice de l'enfant.* Editions du Centre de Psychologie appliquée, Paris, 1970.

(3) **Casati** (I.) et **Lézine** (I.). *Les étapes de l'intelligence sensori-motrice. Epreuves adaptées de* **Piaget**. *Manuel.* Centre de Psychologie appliquée, Paris, 1968.

(4) Cf. ci-après, page suivante.

Portée diagnostique

Facteurs intellectuels

- Cette échelle permet une analyse approfondie de l'évolution de l'intelligence sensori-motrice. On peut donc détecter des retards éventuels dans ce premier développement des mécanismes fondamentaux pour l'élaboration des processus intellectuels ultérieurs de l'enfant.

Facteurs instrumentaux

- Bien que ces facteurs soient moins directement cernés que dans les échelles de développement psychomoteur (1), les perturbations de l'organisation perceptivo-motrice peuvent être en rapport avec certains déficits.

Facteurs affectifs

- A partir du stade III l'intérêt de l'enfant dépasse le niveau de son corps propre pour s'orienter vers les résultats de ses actes dans sa relation avec ceux qui satisfont ses besoins vitaux et affectifs. Les déficits perceptibles, dès le stade III ou dans les stades ultérieurs, peuvent ainsi être en rapport avec une carence affective, quantitative ou qualitative.

ÉCHELLE INDIVIDUELLE DE DÉVELOPPEMENT DE LA PENSÉE LOGIQUE PAR LONGEOT F. (2)

RATIONNEL

Intentions de l'auteur

L'auteur cherche à construire un instrument capable d'analyser, non pas les résultats des sujets examinés, mais de quelle structure logique, définissant une période du développement intellectuel, dépendent ces résultats. Il estime que la connaissance des virtualités opératoires du sujet aident plus au diagnostic à porter sur les fonctions cognitives que leurs seuls rendements.

Il essaye par ailleurs d'effectuer la synthèse entre cette méthode de diagnostic fondée sur les processus opératoires, relevant le plus souvent d'observations cliniques et de questionnaires aux réponses peu standardisées, et la psychologie différentielle étayée par l'analyse factorielle.

Il voudrait ainsi concourir, non pas tellement à la description, mais à l'interprétation des inadaptations des fonctions cognitives que requièrent les exigences de l'orientation scolaire et professionnelle des enfants et des adolescents, voire des adultes.

---

(1) Cf. Echelles de développement pour petits enfants, p. 140.

(2) Distribuée par les Editions Scientifiques et Psychotechniques, Issy-les-Moulineaux.

Arrière-plan théorique

Les auteurs s'appuyent sur les conceptions que **Piaget** a exposées (1) pour rendre compte des structures opératoires d'ensembles observables chez des enfants pendant les périodes des opérations concrètes et des opérations formelles (2).

Données psychométriques

L'auteur a utilisé des épreuves expérimentées par **Piaget** pour édifier sa théorie opératoire et repris des techniques que d'autres auteurs ont standardisées dans la même perspective.

Les divers items des épreuves ont été hiérarchisés logiquement grâce à une double analyse, interstade et intrastade. Les cinq tests choisis sont les suivants :

— La quantification des probabilités, avec des jetons marqués ou non d'une croix sur une face. Cette épreuve étudie le schème des proportions et des probabilités. Elle comporte 5 niveaux ; le niveau supérieur dépend des références utilisées dans le raisonnement effectué pour donner la réponse.

— Les courbes mécaniques, avec un cylindre pouvant être mis en rotation et un crayon ne pouvant se déplacer que verticalement. Cette épreuve étudie le schème de coordination d'un double système de références. Elle comporte cinq niveaux. Elle est fortement saturée en facteur spatial.

— La permutation, avec des jetons de couleur. Cette épreuve étudie des problèmes de combinatoire. Elle comporte 4 items et 3 niveaux. Le niveau supérieur comporte un raisonnement multiplicatif adéquat.

— La conservation du poids et du volume, avec deux boules de pâte à modeler et une boule de laiton, deux bocaux contenant de l'eau. Cette épreuve étudie le schème des proportions et des probabilités. Elle comporte 3 items correspondant aux trois niveaux successifs de conservation du poids, de conservation du volume et de dissociation poids et volume.

— L'oscillation d'un pendule, mettant en jeu les facteurs poids, longueur du fil, hauteur de chute, élan. Cette épreuve étudie le schème de logique interpropositionnelle. Elle ne comporte qu'un seul item, de niveau supérieur. Le choix du seul facteur efficace se fait par référence aux expériences à choisir et effectuer.

Seul, parmi les schèmes intellectuels fondamentaux utilisés pendant les périodes étudiées, le schème de l'équilibre mécanique n'est pas expérimenté.

---

(1) Cf. notamment : **Piaget** (J.). *Classes, relations, nombres,* Vrin. Paris, 1942. **Piaget** (J.). *Le développement de la notion de temps chez l'enfant.* Presses Universitaires de France, Paris, 1946. **Piaget** (J.). *La psychologie de l'intelligence.* A. Colin, Paris, 1949. **Piaget** (J.). *Traité de logique.* A. Colin, Paris, 1949. **Piaget** (J.). Le problème des stades en psychologie de l'enfant, in *Symposium de l'association de psychologie scientifique de langue française,* Genève, 1955. **Piaget** (J.). 33-42. Programme et méthodes de l'épistomologie génétique, in *Etude d'épistomologie génétique.* Presses Universitaires de France, Paris, 1957, *1*, 1-84. **Piaget** (J.), **Inhelder** (B.). *La représentation de l'espace chez l'enfant.* Presses Universitaires de France, Paris, 1948. **Piaget** (J.), **Inhelder** (B.). *Le développement des quantités chez l'enfant.* Delachaux et Niestlé, 1962. **Piaget** (J.), **Inhelder** (B.). Les opérations intellectuelles et leur développement, in **Fraisse** (P.), **Piaget** (J.). *Traité de psychologie expérimentale,* Presses Universitaires de France, Paris, 1963, *7,* 109-155. **Piaget** (J.), **Inhelder** (B.), **Szeminska** (A.). *La géométrie spontanée de l'enfant.* Presses Universitaires de France, Paris, 1948. **Piaget** (J.), **Szeminska** (A.). *La genèse du nombre chez l'enfant.* Delachaux et Niestlé, 1964.

(2) Cf. Données génétiques, p. 112.

Les phases de préparation et d'achèvement d'un stade sont distinguées. On considère qu'un enfant a atteint la phase d'achèvement d'un stade s'il est capable de réussir tous les items correspondant à ce stade. Le seuil d'accès à un niveau opératoire est considéré comme atteint lorsqu'un nombre d'items donné, variant selon le type d'épreuve, est réussi.

Données génétiques

Les résultats sont situés en référence aux différents stades de développement de l'intelligence situés approximativement (1) entre 7 et 16 ans.

L'auteur reprend d'abord les deux stades couvrant ces périodes :

— Stade opératoire concret, entre 7 et 11 ans (1), où se situent 8 items. Là se construisent des groupements d'opérations intellectuelles d'une part sur les classes et les relations d'ensembles d'objets discontinus, d'autre part sur un même objet physique, complexe et continu, comme l'espace et le temps.

— Stade opératoire formel, entre 12 et 16 ans, où se situent 5 items. Il est caractérisé par deux données : la combinatoire, permettant d'atteindre la généralisation des opérations de classification et de sériation ; et le groupe "I.N.R.C." (identique, négation, réciproque, corrélative ou négation de la réciproque), permettant d'atteindre la généralisation des modes de réversibilité par leur fusion dans un groupe opératoire unique.

L'auteur définit par ailleurs un :

— Stade préformel ou intermédiaire entre les opérations concrètes et les opérations formelles, où se situent 4 items. Il est caractérisé par un raisonnement impliquant soit l'application d'une structure opératoire concrète à un contenu abstrait, soit l'application d'une structure opératoire formelle à un contenu concret.

Enfin l'auteur distingue à l'intérieur du stade opératoire formel deux sous-stades :

— Stade opératoire formel A, où se situent 5 items ;

— Stade opératoire formel B ou supérieur, où se situent 4 items.

Les 21 items composant les cinq épreuves se répartissent ainsi en 4 stades : concret (supérieur), intermédiaire, formel A et formel B. L'échelle est ainsi applicable à des enfants de 9 à 16 ans.

Validation

Longeot F. a procédé à des analyses factorielles et études de corrélation approfondies (2). Il en ressort que les épreuves donnent pleinement satisfaction quant à leur cohérence, leur fidélité et leur conformité avec le modèle des stades du développement intellectuel adopté.

On constate par ailleurs l'étendue des différences, dans l'efficience intellectuelle, d'enfants se situant au même niveau opératoire. L'auteur l'explique par l'intégration progressive d'une structure dans la structure qui lui succède.

---

(1) Cf. Données génétiques, p. 112.

(2) **Longeot** (F.). *Psychologie différentielle et théorie opératoire de l'intelligence.* Dunod, Paris, 1969.

Des études auxquelles l'auteur participe (1) tentent également de cerner en quoi ces différences individuelles peuvent apparaître presque continues et même être quantifiées, alors qu'il y a passage d'une structure à une autre, changement de niveau des opérations. L'auteur explique également ce paradoxe par le phénomène de l'intégration progressive et cumulatrice des structures.

PORTÉE ET LIMITES

Valeur

- Elle est bien admise par l'enfant ou l'adolescent.
- Son principal intérêt est sa portée diagnostique, particulièrement auprès des élèves du premier cycle de l'enseignement secondaire et des élèves de la dernière année du cycle élémentaire (C.M.2), ainsi qu'auprès de certains adolescents inadaptés.

Critiques

- Son maniement demande un minimum d'apprentissage et son interprétation une initiation aux conceptions et expérimentations de **Piaget**, que bien des psychologues semblent avoir oubliées.
- Cette échelle ne commençant à s'appliquer qu'à des enfants de 9 ans, il n'existe pas de moyen d'approche de même type pour l'étude des mécanismes de la pensée préopératoire et du passage à la pensée opératoire concrète.

Portée diagnostique

Facteurs intellectuels

- Cette échelle permet une analyse approfondie de l'évolution des mécanismes intellectuels impliqués dans le passage de la pensée opératoire concrète à la pensée préformelle puis formelle ou logique.

  Elle est particulièrement bien adaptée pour étudier les inadaptations et dysharmonies des fonctions cognitives (2), notamment lors de l'orientation scolaire ou professionnelle d'enfants et d'adolescents.

Facteurs instrumentaux

- La coordination perceptivo-motrice est indirectement impliquée et peut handicaper légèrement certains enfants.
- L'épreuve des courbes mécaniques (3) est fortement saturée en facteur spatial. Certains déficits à cette épreuve peuvent donc être en rapport avec des troubles de la structuration spatiale (4).

---

(1) **Longeot (F.)**, **Girard (P.)**, **Lambert (J.L.)**, **Rouquier (C.)**. Etude comparative de la nouvelle échelle métrique (Binet-Simon) et l'échelle de développement de la pensée logique, in *B.I.N.O.P.*, 1970, *26*, 219-237.

(2) Cf. notamment **Gibello** (B.). *L'enfant à l'intelligence troublée.* Centurion, Paris, 1984.

(3) Cf. p. 116.

(4) Cf. l'analyse des facteurs impliqués dans les épreuves du **Wechsler**, p. 86.

Facteurs affectifs

- **Piaget** isole au départ l'étude du développement cognitif de celle du développement affectif. Mais il envisage, surtout dans ses ouvrages les plus récents, leur complémentarité et l'application de certaines notions, comme la réversibilité, à l'affectivité. Nous croyons savoir que diverses recherches sur les intrications de ces deux domaines de la personnalité sont actuellement en cours (1).

- L'échelle met en jeu le passage d'une pensée opératoire concrète à une pensée abstraite, représentative, jusqu'à un niveau de représentation de la représentation. Cette capacité d'abstraction peut être déficitaire chez des sujets, par exemple à fond phobique, pour qui la représentation mentale est objet d'angoisse (2). Elle peut au contraire être très renforcée chez des sujets souhaitant, par un surinvestissement de type obsessionnel, fortement réussir tout en évitant une implication personnelle (3).

(1) Cf. p. 118 note 2 et **TranThong.** *Stades et concept de stade de développement de l'enfant dans la psychologie contemporaine.* Vrin, Paris, 1967. **Dolle** (J. M.). *De Freud à Piaget.* Privat, Paris, 1977.

(2) Cf. l'analyse des facteurs impliqués dans les épreuves du **Wechsler**, pp. 90 et 92.

(3) d°, p. 92.

CHAPITRE III

ÉPREUVES A FACTEURS INSTRUMENTAUX DOMINANTS

Dans ce chapitre l'étude de **l'analyse instrumentale** aurait pû suffire. Le but des épreuves qui l'envisagent est de faciliter au maximum l'observation et la cotation d'un nombre limité de variables.

Nous verrons plus loin pourquoi nous avons estimé inutile de parler d'un certain nombre d'épreuves, efficaces en fonction de leurs limites elles-mêmes, alors que nous avons choisi de n'en analyser que quelques-unes dont l'apparente simplicité met pourtant fréquemment en jeu des facteurs complexes.

Par ailleurs, il nous a semblé difficile de situer les facteurs dominants de certains types d'épreuves qui, souvent destinées à l'origine à l'étude du niveau d'efficience intellectuelle, apparaissent comme des **échelles de développement d'aptitudes.** La coordination mentale y est effectivement plus ou moins largement impliquée, mais le fait que le registre des réponses est instrumental et non verbal entraîne l'impact dominant des facteurs instrumentaux, même s'il n'est pas intentionnel et doit être modulé dans chaque cas pratique.

C'est pourquoi nous proposerons ici l'étude

— des principales batteries d'épreuves de performance

— et des échelles de développement pour petits enfants.

A - ANALYSE INSTRUMENTALE

I - GÉNÉRALITÉS

Après une fréquente entrée en contact avec l'enfant par un dessin, un bilan psychologique comporte généralement l'évaluation du fonctionnement intellectuel. L'on a vu à quel point dès ces premières étapes divers facteurs intervenaient, et bien particulièrement les facteurs instrumentaux. Il est donc nécessaire de connaître un éventail assez large d'épreuves spécifiques pour cerner les difficultés entrevues à travers les épreuves de niveau ou, auparavant, à travers les données de l'anamnèse sinon le motif de consultation.

Divers auteurs ont créé tests et manuels sous l'angle des mécanismes instrumentaux les plus divers. Ces manuels sont généralement très clairs et bon nombre d'épreuves se limitent à la mise en jeu d'aptitudes très spécifiques, restreignant au maximum l'introduction d'autres variables, L'interprétation de ces tests demande, certes, un temps d'apprentissage (1), mais s'avère d'autant plus facile que les facteurs intellectuels et affectifs interfèrent peu. Il nous a paru inutile ici de faire plus que de citer, sans exhaustivité, les principales épreuves utilisables en des occasions précises, notamment par l'analyse approfondie des déficits suspectés lors des épreuves de niveau intellectuel (2).

Cependant, certaines épreuves destinées à l'analyse instrumentale s'avèrent plus complexes lorsqu'elles sont à la charnière des activités intellectuelle et instrumentale, et par là même plus sensibles au facteur affectif. Ce n'est pas pour rien, puisque l'apprentissage et le développement des possibilités d'action de l'enfant dépendent de ses activités perceptives et motrices et de leur coordination mentale elles-mêmes situées dans un environnement relationnel.

Les niveaux successifs que l'enfant atteint en ces domaines se manifestent principalement à travers l'appréhension, l'utilisation et la structuration des rapports spatiaux et temporels, fondements de son autonomie. L'étude de *l'organisation spatiale et temporelle* peut ainsi servir de révélateur des perturbations éventuellement subies dans les différentes sphères où elle s'articule. Mais cette étude n'en est que plus complexe.

Elle peut se faire dans deux cadres :

Perception et représentation

L'activité perceptive est la mise en relation des éléments spatialement ou temporellement structurés,

- soit à base visuelle : analysable à travers des figures à reproduire par la construction (3) ou le dessin (4);

---

(1) Les rééducateurs en psychomotricité et en orthophonie sont particulièrement bien placés pour manier et interpréter ces épreuves lorsqu'elles relèvent de leur domaine.

(2) Cf. l'analyse des facteurs impliqués dans les épreuves du **Wechsler**, pp. 78 et sq.

(3) Cf. p. 124.

(4) Cf. Facteurs instrumentaux impliqués dans des épreuves graphiques, p. 25.

— soit à base auditive : analysable à travers des structures rythmiques simples à reproduire (1).

Coordination de l'espace propre et de l'espace environnant, orientation

Cette coordination est mise en évidence par :

— des techniques d'exploration du schéma corporel (2) et des praxies chez l'enfant (3) ;

— l'analyse de l'orientation spatio (4)-temporelle (5) et de la latéralité (6).

Le cadre d'étude de la perception et de la représentation est évidemment important, mais il nous a surtout paru utile de le préciser quelque peu ici dans la mesure où perception et représentation laissent justement place à l'interférence des facteurs intellectuels et affectifs dans des proportions importantes.

II - PERCEPTION VISUELLE ÉTUDIÉE A TRAVERS LA COPIE DE MODÈLES AVEC CUBES

On peut l'étudier par une épreuve de type puzzle qui demande la re-création des rapports et des relations entre des éléments de figures simples à l'aide de cubes.

Nous n'étudierons ici que :

— l'épreuve des Cubes de **Kohs**,

— l'adaptation de **Goldstein** pour sujets adultes,

— l'adaptation de **Santucci** H. et **Galifret-Granjon** N. pour enfants.

---

(1) **Stambak** (M.) : *Trois épreuves de rythme.* Delachaux et Niestlé, Neuchâtel, 1960. Repris et révisé in **Zazzo** (R.) et Coll. *Manuel pour l'examen psychologique de l'enfant.* Delachaux et Niestlé, 1969, *1*, 241-258.

(2) Cf. notamment **Daurat-Hmeljak** (C.), **Bergès** (J.) et **Stambak** (M.). *Test de schéma corporel, Manuel.* Centre de Psychologie appliquée, Paris, 1966.

(3) Cf. notamment **Bergès** (J.) et **Lézine** (I.). *Test d'imitation de gestes.* Masson, Paris, 1972. Distribué par les Editions scientifiques et psychotechniques, Issy-les-Moulineaux. **Stambak** (M.) Epreuves de niveau et de style moteurs, in **Zazzo** (R.) et Coll. *Manuel pour l'examen psychologique de l'enfant.* Delachaux et Niestlé, 1969, *1,* 173-238.

(4) Cf. Facteurs instrumentaux impliqués dans des épreuves de dessin, p. 25.

(5) Cf. notamment **Stambak** (M.), Trois épreuves de rythme, in **Zazzo** (R.) et Coll. *Manuel pour l'examen psychologique de l'enfant,* Delachaux et Niestlé, 1969, *1*, 241-258.

(6) Cf. notamment **Galifret-Granjon** (N.). Une batterie de dominance latérale, et Batterie **Piaget-Head** (test d'orientation Droite-Gauche), in **Zazzo** (R.) et Coll. *Manuel pour l'examen psychologique de l'enfant.* Delachaux et Niestlé, 1969, *1,* 25-85.

CUBES DE KOHS (1)

RATIONNEL

Intentions de l'auteur

Kohs a présenté son épreuve de cubes en 1920 pour apporter une solution à l'insuffisance des seules épreuves verbales dans l'appréciation d'un Q.I. Elle était donc d'abord destinée à renseigner sur les capacités intellectuelles, surtout d'abstraction du sujet : raisonnement logique, analyse et synthèse.

Mais en fait elle renseigne également sinon principalement sur l'éventualité de troubles de l'organisation spatiale, et dans ce cas le Q.I., en tant qu'évaluation du fonctionnement intellectuel, est invalidé (2).

Données psychométriques

Le matériel comprend seize cubes semblables dont les faces sont respectivement peintes en 4 couleurs différentes, deux faces étant chacune peintes de deux de ces couleurs. Les dix-sept figures à reproduire consistent en dessins géométriques de complexité croissante dépendant de la combinaison des cubes et de leurs couleurs, du choix des faces des cubes comportant ou non deux couleurs différentes. La structure du cube-unité devient de plus en plus submergée dans la structure du modèle.

La notation tient compte de la réussite dans un temps limité. Le nombre de points obtenus correspond à un âge mental à partir duquel on peut calculer un Q.I. type **Stern.**

Données génétiques

Le test s'applique de 5 à 15 ans.

PORTÉE ET LIMITES

Critiques

- Il est beaucoup trop sensible à des facteurs spécifiques : structuration spatiale, orientation, motricité, pour que l'évaluation du niveau intellectuel soit toujours valide.
- Il ne saisit qu'un aspect particulier de l'activité intellectuelle, la capacité d'analyse et de synthèse.

Valeur

- L'étalonnage est français.
- Il est non verbal, le rendant administrable à des enfants non entendants, des étrangers ou des enfants présentant des troubles du langage ou une inhibition de l'expression verbale.
- Il évite le facteur scolaire.

---

(1) *Test des Cubes de Kohs. Manuel.* Centre de Psychologie appliquée, Paris, 1960.

(2) Cf. p. 74 et l'analyse des facteurs impliqués dans les épreuves du **Wechsler**, p. 78.

- Il est relativement rapide à administrer et coter.
- Il a une corrélation très élevée avec les épreuves de l'échelle **Wechsler** (1), permettant la comparaison avec les autres subtests.
- Ces avantages l'ont fait soit adapter (2) soit introduire dans de nombreuses batteries :
  - — soit sous forme complète et avec mêmes consignes : **Grace Arthur I** (3) ;
  - — soit sous forme condensée avec même principe mais consignes différentes : **Alexander** (4) :
  - — soit sous forme plus originale : **Wechsler** (1).

L'adaptation pour enfants, qui nous intéresse ici, s'est inspirée d'une adaptation pour adultes qu'il est nécessaire d'examiner auparavant.

ADAPTATION DE GOLDSTEIN POUR SUJETS ADULTES

RATIONNEL

Intentions de l'auteur

Au cours de la passation de l'épreuve de **Kohs** des troubles de reproduction frappants sont observés chez certains malades comme les aphasiques. Leurs difficultés sont de deux ordres :

— Difficultés d'ordre général :

- — différence de nature géométrique entre le modèle et la copie à reproduire avec des cubes;
- — différence d'échelle entre le modèle et la copie (1/2).

— Difficultés graduelles :

- — nombre de cubes à utiliser : 4, puis 9, puis 16.
- — complexité du modèle : structuration de plus en plus complexe, où la forme du cube est noyée dans la forme du dessin.

Goldstein cherche alors à :

— atténuer la complexité en donnant des modèles plus faciles et seulement douze;

— limiter à seulement quatre cubes le nombre nécessaire pour effectuer les reproductions;

— et surtout introduire des "aides concrètes" graduelles, permettant de situer avec précision la difficulté en concrétisant l'épreuve par paliers successifs lorsqu'il y a échec sur le plan de l'abstraction, chaque aide nouvelle n'étant donnée que s'il y a échec à la précédente :

- — échelle 1/2;
- — échelle 1/1, c'est-à-dire de même taille que les cubes;
- — échelle 1/2 avec indication de la place de chaque cube;

---

(1) Cf. p. 59.
(2) Cf. ci-dessous.
(3) Cf. p. 134.
(4) Cf. p. 132.

— échelle 1/1 avec le dessin des quatre cubes et permission de construire sur le modèle;
— construction devant le sujet qui doit recopier;
— construction devant le sujet de trois assemblages dont un seul correct qu'il doit découvrir.

ADAPTATION DE H. SANTUCCI ET N. GALIFRET-GRANJON POUR ENFANTS (1)

RATIONNEL

Intentions des auteurs

Les auteurs ont voulu adapter le test de **Goldstein** pour l'étude des troubles chez l'enfant, en particulier des troubles de dyslexie dans leur rapport avec la structuration spatiale.

Données psychométriques

Les auteurs n'ont gardé que les dix premiers modèles de **Goldstein** et ont réduit la série des aides concrètes pour limiter le temps de l'épreuve, n'ayant pas rencontré chez les enfants normaux des difficultés allant jusqu'à l'impossibilité :

— échelle 1/2 avec temps limité à deux minutes par carton;
— échelle 1/1 avec temps limité à une minute par carton;
— modèles agrandis avec tracé des cubes, temps limité à deux minutes;
— modèle tout construit, sans construction devant le sujet.

Si l'enfant fait des progrès, on retourne au modèle initial pour les confirmer ou infirmer.

Les cotations tiennent compte des réussites comme dans la forme originale des Cubes de **Kohs,** mais en fonction de la nécessité des aides concrètes à apporter. L'étalonnage est établi de façon à donner un âge mental correspondant aux réussites selon l'âge réel. On peut calculer à partir de là un Q.I. type **Stern.**

Données génétiques

Il est étalonné à partir de 7 ans.

Validation

On constate que :

— la différence des résultats entre les enfants normaux et dyslexiques est importante;

---

(1) **Galifret-Granjon** (N.) et **Santucci** (H.). Test adapté de **Kohs-Goldstein,** in **Zazzo** (R.) et Coll. *Manuel pour l'examen psychologique de l'enfant.* Delachaux et Niestlé, 1969, *1,* 261-289. Le matériel est distribué par le Centre de Psychologie appliquée, Paris.

— chez les déficients mentaux ou dyslexiques il y a progrès dans la construction du modèle initial après passation avec des aides concrètes;

— tandis que chez les aphasiques ou en cas de lésions cérébrales il n'y a pas progrès.

PORTÉE ET LIMITES

Valeur

- L'étalonnage âge par âge sur une population française est très valable.
- La corrélation avec le **Binet-Simon** est assez bonne (.82) et permet des comparaisons utiles.

Portée diagnostique

Facteurs intellectuels

- Lorsque le niveau intellectuel obtenu par ailleurs, par exemple à une échelle de type **Binet-Simon** ou au **Wechsler** (1), est bon, alors que les résultats aux Cubes sont moins bons, l'enfant peut être d'un niveau global moyen mais sans aptitude particulière pour les études abstraites.
- Lorsque les résultats aux Cubes sont faibles, de même que le niveau intellectuel obtenu par ailleurs, il peut s'agir d'une déficience mentale, surtout si les épreuves de raisonnement (2) sont échouées, alors que des épreuves comme le vocabulaire, mettant surtout en jeu la mémorisation, sont plus ou moins réussies.
- Lorsque le niveau intellectuel obtenu par ailleurs est bon, et que les résultats aux Cubes sont encore meilleurs, l'enfant manifeste des capacités d'abstraction (2) et s'avère capable de poursuivre des études supérieures.
- Lorsqu'il n'y a pas de niveau intellectuel obtenu par ailleurs, l'interprétation des résultats aux Cubes ne peut être qu'une indication minimale du niveau intellectuel. Si les résultats aux Cubes sont au moins moyens, on peut seulement dire que cet enfant est au moins d'un niveau intellectuel moyen. Si les résultats sont d'un niveau inférieur à son âge réel, on ne peut qu'inciter à une analyse approfondie des autres facteurs impliqués dans cette épreuve sans porter de conclusion sur le niveau intellectuel.

Facteurs instrumentaux

- Cette épreuve permet une bonne discrimination entre les troubles mentaux ou instrumentaux présentés par des enfants et les déficits d'origine organique. Dans ce dernier cas le niveau intellectuel obtenu par ailleurs peut être bon, mais les résultats aux Cubes sont très chutés. Les hypothèses de lésion cérébrale doivent néanmoins être avancées avec prudence.
- Lorsque le niveau intellectuel obtenu par ailleurs est bon alors que les résultats aux Cubes sont déficitaires, il peut s'agir de troubles de structuration spatiale (3).

---

(1) Cf. pp. 49 et 59.

(2) Cf. l'analyse des facteurs impliqués dans les épreuves du **Wechsler**, p. 78.

(3) d°, p. 86.

- L'analyse de la passation des Cubes de **Kohs-Santucci** peut laisser apparaître des troubles dyslexiques spécifiques, notamment des erreurs typiques (1).
- Un déficit léger peut également provenir de difficultés motrices (2) manifestées dans la manipulation impliquée à minima dans cette épreuve chronométrée.
- Lorsque le niveau intellectuel obtenu par ailleurs est moins bon que les résultats aux Cubes, il peut s'agir de difficultés de verbalisation (3).

Facteurs affectifs

- Lorsque le niveau intellectuel obtenu par ailleurs est moins bon que les résultats aux Cubes, il peut également s'agir d'un enfant pour qui l'expression verbale, affectivement trop chargée, est inhibée (4).
- Lorsqu'un enfant obtient un niveau intellectuel meilleur qu'aux Cubes, mais un résultat déficitaire aux Cubes comme aux épreuves impliquant une représentation mentale (4), on peut faire l'hypothèse de difficultés ou d'angoisse en rapport avec la représentation mentale.
- Lorsqu'un enfant obtient par ailleurs un niveau intellectuel meilleur qu'aux Cubes, mais un résultat déficitaire aux Cubes comme aux épreuves impliquant l'abstraction (5), la conceptualisation, on peut faire l'hypothèse de difficultés conceptuelles en rapport avec l'angoisse que représente pour certains enfants la croissance intellectuelle, penser, mentaliser.
- Lorsque, à l'opposé, un enfant réussit très brillamment aux Cubes et a néanmoins un bon niveau, mais moins bon qu'aux Cubes, à une autre épreuve d'évaluation du fonctionnement intellectuel, il peut s'agir d'un enfant ayant surinvesti les mécanismes de conceptualisation, d'abstraction (5), d'isolation, de type obsessionnel.
- Un enfant émotif, facilement inhibé dans son comportement (5), sensible au chronométrage, peut échouer aux Cubes. Il peut s'agir d'un enfant à fond phobique, insécurisé, pour qui cette situation à la fois angoissante et nouvelle entraîne un blocage plus ou moins important.

III - PERCEPTION VISUELLE ÉTUDIÉE A TRAVERS L'ORGANISATION GRAPHO-MOTRICE AVEC DES DESSINS

La spécificité, la génèse et les épreuves de dessin ont été entrevues par ailleurs (6).

---

(1) Cf. l'analyse qualitative des Cubes de **Kohs**, p. 75.

(2) Cf. l'analyse des facteurs impliqués dans les épreuves du **Wechsler**, p. 88.

(3) d°, p. 82.

(4) d°, p. 92.

(5) d°, p. 90.

(6) Cf. Facteurs grapho-perceptifs impliqués dans des épreuves graphiques, p. 25.

B - ÉCHELLES DE DÉVELOPPEMENT D'APTITUDES

I - PRINCIPALES BATTERIES DE PERFORMANCE

Après avoir précisé l'intention des auteurs dans le cadre du rationnel général, nous aborderons successivement les échelles d'**Alexander**, de **Grace Arthur** et de **Borelli-Oléron.**

RATIONNEL GÉNÉRAL

Intention des auteurs

Les tentatives d'épreuves non verbales ont d'abord eu recours à des procédés divers :

— jeux, notamment éducatifs;

— activités spécifiques ;

— épreuves destinées à des handicapés.

Ces épreuves variées, tout en éliminant le langage, ont l'inconvénient important de ne faire chacune appel qu'à un aspect partiel du développement mental. Elles ont surtout servi à l'élaboration de batteries d'épreuves de performance dont le but était donc de limiter l'impact d'une seule spécificité en multipliant les spécificités.

Un certain nombre d'épreuves ont ainsi été conservées ou construites, mais différemment adaptées selon la destination précise de chaque batterie. Malgré les efforts pour limiter ainsi l'influence des facteurs spécifiques, ces épreuves étudient l'efficience mentale dans des optiques particulières :

— étude de l'intelligence pratique, de la résolution de problèmes ayant un support concret ;

— utilisation de données perceptives dans des opérations plus ou moins abstraites ;

— étude des coordinations sensori-motrices, etc.

Les constructeurs de batteries ont utilisé ces données dans différents buts :

— examen du niveau mental dans des situations à support concret ;

— examen d'enfants étrangers, d'enfants sourds, ou présentant des troubles ou un retard du langage ;

— étude de la dispersion entre les résultats aux tests verbaux et aux tests de performance pour cerner l'influence de la culture et du langage, les motivations et les blocages affectifs propres aux tâches proposées.

L'échelle de **Wechsler** (1) correspond à ce dernier but. Sans vouloir être exhaustif (2), nous aborderons ci-dessous quelques-unes des principales batteries ne comportant que des épreuves de performance. Le dégagement

---

(1) Cf. p. 59.

(2) Nous ne citerons pas l'échelle de **Snijders-Oomen**, distribuée (importation) par le Centre de Psychologie appliquée, Paris.

des différents facteurs qu'elles impliquent confirmera une fois de plus l'illusion qu'ont eue certains de n'en tirer qu'une évaluation du niveau de fonctionnement intellectuel.

ÉCHELLE D'ALEXANDER (1935) (1)

RATIONNEL

Intentions de l'auteur

Alexander cherche à mesurer l'aptitude technique ou pratique d'un sujet. D'après lui la réussite aux études techniques dépendrait de trois facteurs :

— facteur G intervenant pour 20%;

— facteur d'intelligence pratique pour 30%;

— facteur caractériel pour 50%: volonté de réussir, persévérance dans le travail.

Données psychométriques

La batterie comprend trois types d'épreuves :

— le Passalong, où la reproduction d'un modèle doit être effectuée par glissement de pièces géométriques de couleurs différentes ;

— une adaptation des Cubes de **Kohs** ;

— la reproduction de grands blocs peints sur certaines faces et non sur d'autres, à l'aide de plus petits blocs dont les faces sont également peintes ou non peintes.

Le score obtenu à chaque épreuve donne le niveau d'âge atteint, à partir duquel un Q.I.P. (pratique) peut être calculé. Chaque épreuve est étalonnée séparément.

Données génétiques

L'étalonnage anglais est établi de 7 à 16 ans.

Validation

Des études statistiques ont montré une forte corrélation avec le Facteur G et une corrélation satisfaisante avec le facteur d'intelligence pratique. Mais elles n'ont pas été effectuées pour le facteur caractériel. La validité de ce test s'est avérée moyenne par rapport au critère de réussite en atelier : ceci confirmerait l'incidence du facteur caractériel.

Alexander pense que les sujets obtenant un Q.I.P. entre 125 et 140 ne doivent rencontrer aucune difficulté dans l'enseignement technique supérieur, baccalauréat technique ou écoles d'arts et métiers. Les sujets obtenant entre 115 et 125 peuvent réussir, à moins que leurs qualités de caractère ne soient réellement pauvres. Entre 110 et 115 les sujets ont des aptitudes techniques à peine suffisantes qui devront être renforcées par de solides qualités de

---

(1) *Echelle de performance d'***Alexander**. *Manuel.* Centre de Psychologie appliquée, Paris, 1957.

caractère. Enfin, pour des sujets ayant leur Q.I.P. inférieur à 110, on doit leur déconseiller d'entreprendre des études techniques supérieures et les orienter dans des formations pratiques comme des centres d'apprentissage.

De toutes façons l'auteur recommande de compléter son test par des épreuves d'aptitudes verbales, de connaissances scolaires et des questionnaires de personnalité ou de caractère.

PORTÉE ET LIMITES

Critiques

- L'étalonnage anglais surcote fortement les sujets français. On peut fixer à 115 le Q.I.P. minimum exigible pour une orientation vers l'enseignement technique.
- L'échelle n'est guère utilisable que de 11 à 16 ans.

Valeur

- L'échelle est utile pour l'orientation technique de jeunes adolescents.
- Elle est utilisable pour des étrangers, des sourds, des enfants présentant des difficultés de langage ou inhibés verbalement.
- Elle permet l'observation du comportement du sujet et des étapes de son raisonnement.
- Les étalonnages séparés du Passalong et des Cubes permettent de les utiliser indépendamment.

Portée diagnostique

Facteurs intellectuels

- Cette épreuve est utile pour l'étude des possibilités d'adaptation pratique des déficients mentaux et des enfants dont la scolarité a été perturbée, pour quelque cause que ce soit (1).

Facteurs instrumentaux

- Les trois sub-tests sont assez saturés en facteur spatial (2), pouvant handicaper certains enfants ou adolescents.
- Les trois épreuves demandent également une manipulation plus ou moins fine, risquant d'handicaper des enfants présentant des troubles moteurs (3).

Facteurs affectifs

- Les enfants émotifs, instables (4), risquent également d'être handicapés, surtout dans la mesure où ces épreuves sont chronométrées.
- L'observation du comportement des sujets permet parfois de percevoir des rapports entre les déficits éventuels, intellectuels ou instrumentaux, et des perturbations affectives (5).

---

(1) Cf. l'analyse des facteurs impliqués dans les épreuves du **Wechsler**, p. 78.

(2) d°, p. 86.

(3) d°, p. 88.

(4) d°, p. 90.

(5) d°, pp. 90 et sq.

ÉCHELLE DE GRACE ARTHUR (1925, 1930, 1943 et 1947) (1)

RATIONNEL

Intentions de l'auteur

Grace Arthur a publié en 1925 une échelle provisoire afin de suppléer aux insuffisances des tests verbaux alors pratiqués. Elle présente en 1930 la forme définitive de cette première échelle en donnant deux versions dont la première n'est guère utilisée en France et qui comprend neuf épreuves. Cette "forme I" subira une révision en 1943.

Pour améliorer cette batterie et en réduire la lourdeur, l'auteur fait paraître en 1947 une "forme II" qui sera aussi révisée et qui est encore utilisée en France (1).

Celle-ci comporte seulement cinq épreuves :

— Cubes de **Knox** : série de cubes disposés en rang, sur lesquels l'enfant doit frapper en reprόduisant l'ordre indiqué par l'examinateur.

— Planche à encastrement de **Seguin** : dix figures géométriques à encastrer le plus rapidement possible dans une planche rectangulaire prévue à cet effet.

— Test de complètement d'images de **Healy** : histoire racontée en onze images ; dans chaque image existe une lacune que le sujet doit combler avec une des soixante pièces qui lui sont proposées.

— Labyrinthes de **Porteus** : l'enfant doit parcourir avec un crayon des labyrinthes dessinés sur des feuilles séparées, et ceci dans des conditions très précises.

— Pochoirs ou Stencil Design Test I ou II (deux équivalents des Cubes de **Kohs** qui étaient eux-mêmes utilisés dans la Forme I) : des cartes de couleur carrées, les unes pleines, les autres découpées en pochoirs, doivent servir à reproduire des modèles polychromes par des superpositions diverses.

Données psychométriques

Chaque épreuve donne un niveau d'âge mental au regard du nombre de réussites. Un Q.I. de performance peut être calculé ensuite pour l'ensemble des épreuves.

Données génétiques

L'étalonnage américain va de 5 ans à l'âge adulte.

Validation

L'échelle s'avère valable comme test de développement jusqu'à 10 ans, ensuite seulement comme test d'aptitude.

---

(1) *Echelle de performance de* **Grace Arthur**, *forme II.* Centre de Psychologie appliquée, Paris, 1959.

Il mesure mieux l'aptitude à penser et raisonner que la capacité d'apprendre et de mémoriser.

PORTÉES ET LIMITES

Critiques

- L'étalonnage est américain et se trouve plus favorable aux écoliers des villes qu'aux autres.
- L'évaluation du niveau mental n'est valable que si aucun des autres facteurs impliqués n'entraîne un déficit.

Valeur

- Comme tous les tests non-verbaux ce test permet l'examen d'enfants sourds, présentant des troubles du langage, étrangers ou inhibés.
- Il est possible d'administrer isolément certains subtests, chacun ayant un étalonnage indépendant en âge mental.
- Les deux formes parallèles permettent le test-retest et éliminent les effets d'apprentissage.
- L'équivalence des Cubes de **Kohs** et des deux versions du Stencil Design Test autorise également un test-retest pour ces épreuves pouvant servir à une évaluation rapide du niveau mental s'il n'y a pas déficit.
- L'échelle permet l'observation du comportement et des étapes du raisonnement.

Portée diagnostique

Les comparaisons intra-subtests n'ont pas l'objectivation que son procédé statistique donne au **Wechsler,** malgré ses limites, autorisant des comparaisons intéressantes. Cependant, bien que d'une façon plus succincte qu'au **Wechsler** (1), nous examinerons la portée diagnostique des épreuves sous les deux angles déjà utilisés, d'abord à partir de l'analyse qualitative de chaque test, puis à partir des facteurs impliqués.

- Analyse qualitative des épreuves

Les mécanismes mis en jeu sont, pour chaque épreuve, les suivants :

Cubes de Knox : l'adaptation à la réalité à travers le temps, la durée, le rythme. Cette épreuve est à rapprocher de Arrangement d'images (2) où l'adaptation au temps est aussi mise en jeu, mais à travers une situation concrète qu'il faut restructurer. Les Cubes de **Knox** sont donc plus abstraits et plus directement axés sur l'aptitude à se situer dans le temps présent et à en structurer le déroulement.

Planche à encastrement de Seguin : la coordination perceptivo-motrice, la structuration spatiale. Cette épreuve est à rapprocher de Assemblage d'objets (3) dans laquelle la motricité fine est autant sollicitée, alors que la structuration perceptivo-spatiale est moins aidée puisque les morceaux épars doivent être rassemblés sans l'aide d'un modèle, seulement avec la représentation

---

(1) Cf. p. 65.

(2) Cf. l'analyse qualitative des épreuves du **Wechsler**, p. 68.

(3) d°, p. 72.

mentale que l'on se fait de l'objet total à reconstruire. La planche à encastrement présente en creux le modèle de la pièce qui viendra juste s'y emboîter. Mais ce n'est qu'une figure géométrique alors que dans Assemblage d'objets il s'agit de figures concrètes. De plus la Planche n'implique pas la capacité d'intégrer les choses en un tout.

Complètement d'images de Healy : l'adaptation sociale et pratique, l'aptitude à observer le détail qui manque. Cette épreuve est donc à rapprocher à la fois de Complètement d'images (1) et de Compréhension (2) et Arrangement d'images (1). L'adaptation pratique y est induite à travers des situations concrètes mais sans impliquer la structuration temporelle comme dans Arrangement d'images. L'adaptation sociale est induite à travers des normes pratiques culturelles et non pas l'assimilation de normes et d'interdits parentaux comme dans Compréhension, bien entendu sans faire appel au langage. Le détail qui manque est à découvrir dans un choix multiple et non pas à évoquer à travers une mémorisation comme dans Complètement d'images du **Wechsler.**

Labyrinthes de Porteus : l'aptitude à prévoir, établir un plan et le contrôle de la motricité. Cette épreuve est à comparer avec Code (3) où la motricité est induite, également à travers une activité graphique, mais plus scolaire et avec une consigne de rapidité. Ici, c'est surtout le contrôle de l'impulsivité dans un cadre dessiné comme pour Code, mais dans une perspective dynamique puisqu'il s'agit d'atteindre un but en évitant des obstacles fictifs. Les Labyrinthes du **Wechsler** sont les mêmes, mais ils ne sont utilisés que dans la W.P.P.S.I. et n'ont pas fait l'objet ici d'études comparatives des facteurs impliqués. Par ailleurs l'adaptation sociale est sollicitée, mais de façon beaucoup moins concrète et aidée que par les successions proposées dans l'épreuve d'Arrangement d'images (1). Nous pensons qu'il ne serait pas inutile de comparer les résultats aux Labyrinthes avec les niveaux de pensée opératoire atteints à travers l'épreuve de **Piaget** (4).

Pochoirs ou Stencil Design : la structuration spatiale, la capacité d'analyse et de synthèse, a minima la motricité. L'épreuve des Cubes de **Kohs** (5) induit les mêmes mécanismes dans une situation aussi abstraite où cependant le nombre de couleurs à percevoir et analyser est moindre. La corrélation entre toutes ces épreuves est très grande et l'analyse de l'épreuve du **Wechsler** est valable pour les Pochoirs.

• Analyse des facteurs impliqués

Nous nous bornerons ici à citer les facteurs, renvoyant pour chacun d'eux à l'analyse plus approfondie qui a été faite pour les facteurs impliqués dans les épreuves du **Wechsler** (6).

Facteurs intellectuels

- L'adaptation à la réalité (7) est mise en jeu à travers des structures temporelles et abstraites dans les Cubes de **Knox**, à travers l'attention perceptive dans la Planche à encastrement.

---

(1) Cf. l'analyse qualitative des épreuves du **Wechsler**, p. 72.

(2) d°, p. 68.

(3) d°, p. 76.

(4) Cf. Echelles adaptées de **Piaget**, p. 111.

(5) Cf. l'analyse qualitative des épreuves du **Wechsler**, p. 74.

(6) Cf. l'analyse des facteurs impliqués dans les épreuves du **Wechsler**, p. 78.

(7) d°, p. 82.

- L'adaptation pratique et sociale (1) est impliquée dans Complètement d'images de **Healy.**
- L'adaptation pratique (1) à travers l'aptitude prévisionnelle est mise en jeu dans les Labyrinthes.
- Les capacités conceptuelles (2) d'analyse et de synthèse sont impliquées dans les Pochoirs ou Stencil Design.

Facteurs instrumentaux

- La structuration temporelle (3) est mise en jeu dans les Cubes de **Knox.**
- La structuration spatiale (4) est mise en jeu dans les Pochoirs ou Stencil Design, et à un degré peut-être moins important dans les Labyrinthes, et la Planche à encastrement. Elle est impliquée à minima dans les autres épreuves.
- La coordination perceptivo-motrice (3) est mise en jeu dans toutes les épreuves, mais principalement dans la Planche à encastrement et les Labyrinthes.
- La coordination perceptivo-motrice sous l'aspect graphique (3) n'est mise en jeu que dans les Labyrinthes.

Facteurs affectifs

- Les épreuves étant chronométrées, l'échelle est très sensible à l'émotivité (5), ainsi qu'à l'instabilité (5) spécialement dans Complètement d'images.
- L'inhibition ou le surinvestissement des capacités d'abstraction (5) peuvent être en cause dans les résultats aux Pochoirs ou Stencil Design.
- La représentation mentale (6) peut être impliquée également dans les Pochoirs ou Stencil Design.
- La sociabilité (7) est mise en jeu dans Complètement d'images de **Healy.**
- L'attachement à la réalité (8) est impliquée sous son aspect pratique et concret dans Complètement d'images, et sous l'aspect perceptif mais abstrait dans la Planche à encastrement.
- Les références spatiales (8) et les références temporelles (9) sont impliquées par les épreuves mettant en jeu l'organisation spatio-temporelle dont certains troubles peuvent être en rapport avec des perturbations affectives.
- L'expression motrice (8) est impliquée à des degrés variables dans toutes les épreuves.

---

(1) Cf. l'analyse des facteurs impliqués dans les épreuves du **Wechsler**, p. 82.

(2) d°, p. 78.

(3) d°, p. 88.

(4) d°, p. 86.

(5) d°, p. 90.

(6) d°, p. 92.

(7) d°, p. 96.

(8) d°, p. 98.

(9) d°, p. 100.

ÉCHELLE DE BORELLI-OLÉRON (1)

RATIONNEL

Intentions des auteurs

Initialement créée pour l'examen d'enfants sourds, en tenant compte des conditions d'admission dans les Instituts de la région parisienne, cette échelle a été ensuite considérée comme échelle non verbale applicable aux enfants entendants.

Données psychométriques

Parmi ces épreuves certaines sont déjà utilisées dans d'autres batteries de performance : assemblage d'un mannequin, encastrement de **Pintner Paterson**, puzzle de **Healy**, cubes de **Knox**, copie de dessins géométriques, reproduction avec des cubes soit de modèles réalisés devant le sujet puis cachés, soit de dessins représentant des cubes en perspective.

Chaque épreuve est cotée séparément en donnant un âge de développement correspondant aux réussites.

Données génétiques

L'étalonnage pour les enfants entendants va de 5 à 8 ans, pour les enfants non-entendants de 5 à 9 ans.

PORTÉE ET LIMITES

Critiques

- L'étalonnage indépendant des épreuves ne permet pas de donner un niveau global du développement s'il y a dysharmonie des résultats, ce qui arrive fréquemment.
- L'évaluation du niveau intellectuel est invalidée lorsque les autres facteurs impliqués entraînent un déficit.

Valeur

- L'étalonnage français, distinct pour les populations d'enfants entendants et non-entendants, est excellent.
- Le langage peut y être totalement éliminé, tant pour les instructions que pour l'exécution, rendant le test conforme aux intentions des auteurs, très adapté aux non-entendants. Il est par suite utilisable pour tous les cas de mutisme ou de pseudo-surdité chez certains enfants psychotiques.
- Les épreuves n'accordent qu'une importance limitée au temps d'exécution et n'handicapent donc pas les enfants émotifs.
- L'analyse fine des différences d'âges de développement est possible grâce au profil des résultats obtenus séparément à chaque épreuve.

---

(1) **Borelli** (M.) et **Oléron** (P.). *Echelle de performance. Manuel.* Centre de Psychologie appliquée, Paris, 1964.

Portée diagnostique

Bien que d'une façon plus succincte, nous examinerons la portée diagnostique comme pour les épreuves du **Wechsler** (1), d'abord à partir de l'analyse qualitative de chaque test, puis à partir des facteurs impliqués. Notons, comme pour l'échelle de **Grace Arthur** (2), que les résultats, calculés indépendamment sur la base d'âges mentaux et non avec le procédé statistique du **Wechsler**, se prêtent moins objectivement à des comparaisons intra-subtests.

• Analyse qualitative des épreuves

Mannequin : L'épreuve d'Assemblage d'objets du **Wechsler** (3) comporte cet item et procède des mêmes mécanismes.

Encastrement de Pintner Paterson et *Puzzle de Healy* : cette catégorie d'épreuves, dont les modèles sont des figures géométriques, s'apparente à la Planche à encastrement de **Seguin** (4). Elle est cependant plus complexe, passant d'une pièce à encastrer à un ensemble de pièces à encastrer en choisissant parmi deux encastrements possibles. On peut néanmoins s'y référer pour examiner les mécanismes mis en jeu.

Cubes de Knox : la batterie de **Grace Arthur** (5) comporte cette même épreuve.

Copie de dessins géométriques : les épreuves de dessin, déjà vues (6), comportent des épreuves de ce type, facilement administrables isolément.

Reproduction de modèles avec des cubes : l'échelle de **Borelli-Oléron** présente ici deux épreuves originales. Elles s'apparentent aux mécanismes mis en jeu dans les Cubes de **Kohs** (6), l'une étant plus aidée par le modèle réalisé devant le sujet, l'autre au contraire plus complexe puisque le modèle est présenté en perspective avec des cubes cachés dont la présence doit être imaginée avant d'être reproduite.

• Analyse des facteurs impliqués

Nous nous bornerons ici, comme pour l'échelle de **Grâce Arthur**, à citer les facteurs, renvoyant pour chacun d'eux à l'analyse plus approfondie qui a été faite pour les facteurs impliqués dans les épreuves du **Wechsler** (7).

Facteurs intellectuels

- L'adaptation à la réalité (8) est mise en jeu à travers l'aspect d'intégration en un tout d'objets épars dans le Mannequin, à travers l'attention perceptive dans les Encastrement et Puzzle, à travers des structures temporelles et abstraites dans les Cubes de **Knox.**
- Les capacités conceptuelles (9) d'analyse et de synthèse sont impliquées dans les reproductions avec des cubes.

---

(1) Cf. p. 65.

(2) Cf. p. 134.

(3) Cf. l'analyse qualitative des épreuves du **Wechsler**, p. 74.

(4) Cf. l'échelle de **Grace Arthur**, pp. 134 et sq.

(5) Cf. Facteurs impliqués dans des épreuves graphiques, pp. 23 et sq.

(6) Cf. p. 74.

(7) Cf. pp. 78 et sq.

(8) d°, p. 82.

(9) d°, p. 78.

Facteurs instrumentaux

- La structuration temporelle (1) est mise en jeu dans les Cubes de **Knox.**
- La structuration spatiale (2) est mise en jeu dans le Mannequin, sous un aspect concret, dans l'encastrement et le puzzle, sous forme abstraite, et dans les dessins sous des formes neutres. Elle est impliquée très spécifiquement dans les reproduction avec des cubes.
- La coordination perceptivo-motrice (1) est mise en jeu dans toutes les épreuves, mais principalement dans l'encastrement et le puzzle, ainsi que dans les dessins.
- La coordination perceptivo-motrice sous l'aspect graphique (1) n'est mise en jeu que dans les dessins géométriques.
- Le schéma corporel (1) est impliqué dans le Mannequin.

Facteurs affectifs

- Les capacités d'abstraction (3) peuvent être affectivement investies dans les reproductions avec des Cubes.
- La représentation mentale (4) peut également être impliquée sous son abord affectif dans les reproductions avec des cubes.
- L'attachement à la réalité (5) est mis en jeu sous un aspect perceptif mais abstrait dans l'encastrement et le puzzle.
- Les références spatiales (5) sont impliquées dans toutes les épreuves, à minima cependant dans les Cubes de **Knox** où le sont les références temporelles (6), les deux pouvant être affectivement impliquées.
- L'expression motrice (5) est impliquée à des degrés variables dans toutes les épreuves. L'expression grapho-motrice ne l'est que dans les dessins.
- L'image du corps (6) est impliquée dans le Mannequin.

II - ÉCHELLES DE DÉVELOPPEMENT POUR PETITS ENFANTS

La construction de ces échelles à rencontré des difficultés spécifiques aux examens de très jeunes enfants :

— risques d'excitations qui peuvent nuire à la satisfaction des besoins élémentaires de l'enfant (manger, dormir);

— étalonnages qui nécessitent les recoupements de diverses méthodes : longitudinales, transversales, observation, cinématographe, questionnaires indirects, etc.

---

(1) Cf. l'analyse des facteurs impliqués dans les épreuves du **Wechsler**, p. 88.

(2) d°, p. 86.

(3) d°, p. 90.

(4) d°, p. 92.

(5) d°, p. 98.

(6) d°, p. 100.

A la suite des travaux de **Kuhlman** (1941), qui fixait divers niveaux de 3 à 24 mois, puis d'**Izard** et **Simon** (1916) ne comportant pas d'étalonnage, des échelles de développement pour très jeunes enfants ont pû être construites. plus généralement axées sur le développement sensori-moteur ou postural que sur l'aspect mental lui-même. Il n'est pas inutile de connaître l'historique des recherches pour mieux situer la portée des échelles actuellement les plus utilisées.

C'est pourquoi nous situerons d'abord les travaux plus anciens :

— Echelle de **Gesell** ;
— Recherches de **Buhler** Ch.

Puis, nous étudierons les épreuves actuellement utilisables :

— Echelle de **Merrill-Palmer**,
— Echelle de **Brunet-Lézine**.
— Test sans parole de **Borel-Maisonny**.

ÉCHELLE DE GESELL (1919) (1)

RATIONNEL

Intentions de l'auteur

Gesell veut étudier le rythme du développement dans les quatre domaines suivants :

— Développement postural et moteur : posture, locomotion, préhension, coordination corporelle.
— Adaptivité ou coordination oculo-motrice : ajustement perceptif, activité d'orientation, de construction, réactions à des expériences nouvelles.
— Langage : verbalisation et sons, compréhension et communication.
— Sociabilité : comportement inter-relationnel et culturel.

Données psychométriques

Gesell a effectué des recherches longues et considérables en utilisant des méthodes diverses, surtout films et observations.

Il choisit 150 épreuves caractéristiques chacune d'âges donnés, déterminées comme telles au regard des résultats obtenus par une centaine d'enfants qu'il suit de mois en mois — mais parmi lesquels il aura un tiers de déchet —.

Données génétiques

Ce test est applicable chez des enfants de 4 semaines à 5 ans.

PORTÉE ET LIMITES

Critiques

- L'étalonnage est américain et peu discriminatif, de toutes façons, au delà de 3 ans et demi. Le milieu est très sélectionné.

(1) Cette épreuve est périmée depuis la construction de l'échelle **de Brunet-Lézine** remaniée en 1965, cf. p. 143.

- La référence à des techniques d'éducation américaines rend l'échelle difficilement adaptée à d'autres milieux culturels.
- Le nombre d'épreuves varie suivant l'âge et rend le test peu homogène, en tous cas non fidèle.
- Pour certaines questions on doit se contenter de la réponse des parents.

Valeur

- Les domaines d'observation et certaines épreuves seront retenus par des tests construits ultérieurement, dont les avantages seront cependant supérieurs au **Gesell.**

RECHERCHES DE BUHLER CH. (1928) (1)

Ses études furent ensuite reprises par **Kling** M.

RATIONNEL

Intentions de l'auteur

Elle cherche à faire l'inventaire des domaines de réceptivité sensorielle en réponse à des stimuli : mouvements corporels, réactions sociales, acquisitions de la mémoire et de l'imitation, maniement d'un matériel, début de compréhension entre les choses et les situations.

Données génétiques

Ces épreuves s'adressent à des enfants de 3 mois à 4 ans.

PORTÉE ET LIMITES

Critiques

Cette échelle est très difficile à utiliser.

Valeur

Les recherches de Ch. **Buhler** ont aidé les constructeurs d'épreuves qui l'ont suivie.

ÉCHELLE DE MERRILL-PALMER (1931) (2)

RATIONNEL

Intentions des auteurs

Ils désirent construire et étalonner en Amérique un ensemble d'épreuves à la fois de performance et verbales pour petits enfants.

---

(1) Cette série d'épreuves est périmée.

(2) Le matériel est distribué (importation) par le Centre de Psychologie appliquée, Paris. Cette épreuve n'est plus guère utilisée en France.

Données psychométriques

Le nombre de réussites subit une correction déterminée en fonction de la dispersion des réussites et des échecs, tenant compte des refus et des omissions. La note corrigée permet de trouver l'âge mental.

Données génétiques

Les épreuves s'adressent à des enfants de 18 mois à 6 ans.

PORTÉE ET LIMITES

Critiques

- L'étalonnage est américain.
- Les épreuves verbales ne sont pas adaptées aux enfants français.
- Le matériel est assez encombrant.
- L'échelle est très sensible à l'émotivité, la plupart des épreuves étant chronométrées.
- Elle est également sensible aux difficultés motrices, rendant le résultat invalide en raison du chronométrage.

Valeur

- Les épreuves non verbales sont adaptables aux enfants français.
- Les épreuves de performance sont surtout valables pour les enfants de 4 à 6 ans, sourds ou présentant un retard du langage.
- Il est tenu compte dans la cotation des items refusés ou omis, nettement distingués des items échoués, par un mode de calcul spécifique. La note finale corrigée ne pénalise donc pas les enfants bloqués ou inhibés devant certaines épreuves.

ÉCHELLE DE BRUNET-LÉZINE (1951) REMANIÉE EN 1965 (1)

RATIONNEL

Intentions des auteurs

Brunet O. et **Lézine** I. ont repris le test de **Gesell** et cherché à pallier ses inconvénients, en reprenant approximativement le même matériel.

Arrière-plan théorique

Les auteurs restent très proches de **Binet** et **Simon.**

Données psychométriques

L'échelle est établie à partir d'une population non sélectionnée et très diversifiée. Le test comporte dix épreuves par âge, six étudient le comportement

(1) Distribué par les Etablissements d'applications psychotechniques, Issy-les-Moulineaux.

dans des situations expérimentales avec ou sans l'appui d'objets, quatre sont des questions posées à l'entourage.

Les items sont groupés en quatre secteurs de développement :

- Développement postural : tonus, statique, motricité.
- Coordination oculo-motrice : adaptation et comportement avec les objets.
- Langage.
- Socialisation : rapports avec les adultes, relations des enfants entre eux.

Pour chaque secteur un nombre de points est obtenu en fonction des réussites ou réponses positives données par l'entourage aux questions posées. Le total des points par secteur correspond à un âge de développement psycho-moteur pour ce secteur, niveau obtenu par la moyenne du groupe d'étalonnage de l'âge donné.

Lorsque le niveau atteint dans les quatre secteurs est homogène, un Quotient de Développement peut être calculé à partir des âges de développement psycho-moteur obtenus.

Données génétiques

L'échelle principale va d'un mois à deux ans, par paliers d'un mois jusqu'à un an, puis par paliers de trois mois. Une série d'items complémentaires permet de prolonger ce test pour les niveaux de 30 mois, 3 ans, 4 et 5 ans, dans le but de servir de transition jusqu'au **Binet-Simon.**

Validation

Les auteurs ont fait des études sur de nouvelles populations et en tirent certaines remarques, parmi lesquelles :

- Il est nécessaire de confronter plusieurs performances avant de conclure à une avance ou à un retard significatif. L'évolution des petits enfants peut être assez inattendue, certaines acquisitions apparaissent parfois brusquement en un mois sans être prévues.
- Il existe des différences entre les performances des garçons et celles des filles : par exemple de 1 à 6 ans les garçons sont plus lents dans le langage et la préhension fine que les filles. Mais l'incidence de ces premières années n'est pas grave pour l'avenir.

  Un retard éventuel de la marche n'a pas non plus de répercussion sur le niveau de développement et le niveau mental ultérieurs.
- Il ne faut pas négliger l'influence de l'éducation de l'enfant.

PORTÉE ET LIMITES

Critiques

- Cette échelle est peu valable au delà de 2 ans.

Valeur

- L'étalonnage est français et a été effectué récemment.
- Le regroupement des items en quatre secteurs distincts permet d'obtenir :
  - des indications spécifiques pour chaque secteur, d'autant plus intéressantes que le test est hétérogène ;

— un profil précis du développement ;

— un calcul rapide du quotient global en cas d'homogénéité.

- La présentation des épreuves est très précise et progressive. Elle réduit au maximum l'influence du testeur.
- L'administration de cette échelle ne présente aucun inconvénient pour l'enfant.

Portée diagnostique

Facteurs intellectuels

- L'adaptation pratique est mise en jeu dans les épreuves de coordination oculo-motrice à travers le comportement avec des objets.
- L'éveil mental est également perceptible dans les secteurs de développement du langage et de la socialisation.
- La détection de dysharmonie ou de retards importants dans les trois secteurs de développement ci-dessus, base des développements intellectuels ultérieurs, est une indication d'approfondissement des mécanismes de l'intelligence sensori-motrice (1).

Facteurs instrumentaux

- Les aptitudes motrices sont mises en jeu dans les épreuves du secteur de développement postural.
- L'organisation perceptivo-motrice est mise en jeu dans les épreuves du secteur de développement de la coordination oculo-motrice.
- L'audition et la verbalisation sont mises en jeu dans les épreuves du secteur de développement du langage.

Facteurs affectifs

- Les perturbations affectives dues aux interrelations de l'enfant avec son environnement peuvent être perceptibles à travers les épreuves des secteurs de développement du langage et de la socialisation.
- Une importante carence affective peut également avoir des répercussions sur l'éveil de l'intérêt de l'enfant vis-à-vis des objets, perceptible à travers les épreuves du secteur de développement de la coordination oculo-motrice.
- De même, une très importante carence affective ou une rupture de relations affectives habituellement bonnes peut amener un déficit du développement postural, par exemple dans des cas d'hospitalisme.

TEST SANS PAROLE DE BOREL-MAISONNY (2)

RATIONNEL

Intentions de l'auteur

L'auteur cherche à adapter des techniques à des enfants présentant des troubles de l'audition ou du langage. Les épreuves sont très simples : objets à manipuler, gestes à imiter, discriminations à effectuer, images à compléter, etc.

---

(1) Cf. les étapes de l'intelligence sensori-motrice, p. 112.

(2) Distribué par la Librairie Perey, Paris.

Données psychométriques

La sensibilité du test est prévue par paliers de six mois. Pour chaque catégorie d'épreuves on peut ainsi déterminer un niveau de développement correspondant à un âge et obtenir un profil. Le nouvel étalonnage en cours (1) permettrait de calculer un quotient de développement.

Données génétiques

Les épreuves s'échelonnent depuis 18 mois jusqu'à 5 ans 1/2.

PORTÉE ET LIMITES

Critiques

- Le profil est rarement homogène, en raison de l'hétérogénéité des épreuves elles-mêmes. Le réétalonnage en cours cherche à pallier cet inconvénient, mais l'obtention d'un quotient de développement à partir de ce type d'épreuves reste peu valable.
- Les épreuves sont peu discriminatives au-dessus de 4 ans.

Valeur

- C'est un test rapide à faire passer et à coter.
- Les épreuves non-verbales sont particulièrement bien adaptées pour des retards ou troubles du langage, des hypoacousies ou des surdités.
- Il est étalonné sur une population française et le réétalonnage actuellement en cours tend à plus de rigueur encore.
- Dans sa forme actuelle il est très valable jusqu'à 4 ans.

Portée diagnostique

Facteurs intellectuels

- Toutes les épreuves font appel à l'adaptation pratique.
- Les niveaux les plus évolués de certaines épreuves, comme les œufs gigognes, les jetons de couleur, les escaliers, les plaquettes d'épaisseur, impliquent des notions de classement, de sériation.

Facteurs instrumentaux

- La coordination perceptivo-motrice est impliquée dans toutes les épreuves, en des proportions variables.
- L'organisation spatiale est mise en jeu dans presque toutes les épreuves, mais très spécialement dans celles de dessins.
- L'aptitude graphique est également impliquée dans les épreuves de dessins.

Facteurs affectifs

- L'absence d'intérêt de l'enfant pour les objets, soit intérêt spontané, soit induit par incitation à imiter, peut être en rapport avec des perturbations ou une carence affectives.

---

(1) **Dubois** (G.). Réétalonnage du test non verbal pour petits enfants de 2 ans à 5 ans 1/2 de Suzanne **Borel-Maisonny**, in *Rev. Rééduc. Orthophonique*, 1971, 61, 271-280.

- La dysharmonie des résultats, bien que fréquente en raison de l'hétérogénéité des épreuves, peut manifester des déficits en rapport avec des perturbations affectives spécifiques. C'est, par exemple, le cas, lorsque ce test est administré à des enfants ayant des difficultés d'expression verbale et que leurs résultats à l'épreuve d'expression écrite de dessins présente des déficits. Il peut s'agir d'enfants à fond phobique pour qui l'expression de soi, orale et écrite (1), est spécifiquement inhibée.
- Les déficits instrumentaux perceptibles à l'une ou l'autre, ou à toutes les épreuves, peuvent être en rapport avec des troubles affectifs, ayant des répercussions sur le développement perceptif (2), moteur (3) ou de la structuration spatiale (4).
- Ces épreuves sont sensibles à l'instabilité (5) qui peut cacher une forte angoisse.
- Les œufs gigogne, les images à compléter, parfois même les bouteilles, provoquent chez certains enfants une évocation symbolique dont la charge affective peut entraîner plus ou moins d'inhibition et faire échouer l'épreuve.

---

(1) Cf. l'analyse des facteurs impliqués dans les épreuves du **Wechsler**, pp. 92 et 98.

(2) d°, p. 84.

(3) d°, pp. 88 et 98.

(4) d°, pp. 86 et 98.

(5) d°, p. 90.

CHAPITRE IV

ÉPREUVES A FACTEURS AFFECTIFS DOMINANTS

L'examen d'un enfant est entraîné par deux sortes de motifs qui peuvent se cumuler : les perturbations d'une famille dont l'enfant n'est que le symptôme, ou les symptômes que l'enfant présente, en famille ou à l'école. Même si son affectivité n'est pas à l'origine des symptômes, ceux-ci risquent toujours d'avoir sur son affectivité une répercussion souvent plus importante qu'il n'y paraît.

L'examen est tout d'abord destiné à cerner l'impact de ces symptômes, à comprendre leur raison d'être dans la dynamique de la personnalité de l'enfant.

Il s'agit en effet de découvrir non seulement quel type d'aide serait efficace pour cet enfant et sa famille, mais également si l'enfant et sa famille sont susceptibles d'accepter cette aide et d'y participer. On ne peut l'imposer.

L'efficacité de cette aide repose d'abord sur le désir de l'enfant de chercher un équilibre meilleur que le statu-quo ou le déséquilibre actuel manifesté par le symptôme. Quelle que soit la demande ou l'absence de demande de la famille, et au-delà de la demande explicite de l'enfant lui-même, il reste à saisir quelle est sa demande implicite, la cause et l'intensité de la souffrance latente sous-tendant cette demande.

Il est, de plus, évident, que l'aide proposable ne doit pas risquer de renforcer des modes d'organisation déficitaires éventuellement mis en place pour lutter contre cette souffrance, voire pour l'éviter. Si, par exemple, une psychothérapie, dont le propre est d'être axée sur la relation transférentielle directe, réactive chez un enfant inhibé le risque, massivement angoissant, de renouveler la possibilité d'un abandon traumatisant, il est probable que l'inhibition et la passivité seront renforcées et facteurs d'échec de la psychothérapie (1). La réactivation de l'origine du symptôme risque presque toujours de renforcer les modes défensifs plus ou moins inadaptés qui ont déjà donné lieu au symptôme.

---

(1) Cf. Tome II.

Cette compréhension des risques encourus, de l'origine toujours présente de la souffrance, du mode et du degré de fragilité de l'équilibre apparent actuel, est l'objet de l'examen psychologique, très particulièrement de l'approche projective de cet examen.

Nous avons vu que, dès les épreuves d'évaluation du fonctionnement intellectuel et même à travers l'analyse instrumentale, l'affectivité de l'enfant est manifestée par de nombreux signes. Mais les instruments privilégiés de l'exploration de l'affectivité restent évidemment les épreuves projectives.

L'anamnèse, l'examen clinique et les divers modes d'approche de l'enfant et de sa famille, le début de l'examen psychologique, ont généralement conduit à émettre des hypothèses, tout au moins à poser des questions (1). Les tests projectifs confirment souvent des hypothèses émises par un praticien expérimenté. Mais il arrive néanmoins, sans que l'on puisse le prévoir, que les épreuves projectives infirment ces hypothèses ou découvrent un problème nouveau. Elles sont en tous cas susceptibles d'élaborer plus avant les réponses aux questions posées. Lorsqu'il y a infirmation d'hypothèses ou apparition de nouvelles problèmatiques, la recherche de l'intégration de ces données inattendues fait partie de la démarche diagnostique progressive (1).

L'approche projective peut rester statique, lorsqu'elle tend à se limiter à la définition d'une catégorie diagnostique où situer l'enfant ou à la description de facettes partielles de sa personnalité. L'interprétation peut toujours se faire à ce niveau en un premier temps.

Mais il nous semble nécessaire de l'effectuer également dans une perspective dynamique qui précise au moins mal, à partir d'un constat actuel, l'évolution affective (2), passée et ultérieurement probable, de l'enfant. Cette perspective est la clé d'une compréhension efficace de la problématique de l'enfant, comme on l'a entrevu ci-dessus.

La présentation des principaux (3) tests projectifs est faite dans d'excellents ouvrages et leur interprétation s'acquiert à travers enseignement et pratique pendant une durée plus ou moins longue en fonction de la complexité des éléments qu'ils permettent d'obtenir.

Comme pour les autres types d'épreuves, nous ne voulons pas ici remplacer manuels ou apprentissages. Nous ne pouvons pallier le manque d'expérience personnelle. Mais il nous a paru utile de rappeler les éléments les plus aptes à concourir au choix judicieux d'un ou de plusieurs tests projectifs en fonction de ce que l'on désire rechercher à travers leur interprétation.

Pour chaque épreuve nous rappellerons d'abord le mode d'interprétation habituel. Puis, pour l'envisager dans une perspective dynamique, nous situerons les références génétiques et psychanalytiques utilisables, déjà souvent proposées par les praticiens spécialistes de l'épreuve.

Les stimuli spécifiques des techniques dites d'exploration de la personnalité induisent en effet la projection d'éléments imaginaires auxquels se mêlent les processus rationnels dans des proportions variables suivant le test et le sujet. Cette induction provoque la recherche d'une situation plus ou moins régressive où déséquilibre et souffrance seraient moindres, mais au prix d'une mobilisation parfois handicapante des défenses ou réactions propres à chaque sujet.

---

(1) Cf. Tome II.

(2) Cf. Introduction générale, p. 9.

(3) Ici non plus nous ne prétendons pas à l'exhaustivité.

Le développement des données projectives est complexe et demande une étude approfondie qui sera faite ultérieurement (1). C'est très spécifiquement — bien que non exclusivement — à la théorie et à la pratique psychanalytique que nous demanderons les références utilisables pour situer les successions, sinon la chronologie, du développement de l'affectivité.

C'est pourquoi nous rappellerons la spécificité de chaque épreuve projective à cet égard : le niveau de régression et la projection particulière qu'elle induit, ainsi que les contenus latents qui lui sont propres et au regard desquels nous pourrons comparer les contenus manifestes des protocoles.

Très schématiquement, nous distinguerons les épreuves projectives en fonction de l'implication obligatoire ou facultative du langage dans les réponses demandées. L'implication obligatoire du langage, oral ou écrit, représente une limite que renforce le support perceptif du discours requis. Les limites propres à chaque épreuve perceptivo-verbale permettent de mieux cerner ce que l'on peut en attendre, quant au niveau du discours et aux contenus latents induits par les stimuli variés. Les épreuves n'impliquant le langage que facultativement n'ont pour limite que le support même du test et rendent donc plus hypothétique la détermination des contenus latents.

Pour ces rappels nous conserverons le plan de présentation des autres types d'épreuves, même si les sous-titres sont légèrement modifiés. Il nous a, par exemple, semblé plus efficace, au lieu de parler de l'intention originelle des auteurs, de situer l'apport reconnu de chaque épreuve en fonction de l'état actuel des recherches et expériences cliniques.

Ce chapitre apparaîtra inachevé. La portée diagnostique des épreuves projectives est ici tronquée, faute de pouvoir plus être explicitée pour le moment. Il est en effet nécessaire d'analyser beaucoup plus longuement l'approche génétique et psychanalytique de l'affectivité de l'enfant dont l'utilité, du reste, dépasse largement les épreuves projectives. Ce sera l'objet du tome II.

---

(1) Cf. Tome II.

A - ÉPREUVES IMPLIQUANT OBLIGATOIREMENT LE LANGAGE

Nous étudierons successivement le **Rorschach**, le **T.A.T.**, le **C.A.T.** et le **Patte noire.**

LE RORSCHACH (1)

RATIONNEL

Spécificité

Pour répondre à la consigne, le sujet doit dire ce que pourrait être ce qu'il voit sur les planches qui lui sont successivement présentées. Cette épreuve implique donc au minimum la capacité d'énumérer des représentations, dont les plus anciennes risquent encore de subsister dans l'imaginaire (2) du sujet. Le niveau de régression inductible peut ainsi atteindre l'âge de 2 ans où se précise cette capacité.

Les planches comportent des taches noires ou de couleur, dont la structuration plus ou moins faible et l'impact plus ou moins massif réactivent en particulier des impressions originellement éprouvées au niveau du corps.

Données génétiques

Le **Rorschach** peut être administré dès que l'enfant sait énumérer, vers 2 ans. Mais le support perceptif n'induit des réponses relativement variées qu'à partir de 3 ans, lorsque le maniement des mots comme représentants des choses est plus aisé.

Références pour l'interprétation

• Un protocole de **Rorschach** comprend non seulement les réponses spontanées et leurs caractéristiques, mais également l'apport d'une enquête dont l'utilité et la finesse dépendent du but recherché dans l'interprétation finale.

En un premier temps le dépouillement de cet ensemble consiste à distinguer les processus perceptifs, conceptuels et affectifs mis simultanément en jeu. La cotation des différents traits s'élabore avec l'appui d'une liste de signes conventionnels recouvrant les modes d'appréhension et les déterminants des représentations. Sont également notés des éléments tels que le nombre et le rythme des réponses, leur durée et leur succession, leur contenu et divers traits caractérisant qualitativement les réponses, la verbalisation et l'attitude générale ou particulière du sujet.

(1) Matériel, créé en Suisse par H. **Rorschah,** distribué par le Centre de Psychologie appliquée, Paris. Parmi les études françaises, cf. notamment **Rausch de Traubenberg** (N.). *La pratique du Rorschach.* Presses Universitaires de France, Paris, 1970 et **Rausch de Traubenberg** (N.), **Boizou** (M. F.). *Le Rorschach en clinique infantile.* Dunod, Paris, 1977.

(2) Cf. Tome II.

La récapitulation de ces traits constitue le *psychogramme* qui fait essentiellement ressortir les données formelles numériques, soit brutes, soit en pourcentage ou dans des formules synthétiques et pondérées.

• L'interprétation se limite parfois à rechercher la présence de signes pathologiques spécifiques dans un but strictement diagnostique. Des *listes de signes* ont été établies dans cette orientation par différents auteurs. Elles restent cependant généralement destinées à la psychopathologie adulte.

• L'interprétation devient déjà plus complexe et d'autant plus riche lorsqu'elle a pour but, à travers l'intrication des processus perceptifs et dynamiques de la personnalité, une *approche phénoménologique* (1).

L'élaboration des résultats comprend alors plusieurs étapes. En une première phase le psychogramme est comparé à des normes — dont certaines varient avec l'âge et le niveau socio-culturel du sujet —. Les traits s'en écartant sensiblement sont relevés et schématiquement situés les uns par rapport aux autres, non pas isolément. Ils manifestent la sensibilité, la réactivité du sujet et les particularités ou contradictions internes apparentes de son adaptation intellectuelle et affective. L'aperçu de ces traits saillants constitue un flash rapide précédant l'analyse approfondie qu'il oriente.

L'analyse qualitative comporte elle-même l'approche des facteurs intellectuels, affectifs et de socialisation. Ces trois étapes ont pour point de départ non seulement le psychogramme indispensable, mais les réponses elles-mêmes reprises planche par planche dans leurs contenus nuancés et leur déroulement.

L'approche des facteurs intellectuels précise le mode de pensée et les capacités d'adaptation cognitive du sujet, ses potentialités tout autant que ses possibilités d'utilisation, c'est-à-dire son autonomie par rapport à son affectivité.

L'approche des facteurs affectifs dégage à la fois la charge affective explicite ou sous-jacente, ses caractéristiques et les capacités de contrôle du sujet, le niveau de l'angoisse. Le niveau de développement affectif et le degré de structuration et d'efficacité des défenses qui en découle.

L'approche des facteurs de socialisation détermine les capacités d'adaptation sociale du sujet, sa participation à la pensée collective tout autant que l'utilisation qu'il en fait dans une finalité défensive ou d'échange relationnel authentique.

Les trois types de facteurs sont évidemment plus ou moins fortement intriqués. C'est pourquoi l'approche phénoménologique ne perd pas de vue leur interdépendance. Les synthèses partielles et finale reflètent l'organisation dynamique de la personnalité.

• L'interprétation *psychanalytique* approfondit l'approche phénoménologique dans la même perspective dynamique. Nous en verrons ultérieurement les fondements et les rapports avec une approche *génétique* (2) et ce que celle-ci ajoute encore à la compréhension dynamique de l'enfant, voire de l'adulte (2 et 3).

---

(1) **Rausch de Traubenberg** (N.), *op. cit.* p. 189.

(2) Tome II.

(3) Cf. Portée diagnostique, p. 170.

Contenus latents

Cette énumération, uniquement destinée à orienter le choix de l'épreuve à appliquer, lorsqu'on veut utiliser l'interprétation psychanalytique, est donc volontairement limitée (1). Dans la majorité des cas, les hypothèses suivantes peuvent être faites pour chacune des planches :

I: Situation nouvelle induisant la projection de la problématique majeure et des modes dominants de défense. Identité primaire.

II: Sexualité féminine (2), soit archaïque, soit génitale.

III: Objet d'identification, soit primaire, personnage humain ou vivant, soit secondaire ou génitale.

IV: Niveau de transmission de la loi symbolique, soit partielle pré-génitale, soit secondaire, c'est-à-dire manifestée par une sensibilité à la présence ou à l'absence d'une partie d'un tout représentant le corps.

V: Image de soi, de l'unité et intégrité de son corps, de sa personnalité.

VI: Sexualité virile génitale.

VII: Image maternelle (2).

VIII: Relation à l'autre, à tout autre, socialisation.

IX: Désir de la mère (2), versus symbiose ou versus scène primitive.

X: Assez fréquemment image maternelle archaïque, mais aussi problématique objets partiels/objet total, ou morcellement.

PORTÉE ET LIMITES

Valeur

- Le psychogramme constitue un support objectivant pour l'interprétation.
- Cette épreuve est très sensible et révélatrice des perturbations affectives de la perception.
- Elle permet une approche fine de l'efficacité intellectuelle comparée aux potentialités.
- La fréquence des interprétations animales chez les enfants permet de procéder à une épreuve de "bestiaire" originale en complétant l'enquête habituelle par une enquête spécifique sur les caractéristiques descriptives et qualitatives des animaux cités (3).

---

(1) L'hétérogénéité des listes existantes est frappante.

(2) Il arrive que des réponses adaptées à cette planche abordent explicitement ou symboliquement la sexualité virile. L'éclairage psychanalytique nous a semblé les révéler beaucoup plus comme une réaction, sinon un mode de défense, propre au sujet devant la sexualité féminine, contenu latent dominant, que directement induites par un contenu latent de bi-sexualité.

(3) La réponse banale à certaines planches "Une chauve-souris" entraînera diverses explications possibles : "C'est un animal de nuit qui est laid" ou "C'est un animal qui suce le sang et est très méchant." Un oiseau pourra être "Un petit animal gentil qui fait un nid chaud pour ses petits" aussi bien que "Un aigle qui s'abat sur sa proie." Parfois très inattendus, ces commentaires peuvent faire l'objet d'une enquête effectuée aussitôt après celle des localisations s'ils ne sont pas donnés spontanément. Les préférences ou craintes peuvent être hiérarchisées parmi les animaux cités. Ce bestiaire original apporte évidemment beaucoup aux approches phénoménologique et psychanalytique, mais moins si l'on se contente du psychogramme.

- Dans une perspective dynamique la succession des réponses à chaque planche revêt un grand intérêt, manifestant la diversité de la réactivité émotionnelle, la force pulsionnelle, l'organisation et l'efficacité des mécanismes de défense, en fonction du contenu latent de chaque planche.
- Dans la mesure où il peut induire un niveau de régression plus archaïque et faire appel à des impressions ou émotions éprouvées originellement par le corps, dans le corps, progressivement assumées par l'ensemble de la personnalité, le **Rorschach** se trouve être complémentaire du **T.A.T.**

Critiques

- Le dépouillement, la cotation et l'interprétation sont longs et impliquent un apprentissage théorique et pratique d'une durée importante, au minimum deux ans.
- Le psychogramme chiffré comporte un risque de pseudo-objectivité lorsqu'il est manié sans une connaissance suffisante de l'épreuve.
- L'interprétation des protocoles d'enfants nécessite une connaissance et une expérience encore plus approfondies que pour les protocoles d'adultes qui doivent d'abord être pratiqués pour constituer des données solides de références générales.
- Pour certains enfants jeunes et très émotifs la passation présente des risques de choc. Si l'on est obligé de l'administrer, il est parfois indispensable de prévoir des entretiens ou des séances de dessins après le Rorschach pour que ce choc éventuel puisse y être exprimé, entendu :
- L'interprétation du psychogramme est peu valable pour les déficients mentaux. L'approche psychanalytique fournit cependant des données importantes sur la répercussion, voire sur l'origine, des déficits.

Portée diagnostique

La portée diagnostique sera étudiée en même temps que celle des autres épreuves à facteurs affectifs dominants (1).

LE T.A.T. (2)

RATIONNEL

Spécificité

Pour répondre à la consigne, le sujet doit construire une histoire en rapport avec ce que représente ce qu'il voit sur les planches qui lui sont successivement montrées. Cette épreuve implique donc la capacité d'élaborer un récit. Le niveau de régression inductible peut ainsi atteindre l'âge de 3 ans où apparaît cette capacité.

---

(1) Cf. p. 170.

(2) Matériel, créé aux Etats-Unis par **Murray** (H.A.), distribué par le Centre de Psychologie appliquée, Paris. Parmi les études françaises, lire notamment **Shentoub** (V.) et **Debray** (R.C.). Contribution du T.A.T. au diagnostic différentiel entre le normal et le pathologique, in *Psychiatrie de l'enfant,* 1969, *12,* 1, 241-266. **Shentoub** (V.) et **Debray** (R.). Fondements théoriques du processus T.A.T., in *Bull. Psychol.,* 1970-1971, *24,* 12-15, 897-908.

Le support perceptif, représentant des scènes plus ou moins structurées, réactive des situations relationnelles dont le modèle est généralement œdipien.

Données génétiques

Comportant des planches pour enfants, l'épreuve est administrable à partir de l'âge de 7 ans.

Références pour l'interprétation

• En France, les recherches effectuées par **Shentoub** et **Debray** (1) apportent au dépouillement l'aide d'une grille très précise mettant en relief les modes d'organisation, les mécanismes utilisés, leur efficacité pour l'autonomie ou "dégagement des fonctions du Moi" du sujet.

Parmi les procédés mis en œuvre pour l'élaboration du contenu manifeste, cette grille permet de distinguer ceux qui relèvent des séries "rigidité" versus contrôle, "labilité" versus laisser-aller, "inhibition", "échec" et les réactions comportementales, ainsi que d'évaluer une résultante de l'évaluation de ces facteurs.

Ce mode d'interprétation s'appuye sur la théorie *psychanalytique* et tente d'aboutir à une hypothèse d'organisation structurale de la personnalité.

• Nous verrons ultérieurement les fondements et les rapports de l'interprétation étayée sur la théorie *psychanalytique* avec une approche *génétique* (2) et que celle-ci ajoute à la compréhension dynamique de l'enfant, voir de l'adulte (2 et 3).

Contenus latents

Les recherches de **Shentoub** et **Debray** (1) ont permis l'élaboration des thèmes divers des contenus manifestes et de leurs fréquences, ainsi que le contenu latent d'un certain nombre de planches. L'énumération que nous en tirons, uniquement destinée à orienter le choix de l'épreuve à appliquer, est donc volontairement limitée.

Planches n^{os} :

1. L'enfant face à l'objet du père.
2. Triangle œdipien.
3 BM. Etre seul "entier", versus culpabilité.
4. Expression agressive au niveau du couple.
5. Relation à la mère.
6 BM. Rapprochement fils-mère.
7 BM. Rapprochement fils-père.
8 BM. Agressivité contre le père, versus castration/destruction.
10. Expression libidinale au niveau du couple.
11. Problématique pré-génitale.
13 B. Etre seul "entier", versus symbolisme maternel.
13 MF. Expression de la sexualité dans le couple.
19. Fantasmatique pré-génitale, versus symbolisme maternel.
16. Mode de structuration des objets internes et des relations entre eux.

---

(1) Cf. p. 156 note 2.

(2) Tome II.

(3) Cf. Portée diagnostique, p. 170.

Des planches pour lesquelles ces auteurs n'ont pas encore publié le contenu latent nous ont cependant parues utiles à présenter, dans la mesure où elles sont souvent utilisées par les cliniciens (1). Dans la majorité des cas les hypothèses suivantes du contenu latent de ces planches peuvent être faites :

6 GF. Rapprochement fille-père.

7 GF. Rapprochement fille-mère, versus désir d'un enfant du père.

9 GF. Agressivité contre la mère, versus rivalité.

12 BG. Fantasmatique d'abandon.

17 M. Désir de réalisation de soi.

PORTÉE ET LIMITES

Valeur

- La démarche proposée par les auteurs cités à partir de leurs recherches est un support objectivant pour l'interprétation.
- Cette épreuve permet une approche très nuancée des conflits et de l'adaptabilité relationnelle et sociale.
- Dans une perspective dynamique la succession et le degré d'efficacité des mécanismes utilisés à chaque planche, ainsi que l'oscillation éventuelle des problématiques et des défenses devant la variété des stimuli, sont d'un grand intérêt.
- Cette épreuve est peu traumatisante pour les enfants.
- Comme test thématique cette épreuve est complémentaire du **Rorschach.** D'autre part les supports perceptifs étant en général plus structurés que ceux du **Rorschach** mettent en jeu dans certaines occasions des mécanismes de défense différents, permettant ainsi la comparaison des protocoles et l'étude significative des situations où apparaissent les différences.

Critiques

- L'apprentissage est long, le dépouillement et l'interprétation demandent du temps, malgré une fausse apparence de plus grande facilité que le **Rorschach.**
- L'interprétation proposée par les auteurs cités nécessite une bonne connaissance de la théorie psychanalytique, dont certains psychologues pensent pourtant pouvoir se passer.
- Au-dessous de l'âge de 10 ans, les enfants ne se projettent facilement sur des personnages humains que s'ils sont doués et non immatures. Or la projection sur des personnages animaux dans le **C.A.T.** n'est pas toujours adaptée aux enfants de plus de 6 ans, sauf s'ils sont immatures (2). Pour

---

(1) Par exemple la planche 12 BG permet la comparaison de son récit avec celui de la planche 11 qui la précède. Elles ne comportent ni l'une ni l'autre de personnage, sauf imaginaire, mais la 12 BG est très structurée par rapport à la 11 dont le contenu latent est parfois proche d'une situation de "catastrophe". Leur succession peut entraîner un renforcement des procédés de contrôle ou d'inhibition mis en œuvre à la 11, alors que le thème de catastrophe glisse sur le récit de la 12 BG. Par ailleurs la planche 17 est utile pour manifester le désir de réalisation de soi lorsque, à la planche 1, le récit a présenté des difficultés d'utilisation de l'objet.

(2) Cf. p. 159.

beaucoup d'enfants entre 6 et 10 ans, il n'y a donc pas de matériel de ce type suffisamment approprié pour toutes les populations d'enfants.

Portée diagnostique

La portée diagnostique sera étudiée en même temps que celle des autres épreuves à facteur affectif dominant (1).

LE C.A.T. (2)

RATIONNEL

Spécificité

Pour répondre à la consigne, le sujet doit construire une histoire en rapport avec ce que représente ce qu'il voit sur les planches qui lui sont successivement montrées. Cette épreuve implique la capacité d'élaborer un récit. Le niveau de régression inductible peut ainsi atteindre l'âge de 3 ans où apparaît cette capacité.

Le support perceptif, représentant des scènes plus ou moins structurées avec des personnages animaux dont l'identité sexuelle n'est pas souvent évidente, réactive des situations relationnelles dont le modèle est généralement œdipien. Certaines situations se prêtent à la projection de relations prégénitales.

Données génétiques

Le **C.A.T.** est applicable de 3 à 10 ans. En France, des études comparatives (2) n'ont tenu compte que des protocoles d'enfants de 3 à 7 ans.

Références pour l'interprétation

- L'auteur des études citées (2) propose des références auxquelles on peut confronter le contenu manifeste des protocoles pour saisir en quoi il peut s'écarter des thèmes fréquents apparus dans des populations d'enfants estimés normaux ou d'enfants estimés caractériels.
- La démarche proposée par **Shentoub** et **Debray** pour le **T.A.T.** (3) est transposable pour le **C.A.T.** et permet de structurer le dépouillement et l'interprétation des protocoles.

Elle fait alors appel à la théorie *psychanalytique* et tente d'aboutir à une hypothèse d'organisation structurale de la personnalité.

---

(1) Cf. p. 170.

(2) Matériel, créé aux Etats-Unis par **Bellak** (L. et SS.), sur une idée de **Kris** (E.) et comme descendant direct du **T.A.T.** de **Murray** (H.A.), distribué par le Centre de Psychologie appliquée, Paris. Parmi les études françaises, lire notamment **Boulanger-Balleyguier** (G.). Etude sur le **C.A.T.** : influence du stimulus sur les récits d'enfants de 3 à 8 ans, in *Rev. Psychol. appli.*, Paris, 1957, *7*, paragraphe 1-28. **Boulanger-Balleyguier** (G.). *La personnalité des enfants normaux et caractériels à travers le test d'aperception C.A.T.* C.N.R.S., Paris, 1960. Notons que cet auteur ne fait pas référence à la théorie psychanalytique dans ses recherches qui concernent d'abord le contenu manifeste des protocoles d'enfants de 3 à 7 ans.

(3) Cf. p. 156.

• Nous verrons ultérieurement les fondements et les rapports de l'interprétation étayée sur la théorie ***psychanalytique*** avec une approche ***génétique*** (1) et ce que celle-ci ajoute à la compréhension dynamique de l'enfant, voire de l'adulte (1 et 2).

Contenus latents

Il n'est pas encore paru en France de résultats des recherches en cours en ce domaine, notamment aux Etats-Unis. L'énumération ci-dessous, uniquement destinée à orienter le choix de l'épreuve à appliquer, est donc volontairement limitée.

Dans la majorité des cas, les hypothèses suivantes peuvent être faites pour les planches n^{os} :

1. Relation mère-enfant dans une situation conflictuelle orale.
2. Triangle œdipien, identification.
3. Autorité, puissance phallique. Castration (3).
4. Relation mère-enfant dans une situation de rivalité fraternelle. Fantasme de grossesse.
5. Scène primitive en référence à une situation réelle.
6. Scène primitive en référence à une situation imaginaire. Curiosité sexuelle.
7. Mode de structuration devant l'agressivité de l'autre.
8. Assimilation des interdits parentaux. Capacité d'adaptation au groupe.
9. Etre seul face aux fantasmes. Abandon, culpabilité.
10. Relation sado-masochiste parent-enfant.

PORTÉE ET LIMITES

Valeur

- La démarche proposée par **Shentoub** et **Debray** pour le **T.A.T.** (4) et transposée au **C.A.T.** est un support objectivant pour l'interprétation.
- Cette épreuve permet une bonne approche des conflits et de l'adaptabilité relationnelle et sociale de l'enfant.
- Comme test thématique cette épreuve est complémentaire du **Rorschach,** La structuration plus grande des supports perceptifs met parfois en jeu des mécanismes différents de ceux du **Rorschach** dont la comparaison est significative.
- Dans une perspective dynamique la succession et le degré d'efficacité des mécanismes utilisés à chaque planche, ainsi que l'oscillation éventuelle des problématiques et des défenses devant la variété des stimuli, sont d'un grand intérêt.

---

(1) Tome II.

(2) Cf. Portée diagnostique, p. 170.

(3) Le lion représenté sur cette planche n'est pas automatiquement à identifier à l'image paternelle, mais spécifiquement à l'image parentale qui détient pour l'enfant la puissance phallique, l'autorité castratrice. C'est pourquoi, si l'enfant ne détermine pas spontanément le sexe du lion, il est intéressant de lui demander si c'est un lion Papa ou un lion Maman.

(4) Cf. p. 156.

- Cette épreuve est très bien acceptée par presque tous les enfants.
- Elle est rapide à faire passer. Son dépouillement n'est généralement pas long. La passation et le dépouillement sont toujours plus rapides que ceux du **Patte noire.**

Critiques

- La transposition de la démarche proposée pour le **T.A.T.** (1) nécessite une bonne connaissance de la théorie psychanalytique, dont certains psychologues pensent pourtant pouvoir se passer.
- Le protocole obtenu est généralement moins riche et nuancé que celui du **Patte noire.**
- Des recherches (2) ont montré que les enfants ayant 6 ans ou moins préfèrent la projection sur des personnages animaux. A partir de 7 ans cette préférence diminue en fonction de la maturité de l'enfant et devient nulle pour les enfants de 10 ans. A partir de 10 ans tous les enfants préfèrent la projection sur des personnages humains. Or, pour les enfants entre 7 et 10 ans, il n'existe pas de matériel de ce type suffisamment adapté puisque le **T.A.T.** ne le sera pour tous qu'à 10 ans.

Portée diagnostique

La portée diagnostique sera étudiée en même temps que celle des autres épreuves à facteurs affectifs dominants (3).

LE PATTE NOIRE (4)

RATIONNEL

Spécificité

La consigne de cette épreuve comporte plusieurs phases :

1. Le sujet doit dire ce que représente pour lui le Frontispice. Une enquête immédiate peut l'amener à préciser l'âge, le sexe et le degré de parenté des personnages animaux.
2. Le sujet doit choisir les planches sur lesquelles il va raconter une histoire. Cette partie de la passation ne comporte aucune enquête, son intérêt résidant dans la liberté totale, sans induction par l'examinateur, du choix des planches et des commentaires du sujet.

---

(1) Cf. p. 156.

(2) De nombreux articles ont paru à l'étranger sur ce sujet, parmi lesquels on peut retenir **Simmons** (D.D.). Children's preferences for humanized versus natural animals, *J. proj. Tech.,* 1967, *31,* 39-41.

(3) Cf. p. 170.

(4) Le matériel, créé en France par **Corman** (L.), reprend et modifie le principe du *Blacky Pictures Test* créé par **Blum** (G.) aux Etats-Unis autour du chien Blacky. Il est distribué par le Centre de Psychologie appliquée, Paris. L'auteur a rédigé plusieurs ouvrages à son sujet, le principal étant : **Corman** (L.). *Le test PN. Manuel.* Presses Universitaires de France, Paris, 1966.

Ce test ne fait pas l'objet d'un enseignement universitaire aussi approfondi que le **Rorschach** ou le **T.A.T.** C'est pourquoi nous étendrons sa description en résumant certains points soulignés par l'auteur et en les complétant éventuellement.

3. En prenant à nouveau toutes les planches le sujet doit choisir d'une part celles qu'il aime et de l'autre celles qu'il n'aime pas. En commençant par l'une ou l'autre des deux séries, il doit hiérarchiser successivement ses choix et sur chaque planche :

   — dire pourquoi il l'aime ou ne l'aime pas, qui il voudrait y être et pourquoi ;
   — et répondre à l'enquête immédiate auquel l'examinateur procède en se rappelant ce qui n'a pas été précisé dans le récit (phase 2) en fonction des contenus latents ou des questions posées par le récit lui-même.

4. Devant la présentation de l'image de la Fée, le sujet doit exprimer les trois souhaits les plus chers de Patte noire.

5. **Corman** propose ensuite plusieurs questions ou activités supplémentaires pour compléter l'épreuve.

Le récit demandé implique une capacité d'élaboration qui n'apparaît que vers 3 ans. Mais la phase 3 et surtout la phase 2 de la passation comportent un choix spontané, avant l'utilisation du langage, qui permet l'induction d'une régression très importante, jusqu'à des thèmes archaïques. Ce choix ne devient conscient et calculé que vers 6 ans, ou auparavant chez des enfants matures, mais il reste toujours choix au niveau inconscient, même chez des enfants très jeunes lorsqu'ils y sont conduits par une présentation adéquate des planches, par exemple en les étalant toutes devant eux.

Le support perceptif représente des scènes assez structurées avec des cochons comme personnages principaux dont l'identité sexuelle est parfois évidente, parfois libre. Il réactive des situations familiales pré-génitales ou génitales avec prégnance de la rivalité fraternelle.

Données génétiques

L'âge classique d'application va de 5 à 12 ans. Mais, à partir de 3 ans les protocoles revêtent de l'intérêt. Au-delà de 12 ans l'administration est possible avec une légère modification de la consigne : répondre comme si c'était un récit ou un jeu à présenter à un enfant plus jeune.

Références pour l'interprétation

• La feuille de dépouillement proposée par l'auteur est moins indispensable qu'une bonne connaissance des théories et recherches présentées par lui pour l'interprétation des protocoles en tenant compte des désirs, défenses et identifications du sujet. Il s'appuye ainsi sur la théorie *psychanalytique.*

Corman considère notamment les trois types de défenses rendus possibles par la spécificité de l'épreuve :

— image classée parmi les non aimées ;
— image sur laquelle l'identification du sujet n'est pas faite à **PN** ;
— et surtout mauvaise ou non reconnaissance de la réalité perçue.

L'utilisation par un enfant des trois types de défense pour la même planche est signe de rigidité, destinée à éviter l'impact important du contenu latent. L'absence de toute défense est signe de non structuration pour les images induisant un thème interdit, de refuge dans une position masochiste pour les images induisant la punition. Quel que soit le thème induit par la scène, il semble qu'une souplesse d'utilisation de ces trois possibilités de défense est de bon aloi.

• La transposition de la démarche proposée par **Shentoub** et **Debray** pour le T.A.T. (1) est également possible ici et permet de structurer le dépouillement pour mieux distinguer notamment les procédés mis en œuvre dans l'élaboration des récits.

Elle fait aussi appel à la théorie *psychanalytique* et tente d'aboutir à une hypothèse d'organisation structurale de la personnalité.

• Nous verrons ultérieurement les fondements et les rapports de l'interprétation étayée sur la théorie *psychanalytique* avec une approche ***génétique*** (2) et ce que celle-ci ajoute à la compréhension dynamique de l'enfant, voire de l'adulte (2 et 3).

Il est indéniable que ce test se prête très particulièrement à une interprétation à la fois psychanalytique et génétique, puisque les niveaux de fonctionnement peuvent varier non seulement en fonction des niveaux différents induits par les contenus latents des planches elles-mêmes, mais également en fonction des problématiques propres à chaque enfant.

• Il est nécessaire ici de souligner l'intérêt majeur qu'apporte à cette approche dynamique la succession d'images librement choisies pour le récit (phase 2).

L'ordre de succession des planches peut se lire en deux directions : chronologie du contenu manifeste, un thème succédant à un autre avec une logique plus ou moins rationnelle; et chronologie du contenu latent, qui va à rebours de la précédente (2). La relation causale inconsciente d'une planche à une autre conduit en effet à remonter l'ordre des associations successives, la dernière planche d'une série révélant souvent les motifs imaginaires originels du choix des planches qui ont été données auparavant.

Il ne s'agit pas tellement de lire à rebours tout le récit, mais plutôt chaque cycle constitué par un ensemble donné de planches. Les principaux thèmes induits se retrouvent avec des différences variables dans plusieurs images. Chaque enfant organise ces thèmes selon une succession composant un scénario qui lui est propre. Il arrive très fréquemment que le fantasme (2) représenté par ce scénario soit unique et dans ce cas répétitif, repris avec quelques variantes plus ou moins proches pendant le récit dont la longueur totale n'importe donc que secondairement.

Les thèmes qui constituent ces scénarios tournent autour des notions de désir, frustration/castration, agressivité, culpabilité/punition. Certaines images peuvent représenter plus d'un thème, être choisies soit pour l'un soit pour l'autre, soit pour plusieurs à la fois en raison du mécanisme inconscient de condensation (2).

Les situations des planches réactivent habituellement les thèmes suivants :

Désir : Baiser, Tétée 1, Tétée 2, Hésitation, Nuit, Portée, Rêve Pére, Rêve Mère.

Frustration : Chèvre, Portée, Tétée 2.

Castration : Jars, Nuit.

Agressivité : Auge, Bataille, Charrette, Jeux sales, Jars.

Culpabilité : Charrette, Chèvre, Départ, Jars, Trou, Nuit.

---

(1) Cf. P. 156.

(2) Tome II.

(3) Cf. Portée diagnostique, p. 170.

Les planches citées ne réactivent pas ces thèmes dans les mêmes proportions. Cette liste n'est pas non plus exhaustive des planches ou des thèmes possibles. En particulier le contenu du récit et des commentaires de l'enquête modifie parfois le thème habituel. Il peut faire attribuer à une planche donnée la valeur d'un thème inhabituel ou original.

Contenus latents

L'énumération ci-dessous, uniquement destinée à orienter le choix de l'épreuve à appliquer, est volontairement limitée. Dans la majorité des cas les hypothèses suivantes peuvent être faites sur les planches :

Frontispice : Equilibre familial imaginaire. Identification (âge, sexe).

Auge : Agressivité sur le mode urétral envers les parents. Revendication phallique. Fantasmatique orale d'empoisonnement.

Baiser : Expression libidinale au niveau du couple. Triangle œdipien.

Bataille : Agressivité directe dans la rivalité fraternelle, indirecte vis-à-vis des parents. Problématique de dépendance-indépendance.

Charrette : Agressivité mortelle dans la rivalité fraternelle, directe ou indirecte vis-à-vis des parents, parfois retournée contre soi. Culpabilité. Isolation possible grâce au rêve (nettement perçu à 6 ans).

Chèvre : Fantasmatique d'abandon. Problématique du substitut maternel. Clivage de la double image maternelle.

Départ : Fantasmatique d'abandon. Problématique de dépendance-indépendance.

Hésitation : Identification.

Jars : Castration (primaire ou secondaire). Rivalité fraternelle. Culpabilité.

Jeux sales : Agressivité directe envers le père sur un mode anal.

Nuit : Scène primitive. Curiosité sexuelle.

Portée : Rivalité fraternelle. Désir.

Rêve mère : Image maternelle idéale. Isolation, grâce au rêve, rendant possible l'agressivité.

Rêve père : Image paternelle idéale. Isolation, grâce au rêve, rendant possible l'agressivité.

Tétée 1 : Relation duelle privilégiée sur un mode oral.

Tétée 2 : Relation duelle privilégiée sur un mode oral avec rivalité fraternelle.

Trou : Fantasmatique d'abandon, de mort. Culpabilité.

Fée : Dynamique de la personnalité. Réalisation de soi.

PORTÉE ET LIMITES

Valeur

- Cette épreuve est généralement très bien acceptée par les enfants, n'étant jamais traumatisante.
- Malgré ses thèmes souvent régressifs, elle permet d'offrir aux enfants une projection sur des animaux, spécialement entre 6 et 10 ans ou ni le **T.A.T.** ni le **C.A.T.** ne sont toujours adaptés.
- Le Manuel de **Corman** (1) constitue un très bon appui de départ.

(1) Cf. p. 161 note 4.

- Cette épreuve est très révélatrice des conflits de la toute première enfance et particulièrement des perturbations relatives non seulement à la fratrie réelle, mais aussi à la fratrie imaginaire (1). Elle peut dans cette perspective être administrée sans limite d'âge.
- Dans une perspective dynamique la liberté des choix permet une interprétation extrêmement riche de la succession des thèmes.

Critiques

- La passation et l'interprétation sont longues, nettement plus longues que celles du **C.A.T.** Notons que la phase 5 de la consigne est parfois sinon toujours inutile, le début du protocole s'avérant d'une très grande richesse.
- Cette durée handicape les enfants instables pour qui la passation, si elle est obligatoire, peut être décomposée dans le temps en plusieurs périodes.
- Malgré son apparente facilité l'interprétation demande un certain apprentissage.
- Plusieurs planches induisent trop directement des thèmes régressifs dont l'interprétation risque alors d'être erronée. Notons que l'essentiel à retenir pour l'interprétation est le type de relation mis en scène (1) bien plus que la description et l'utilisation du matériel lui-même.
- L'interprétation implique une bonne connaissance de la théorie psychanalytique. Il y a en particulier risque d'erreur par transposition de la réalité sur le contenu manifeste au lieu de prêter attention en priorité aux fantasmes (1) sous-tendant le contenu latent.

Portée diagnostique

La portée diagnostique sera étudiée en même temps que celle des autres épreuves à facteurs affectifs dominants (2).

---

(1) Ces notions seront approfondies dans le tome II.

(2) Cf. p. 170.

B - ÉPREUVES IMPLIQUANT FACULTATIVEMENT LE LANGAGE

Nous nous limiterons ici à situer ou rappeler : — Le Scéno-test ;
— Le dessin libre.

LE SCÉNO-TEST (1)

RATIONNEL

Spécificité

La consigne consiste à demander à l'enfant de construire une scène en utilisant les objets présentés et en restant dans l'espace encadré par le couvercle du matériel. La projection est donc limitée par le matériel et dans l'espace. Le choix des objets, de leurs interrélations et de la ou des scènes successives est entièrement libre. La projection induite peut donc atteindre des niveaux de régression très archaïques.

Lorsque l'enfant peut parler, en un deuxième temps, l'observateur lui demande d'expliquer ce qu'il a voulu représenter. Il arrive alors fréquemment que l'enfant modifie la scène précédente au fur et à mesure qu'il en parle. Une enquête éventuelle n'intervient qu'en fin de ce récit.

L'épreuve, considérée comme un jeu, permet la projection de conflits relationnels ou de traumatismes à travers un acting qui, par la tentative de maîtrise qui le motive souvent, impose généralement moins de mécanismes de défense que les épreuves perceptivo-verbales.

Données génétiques

Cette épreuve peut être présentée à tous les enfants. Elle offre le maximum d'intérêt entre 3 et 7 ans.

Références pour l'interprétation

- L'auteur propose l'observation de l'enfant. L'interprétation a le champ libre, ce qui la rend difficile en raison du manque de repères.
- Cette observation peut s'orienter en trois directions :

— Mode et niveau d'organisation du jeu

Il semble que vers 8 ans un enfant arrive à construire une scène "bien ronde", comme on peut l'observer également dans les récits des tests thématiques. Auparavant le mode d'organisation suit une génèse qui va d'une investigation plus ou moins désordonnée à l'empilage, puis à une disposition de plus en plus sélective d'objets avec une logique d'abord peu apparente puis de plus

(1) Le matériel, créé en Allemagne fédérale par **Staabs (V.)**, est distribué par le Centre de Psychologie appliquée, Paris. Il est mieux adapté aux enfants que le test du Monde, dont il se rapproche cependant.

en plus visible pour l'observateur. Dans la mesure où la logique s'introduit dans les séquences successives et l'organisation finale, la scène s'arrondit et manifeste les capacités de contrôle de l'enfant, l'atténuation de l'envahissement par les fantasmes qui était à un âge donné tout à fait normal.

— Mode de relation avec l'observateur

L'absence ou l'excès de mise en relation avec l'observateur pendant le jeu est toujours significatif. Un jeu totalement renfermé sur soi manifeste une certaine crainte de l'autre. Un jeu privilégiant un ou des objets comme intermédiaire pour continuellement appeler l'attention de l'adulte, témoigne généralement du degré de la revendication affective. Il y a aussi des enfants qui verbalisent tout le temps, d'autres qui parlent mais seulement par gestes. Il semble que la plupart des enfants paranormaux font intervenir l'adulte dans leur jeu sous forme de commentaires, de questions ou de demandes d'aide, et cela ni trop ni trop peu.

— Mise en scène des fantasmes

L'observation est intéressante à travers le symbolisme de certaines scènes et la succession dynamique des positions et interrelations.

• La transposition de la démarche proposée par **Shentoub** et **Debray** pour le **T.A.T.** (1) est possible ici. Elle permet de structurer tout au moins le dépouillement des procédés mis en œuvre dans la construction de la scène.

Cette démarche s'appuye sur la théorie ***psychanalytique*** et apporte son concours lorsqu'on tente d'aboutir à une hypothèse d'organisation structurale de la personnalité.

• Mais la construction de la scène se fait toujours dans une succession dynamique de prises ou de rangements d'objets, de mises en situations diverses plus ou moins mobiles.

Ici la transposition du mode d'interprétation de la succession élaboré pour **Patte noire** (2) est possible.

Nous verrons ultérieurement les fondements et les rapports de l'interprétation étayée sur la théorie ***psychanalytique*** avec une approche ***génétique*** (3). Ajoutant à la compréhension dynamique de l'enfant (4), cette convergence des approches est particulièrement adaptée à l'interprétation des protocoles de **Scéno-test.**

Contenus latents

L'énumération ci-dessous, uniquement destinée à orienter le choix de l'épreuve à appliquer, est volontairement limitée. Dans la majorité des cas les hypothèses suivantes peuvent être faites sur le matériel divers :

Personnages : images parentales et fraternelles, environnement social.

Animaux : substituts d'images parentales ou de soi-même, ou symbolismes divers : agressivité, réassurance, etc.

Arbres : éléments neutres, parfois symboliques, représentant souvent un aspect protecteur, défensif d'une scène circonscrite dans l'espace qu'ils délimitent.

---

(1) Cf. p. 156.

(2) Cf. p. 163.

(3) Tome II.

(4) Cf. Portée diagnostique, p. 170.

Train, voitures : éléments neutres ou symboliques.

Blocs : éléments neutres, mais parfois utilisés pour représenter un ensemble signifiant, pouvant délimiter comme les arbres un espace à cerner pour le protéger.

Objets divers : le plus souvent neutres, parfois symboliques.

PORTÉE ET LIMITES

Valeur

- C'est une épreuve projective utilisable pour les enfants mutiques.
- Elle est très facilement acceptée par la majorité des enfants qui l'investissent comme un jeu. L'incapacité de jouer est un symptôme d'inhibition grave ou de retrait psychotique.
- Il peut servir d'entrée en contact, surtout pour des enfants inhibés. Mais l'observation doit néanmoins toujours y être faite.
- Cette épreuve est sensible à la projection des conflits intra-familiaux, réels ou imaginaires.
- Dans une perspective dynamique les successions de scènes ou les étapes successives de l'organisation du jeu présentent un intérêt d'autant plus grand que la liberté est totale, le matériel relativement riche.
- La mise en actes de certaines scènes a parfois un effet cathartique.

Critiques

- L'interprétation des éléments constitutifs de ce test, matériel, mise en scène et facteur relationnel, ne peut pour l'instant s'étayer sur des études référentielles. Seule l'expérience confirmée, tant avec des enfants estimés normaux que des enfants pathologiques, fournit des données comparatives sinon normatives.
- L'observation nécessite un certain apprentissage malgré sa simplicité. Elle implique une écoute de tous les gestes et commentaires sans aucun a-priori, de type psychanalytique.
- L'interprétation approfondie nécessite l'explicitation par l'enfant lui-même de ce qu'il a voulu représenter, ce qui n'est pas toujours possible.
- L'interprétation approfondie des scènes et récits de l'enfant nécessite une connaissance plus pratique encore que théorique de la psychanalyse, dont certains psychologues pensent parfois pouvoir se passer.
- L'utilisation répétée de ce jeu relève de la psychothérapie et exige une formation spécifique. Elle nuit à un traitement psychothérapeutique parallèlement entrepris dans la mesure où elle permet la projection de fantasmes en dehors de la relation thérapeutique.

Portée diagnostique

La portée diagnostique sera étudiée en même temps que celle des autres épreuves à facteurs affectifs dominants (1).

---

(1) Cf. p. 170.

LE DESSIN

Les épreuves de dessin utilisables comme épreuves projectives ont été étudiées par ailleurs (1). C'est, en effet, dans l'ensemble des différents facteurs qu'elles impliquent qu'il faut les considérer. Mais, en raison de leur facilité d'administration, leur place reste privilégiée dans l'observation des manifestations affectives de l'enfant.

PORTÉE DIAGNOSTIQUE DES ÉPREUVES PROJECTIVES

Facteurs intellectuels

- L'interprétation des épreuves projectives doit tenir compte d'éventuels déficits mentaux. Certains signes, tels que persévérations, pauvreté générale, peuvent en effet provenir du déficit, alors que dans d'autres contextes, comme la suspicion d'une psychose, leur signification diagnostique serait différente.
- Le **Rorschach** permet une bonne approche des potentialités intellectuelles et de leurs investissements. Leur comparaison avec l'efficience intellectuelle conduit à l'interprétation fine des perturbations ayant provoqué les différences éventuelles. Certaines pseudo-déficiences peuvent y être détectées.
- Le surinvestissement des facteurs intellectuels (2), généralement établi au détriment de la projection des éléments affectifs qu'il aide à éviter, peut apparaître à travers les épreuves projectives, manifestant leur utilisation défensive plus encore qu'une supériorité des capacités (3).

Facteurs instrumentaux

- Des troubles de la vision peuvent handicaper certains enfants dans la passation des épreuves à support perceptif.
- Des troubles importants de la structuration spatiale peuvent être perceptibles à travers des épreuves comme le **Rorschach** et surtout le dessin. Au **Scéno-test** c'est plutôt la maîtrise de l'espace environnant qui est en jeu.
- Des déficits moteurs, graphiques ou de manipulation fine, peuvent être suspectés à travers des épreuves comme le dessin ou le scéno-test.
- Des troubles organiques à répercussions instrumentales sont détectables, particulièrement au **Rorschach.**

Facteurs affectifs

- L'origine affective ou les répercussions sur l'affectivité de troubles instrumentaux ou intellectuels transparaît souvent à travers les discordances manifestées dans les épreuves projectives.

---

(1) Cf. Facteurs affectifs impliqués dans des épreuves graphiques, p. 43.

(2) Cf. l'analyse des facteurs impliqués dans les épreuves du **Wechsler,** p. 78.

(3) d°, p. 90.

- L'utilisation classique des épreuves projectives peut conduire l'interprétation jusqu'à l'établissement d'un diagnostic, le classement de l'enfant dans une catégorie généralement statique. Nous avons vu que l'apprentissage de cette interprétation, utilisant ou non la théorie psychanalytique, est de longue durée. Nous répétons que nous ne saurions ici le remplacer et renvoyons tout au moins à la bibliographie de chaque épreuve lorsqu'elle est possible.
- L'interprétation des épreuves dans une perspective dynamique peut utiliser des données ressortant de l'interprétation classique. Elle a avantage, lorsque ce n'est pas déjà le cas, à s'appuyer essentiellement sur la connaissance du développement des facteurs affectifs puisqu'il s'agit, nous l'avons vu (1), du bilan d'un enfant en pleine croissance.

Nous envisagerons ultérieurement l'étude de ces génèses (2), car elles demandent à être plus longuement approfondies. Le développement des facteurs suivants sera plus particulièrement considéré :

Fantasmatiques ou modes de relation, désirs, interdits, conflits.

Fantasmes, angoisses.

Processus psychiques (3), représentations mentales.

Défenses, adaptation à la réalité.

Images parentales, identification.

Agressivité, culpabilité.

Image du corps, de l'espace.

Ces facteurs suivent chacun des processus génétiques propres et intriqués. Pour les examiner nous nous appuyerons notamment sur **Freud,** Anna **Freud,** Mélanie **Klein, Piaget, Spitz, Wallon, Winnicott.** A partir des divers schémas nous élaborerons des successions, sinon des chronologies datées.

Nous tenterons une synthèse directement destinée à l'utilisation pratique. Certaines questions théoriques fort judicieuses, émergeant des conceptions différentes de plusieurs auteurs, ne revêtent pas toujours la même acuité devant le cas précis d'un enfant, ou sont souvent contournables au regard de faits limités. Nous ne voulons en tous cas pas dire fusion des diverses conceptions en parlant de synthèse. Il nous semble possible de préciser des périodes génétiques comparables pour chaque facteur considéré, en déterminant des points de repère, des seuils et des changements de niveau de fonctionnement fondamentaux, et la perspective chronologique, topique ou formelle d'une génèse.

Le dépouillement des épreuves projectives d'un enfant donné met en évidence des signes affectifs dont on peut situer le niveau d'évolution par comparaison avec les références génétiques qui seront ainsi rappelées. L'expérience prouve que les enfants présentent souvent des discordances, des dysharmonies d'évolution entre les diverses facettes de leur personnalité. Il y a donc possibilité de percevoir dans cette comparaison :

— d'une part les oscillations d'un même facteur affectif entre des niveaux différents de développement ;

— d'autre part les oscillations d'un niveau de développement à un autre selon le facteur affectif considéré.

---

(1) Cf. p. 9.

(2) Tome II.

(3) Comme points de repère et interférant avec les autres facteurs.

Les différentes situations, très spécifiquement les variations des impacts projectifs, ayant entraîné ces oscillations fournissent des éléments majeurs pour la compréhension de l'enfant au plan de l'étiologie (1) et de la stabilité (1) du conflit. Par ailleurs, nous avons vu (2) l'importance, au plan du pronostic et de l'orientation (1) de la précision des risques positifs et négatifs mis très en relief à travers ce profil dynamique émergeant de la vue d'ensemble des oscillations.

Au plan du diagnostic (1) il est possible, par une méthodologie appropriée que nous envisagerons ultérieurement plus longuement (1), de rejoindre en partie et d'étendre les schémas sémiologiques habituels. Nous pourrons ainsi regrouper les signes d'élaboration du diagnostic, particulièrement les facteurs affectifs, en les considérant non pas globalement mais à des périodes différentes et plus ou moins étendues de leur développement, pouvant se chevaucher ou se recouper d'un regroupement à l'autre.

Les constellations de signes ainsi élaborées peuvent schématiquement recouvrir les tableaux de :

Psychose, pré-psychose.

Caractéropathie de type paranoïaque ou de type hystérique.

Personnalité à fond fragile immature avec risque de psychopathie ou risque de mélancolie.

Pré-névrose, névrose.

Paranormalité.

Par une démarche progressive, des hypothèses sont élaborées tout au long du bilan clinique et psychologique d'un enfant. Les épreuves projectives ont une place privilégiée pour la confirmation ou l'infirmation de ces hypothèses. Mais la synthèse de toutes les données fait partie intégrante de cette démarche depuis son début, tous les signes recueillis devant trouver leur place ou l'explication de leur coexistence parfois paradoxale.

Mais, nous le répétons, la dynamique d'un enfant ne le laisse pas toujours cerner dans un seul de ces tableaux. Ils ont donc pour principale utilité de permettre une comparaison continue entre les signes émis par un enfant et ceux d'une ou plusieurs constellations de signes, c'est-à-dire d'aider à voir non pas tellement en quoi ils coïncident, mais surtout en quoi leurs divergences manifestent le dynamisme propre à cet enfant. L'absence de dynamisme est de trop mauvais aloi pour ne pas considérer comme le risque le plus grave la structuration rigide d'un enfant dans un profil pathologique type.

Remarquons au passage que tous les adultes ne sont pas non plus rigidifiés si fortement que l'utilisation de ces tableaux ne puisse convenir à les aider également, en précisant ce qui subsiste en eux de dynamisme.

Toutes ces notions demandent à l'évidence à être plus longuement précisées et élaborées. Ce sera l'objet du deuxième tome de cet ouvrage.

---

(1) Cf. Tome II, et l'Introduction générale, p. 11.
(2) Cf. p. 12.

ANNEXES

Il serait présomptueux de penser présenter ici tous les tableaux utiles au psychologue clinicien et des exemples exhaustifs, ne serait-ce que des cas les plus caractéristiques.

Nous n'avons élaboré qu'un **tableau récapitulatif des principales épreuves utilisées** (1), les distinguant selon le registre des réponses et l'âge d'application, dans le seul but d'orienter en un premier temps le choix du test.

Il ne dispense donc pas de se reporter au chapitre même du test. La validité des âges d'application est relative, reposant trop peu souvent sur des études statistiques de validation. L'expérience clinique permet parfois de l'apprécier et les nuances sont décrites non seulement dans la rubrique "Données génétiques", mais surtout dans la rubrique "Portée et limites" du test.

Les **exemples** qui suivront sont surtout destinés à aider la mise en application des données décrites dans les chapitres des trois épreuves de niveau d'efficience intellectuelle les plus usitées. Il ne s'agit là que d'un mode de dépouillement et d'interprétation parmi d'autres. Le clinicien débutant peut se servir de ces grilles pour forger progressivement un mode propre de maniement des tests où il se sente à la fois plus à l'aise et plus efficace.

Nous ne proposerons qu'un exemple pour :

— le **Terman-Merrill**

— et la **N.E.M.I.**

— Pour les **échelles de Wechsler**, nous présenterons d'abord le dépouillement détaillé d'une **W.I.S.C.**, puis des modèles succincts d'autres cas de **W.I.S.C.**, dans le but spécifique d'orienter la finesse d'analyse intra-subtest sans vouloir ni pouvoir ici non plus être exhaustif.

Enfin un modèle de feuille de dépouillement sera suggéré pour effectuer l'analyse des facteurs impliqués par les épreuves du **Wechsler**. Les correspondances de facteurs intellectuels ou instrumentaux y sont mises en évidence et une place est prévue pour le report des symboles du scatter intra-subtests obtenu par un enfant. Pour le concrétiser nous y avons porté l'exemple d'un cas.

Ces annexes trouveront naturellement un complément dans les **Etudes de cas** qui constitueront le tome III, car il serait prématuré ici de proposer des exemples plus complets sans tenir compte des données importantes qui feront l'objet du tome II.

---

(1) Rappelons qu'un certain nombre d'autres tests, généralement spécifiques d'une aptitude, sont cités dans cet ouvrage, notamment dans la rubrique "Examens complémentaires" de l'analyse des facteurs impliqués par les épreuves du **Wechsler**, pp. 78 à 101.

SÉES

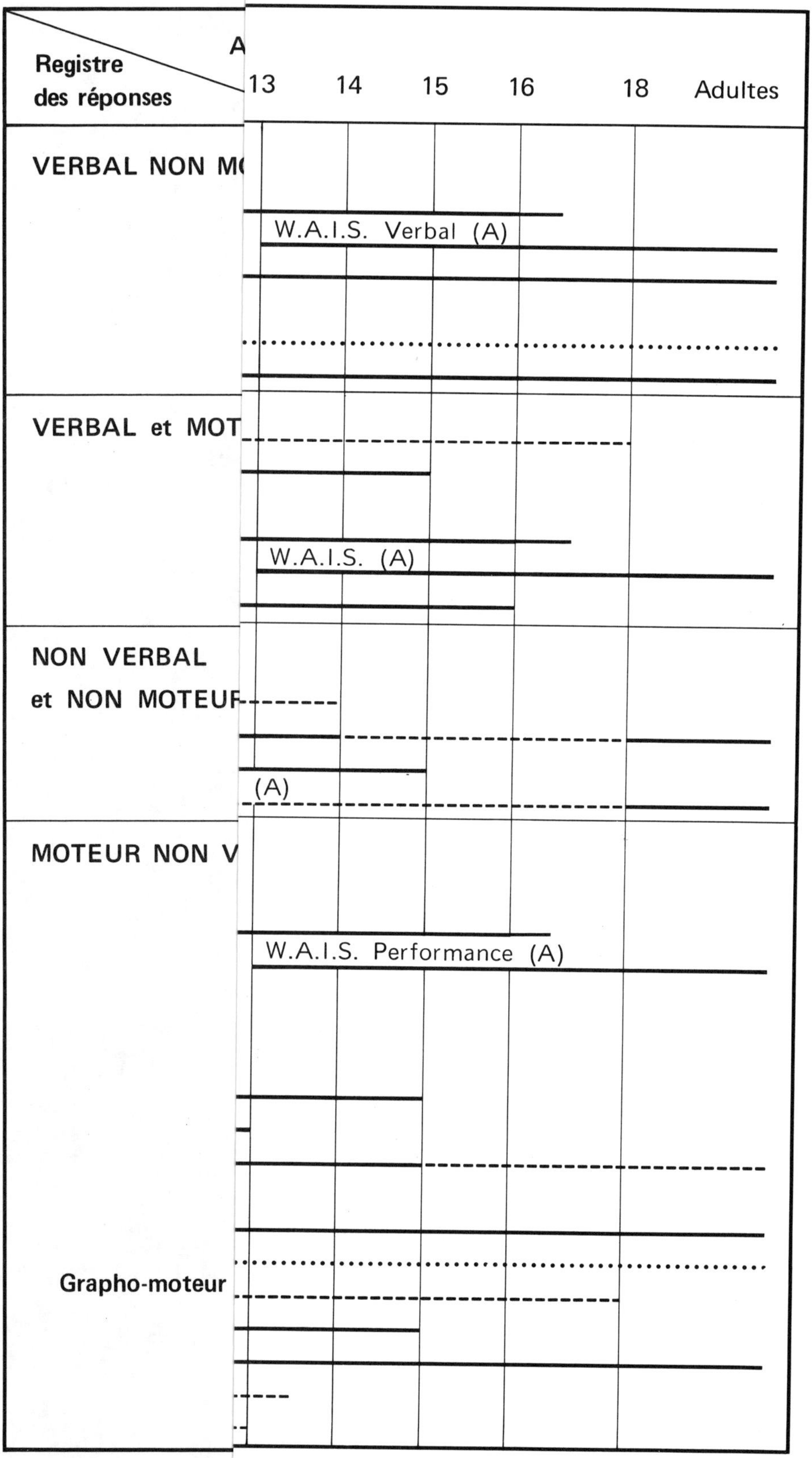

urs affectifs dominants

EXEMPLES

A - TERMAN-MERRILL

CAS D'ANTOINE, 6 ANS 6 MOIS

ANAMNÈSE

Adressé par l'école pour instabilité et absences, Antoine est mis en observation pour bilan, équilibration du traitement et orientation. Mère algérienne, seule fille de cinq enfants, élevée très cloîtrée, elle est venue en France avec son premier mari mort en 1967, vit depuis plus de 7 ans avec un ami qui l'a épousée il y a deux ans. Elle tient un salon de coiffure où Antoine passe le soir en rentrant de l'école jusqu'à sa fermeture. Le père est voyageur de commerce, il rentre le week-end. Du premier mariage est née une demi-sœur qui a 10 ans et est en pension.

L'accouchement et la naissance sont normaux, mais la mère signale un malaise au troisième mois de grossesse pendant lequel elle a cru perdre l'enfant. Nourri au biberon, assis à 17 mois, marche à 25 mois, premiers mots à 2 ans et premières phrases à 3 ans 1/2 avec petit défaut de langage, Antoine est élevé en Algérie chez sa grand-mère, puis mis en nourrice à 2 ans où il s'adapte bien. Depuis le remariage de sa mère il rentre en France. Une crise avec perte de connaissance et chute apparaît à 5 ans, Un traitement au gardénal n'obtient aucun résultat. Il a alors une dizaine de petites absences par jour, sans prodrome ni phase post-critique, sans résolution du tonus. Il est très agité, taquine les autres enfants, mais reste très affectueux avec sa mère.

L'observation le révèle maladroit, d'un comportement hypomane avec rapidité des associations et incapacité à fixer son intérêt. A l'école il cherche à attirer l'attention jusqu'à se rouler par terre, mais il n'a d'intérêt que pour le jeu et ne sait pas rester en place. Il a une bonne adaptation motrice dans l'utilisation des jouets, mais cherche à éviter toute activité proposée, même ludique, seulement capable de mimétisme verbal et gestuel.

A l'E.E.G. le tracé spontané est un peu lent, mais sans perturbations majeures. Cependant l'hyperpnée très active fait apparaître à plusieurs reprises des crises électriques généralisées dont l'aspect se rapproche du petit mal comitial.

EXAMEN PSYCHOLOGIQUE

Comportement

Antoine n'apparaît pas d'emblée instable, mais son attention n'est captée que dans la mesure où les tâches varient souvent et ne le rebutent pas. En échange de sa participation il cherchera de plus en plus à obtenir soit de la nourriture, soit de jouer à des jeux agressifs. Il cède devant une attitude ferme, mais sa revendication émerge à nouveau comme une défense devant des situations anxiogènes.

Des moments d'absence, ne durant que quelques instants, surviennent parfois, sans pour autant gêner la passation des épreuves dont les consignes sont au besoin répétées. Pendant les tests projectifs ils semblent être en rapport avec certains chocs, probablement utilisés aussi comme défense en un registre psychosomatique.

Dans l'ensemble le contact est possible, mais la relation reste pauvre, modulée par ces traits.

L'examen comporte d'abord la passation d'une épreuve de niveau, le **Terman-Merrill** (1), à la suite de laquelle la ligne de poursuite du bilan sera décidée.

TERMAN-MERRILL

Extrait du protocole de passation :

Vocabulaire (Epreuve de sondage) (2)

—	Orange	Ça arrange l'école.
+/—	Enveloppe	Pour envelopper quelque chose.
+	Paille	Pour donner au cheval.
+	Flaque	Pour donner à boire.
+	Taper	Quand on est méchant (mime).
+	Robe	Pour s'habiller.
+	Cils	C'est aux yeux (montre).
—	Rugissement	Je sais pas.
+	Griller	Du pain.
—	Museau	Pour se laver la figure.
—	Hâte	Je sais pas.
+	Furieux	Quand on est méchant.
—	Flacon	On boit.
—	Habile	On met une pile dans un poste (le mot est répété et obtient la même réponse).
—	Jongleur	Je sais pas.
—	Châtain	Des marrons.
+	Sieste	Dormir.
	Les mots suivants sont échoués.	

Normes	VI ans	5 définitions
	VIII ans	8 —
	X ans	11 —

(1) En raison de la demande de niveau d'adaptation scolaire exprimée par le médecin à la vue des problèmes de comportement à l'école, et en raison de l'âge et de l'instabilité d'Antoine, c'est le **Terman-Merrill**, forme L, qui est proposé à l'enfant. Cf. Epreuves à facteurs intellectuels dominants, p. 52.

(2) Cf. p. 53.

Forme L

FEUILLES D'INTERROGATOIRE DU TEST TERMAN-MERRILL
conformes aux éditions révisées et réétalonnées

Adaptation française de Félix CESSELIN

NOM : .... Prénom : Antoine .... Date : 10.11.71

Date de naissance : 9.5.65 .... Age : 6 ans 6 mois

Age de base : 4;6 .... + 19 mois supp. = Age mental : 6;1 .... Q. I. : 93

IV ANS 1/2

(6 tests 1 mois ou 4 tests 1 mois 1/2)

+ 1 — Comparaisons esthétiques (3 sur 3).

+ 2 (*) Répéter 4 chiffres : 4-7-2-9 ; 3-8-5-2 ; 7-2-6-1 (1 sur 3).

+ 3 (*) Figures semblables et différentes (3 sur 5).

+ 4 — En quoi est-ce fait : chaise, robe ; chaussure (2 sur 3).

+ 5 (*) 3 commissions :
- crayon sur la chaise
- fermer la porte ;
- apporter la boîte.

(3 sur 3).

+ 6 (*) Analogues opposés :
- Un frère est un garçon ; une sœur est une. fille
- Une table est faite en bois ; un carreau en. verre
- Un oiseau vole, un poisson. nage
- Le bout d'une canne est arrondi ; le bout d'un couteau est. pointu
- Un centimètre est court ; un kilomètre est. long

(2 sur 5).

Supplément : Comme à IV, 4 (4 sur 6).

V ANS

(6 tests 1 mois ou 4 tests 1 mois 1/2)

+ 1 (*) Figure à compléter : bonhomme (2 points).

+ 2 — Papier plié en triangle.

+ 3 (*) Définitions : balle +, chapeau +, fourneau — (2 sur 3).

+ 4 — Copier un carré (1 sur 3 essais).

— 5 (*) Souvenir des phrases 2e degré :
- Jeanne va construire un grand château dans le jardin.
- Paul s'amuse à jouer au ballon avec sa sœur

(1 sur 2).

+ 6 (*) Compter 4 objets : cubes — perles — pièces (2 sur 3).

Supplément : Faire un nœud avec un lacet.

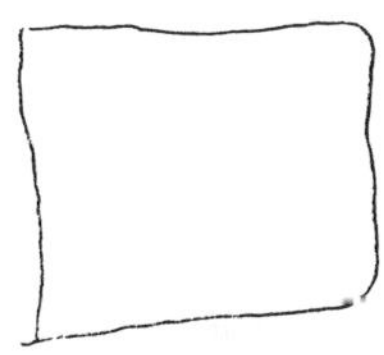

VI ANS

(6 tests 2 mois ou 4 tests 3 mois)

+ 1 (*) Vocabulaire (5 plus).

— 2 (*) Enfilage de 7 perles de mémoire (Vision 5 secondes. Exécution 2 minutes). 7 perles sans ordre

+ 3 — Lacunes des images : brouette — chaussure — théière — lapin — gant (4 sur 5).

+ 4 (*) Conception du nombre : Donne-moi 3 cubes 9, 5, 7 (3 sur 4).

+ 5 (*) Images semblables et différentes (5 sur 5).

— 6 — Labyrinthe : 3 positions (2 sur 3). (Cf. page précédente.)

VII ANS

(6 tests 2 mois ou 4 tests 3 mois)

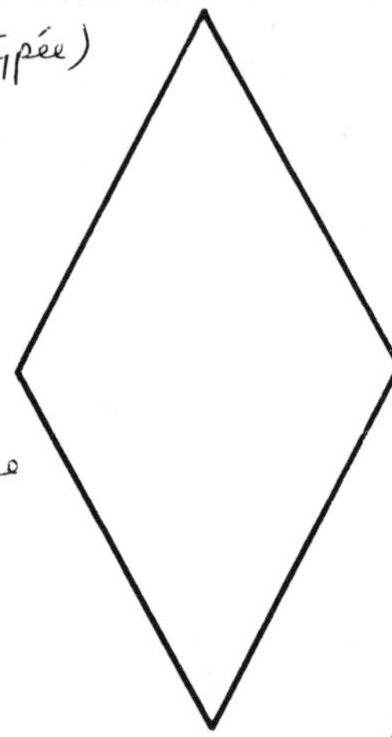

– 1 — Figures absurdes (3 sur 4). C'est à l'envers (réponse stéréotypée)

– 2 (*) Ressemblances : bois-charbon ; pomme-pêche ; bateau-auto ; fer-argent.
(2 sur 4).

\+ 3 (*) Copier un losange (2 sur 3 essais).

4 — Compréhension 3ᵉ degré. Que dois-tu faire :

– — Lorsque tu as cassé quelque chose qui appartient à quelqu'un d'autre ? je sais pas

— Lorsque tu es en route pour l'école et que tu vois que tu pourrais être en retard ? je sais pas

— Si un autre garçon (ou fille) te donne un coup sans le faire exprès ? je le redonne
(2 sur 3).

\+ 5 (*) Analogues opposés. Cf. IV 1/2, 6 (5 sur 5).

– 6 (*) Répéter 5 chiffres : 3-1-8-5-9 ; 4-8-3-7-2 ; 9-6-1-8-3
(1 sur 3).

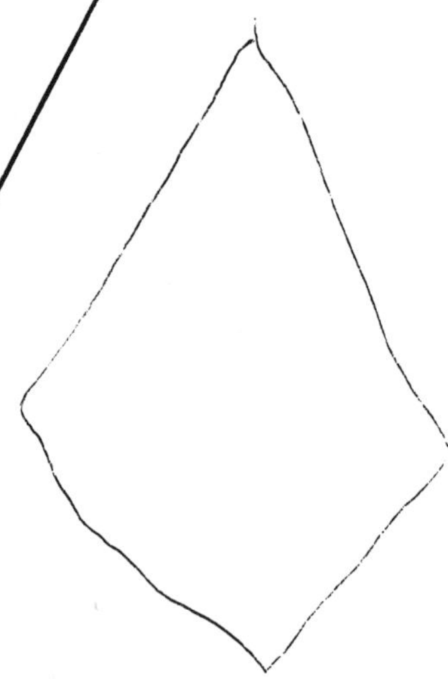

VIII ANS

(6 tests 2 mois ou 4 tests 3 mois)

\+ 1 (*) Vocabulaire (8 plus).

2 — Souvenir d'une histoire :

– — Quel est le titre de cette histoire ?

— Comment s'appelle le frère de Jacqueline ?

— Où vivaient-ils ?

— Qui leur donna le petit âne ?

— Que fit le petit âne ?

— Qu'arriva-t-il ?
(5 sur 6).

– 3 (*) Phrases absurdes 1ᵉʳ degré :

a) Jeune homme qui s'est enfermé lui-même. il peut plus bouger

b) Auto sans roue. je sais pas

c) Les deux coups de feu. je sais pas

d) Nombre de wagons au train.

(3 sur 4).

– 4 (*) Ressemblances et différences : balle — orange ; avion — cerf-volant ; océan — rivière ; table — chaise (3 sur 4).

5 (*) Compréhension 4ᵉ degré :

– — Qu'est-ce qui fait avancer un bateau à voiles ? des rames

— Si quelqu'un te demande son chemin dans une ville que tu ne connais pas ? il se trompe

— Si tu trouves dans la rue un bébé de 3 ans perdu ? (2 sur 3). il pleure

6 — Souvenir de phrases 3ᵉ degré :

– — Alfred demande à son père de l'emmener voir les clowns au cirque.

— Pierre a fait un beau bateau de bois avec son canif pointu.
(1 sur 2).

La *passation* du **Terman-Merrill**, bien indiquée dans le manuel (1) est censée être connue. Notons cependant que la cotation du Vocabulaire a été assez large, la définition par l'utilisation ayant le plus souvent suffi. Lorsqu'il était possible d'hésiter pour la cotation (+/—), le niveau final a permis de trancher. Même si l'on ajoutait une réussite aux huit définitions déterminant un niveau de 8 ans, cela ne suffisait pas pour atteindre les onze définitions nécessaires pour le niveau de 11 ans.

Ayant donc réussi le Vocabulaire, épreuve de sondage, à un niveau de 8 ans, la règle de passation du test voudrait que les épreuves proposées commencent alors à 8 ans. Or Antoine n'a que 6 ans 1/2, et nous savons que les épreuves de 8 ans comportent un certain nombre d'épreuves de type conceptuel. Les lui donner d'emblée risquerait alors de le confronter à d'éventuels échecs inutiles. C'est pourquoi l'examinateur n'a pas tenu compte, dans ce cas, de l'épreuve de sondage et a commencé la passation avec les épreuves de 6 ans, année de l'âge réel d'Antoine.

Mais Antoine n'a réussi toutes les épreuves proposées en reculant progressivement qu'à un niveau de 4 ans 1/2. Au delà, il n'a réussi que l'épreuve de Vocabulaire de 8 ans, passée en sondage avant l'ensemble du test.

Pour la *cotation*, un tableau peut aider les débutants :

Ages	Nombre de réussites	Valeur en mois	Total
Base			4 ans 6 mois
5 ans	5	1	5
6	4	2	8
7	2	2	4
8	1	2	2
			6 ans 1 mois

ANALYSE DES RÉSULTATS	COMPTE-RENDU
L'âge mental obtenu est légèrement inférieur à l'âge réel. Le Q.I. reste dans les limites du niveau moyen d'efficience intellectuelle.	Le niveau d'efficience intellectuelle obtenu au **Terman-Merrill** reste dans les limites de la moyenne.
La dispersion s'étend de 4 ans 1/2 à 8 ans, ce qui, au **Terman-Merrill**, n'est pas significatif. Statistiquement l'âge réel d'Antoine correspond à la réussite de toutes les épreuves de la sixième année plus six mois au delà, soit trois épreuves équivalant chacune à deux mois à partir des épreuves de la septième année.	La dispersion s'étend de 4 ans 1/2 à 8 ans, manifestant une certaine hétérogénéité des résultats, mais sans être pathologique pour autant.
Antoine réussit trois épreuves valant chacune deux mois à partir de 7 ans. Ses échecs se situent donc parmi les épreuves qu'il serait censé réussir, en deça de son âge réel.	Les échecs se situent parmi les épreuves qu'Antoine serait censé réussir, d'un niveau inférieur à son âge réel.

(1) Cf. p. 52 note 1.

ANALYSE DES RÉSULTATS	COMPTE-RENDU

L'analyse détaillée de la dispersion peut s'effectuer à partir d'un tableau récapitulant les échecs des épreuves avant la septième année et des réussites à partir de celle-ci. A 7 ans, on ne peut a priori distinguer parmi les six épreuves les trois qui devraient être réussies. L'analyse devra donc finement tenir compte des réussites comparées aux échecs.

Les réussites au delà de son âge réel sont pratiquement nulles, mais ceci est en rapport avec le type de test passé.

Age	Echecs	Réussites
5 ans	Souvenir de phrases	
6 ans	Enfilage de 7 perles de mémoire	
	Labyrinthe	
7 ans	Figures absurdes	Copier un losange
	Ressemblances	Analogues opposés
	Compréhension	
	Répéter 5 chiffres	
8 ans		Vocabulaire

- Sont échouées trois épreuves de mémoire visuelle ou auditive, le niveau d'âge des deux premières les rendant plus significatives. On ne note par ailleurs aucune réussite à ce type d'épreuve au delà de l'âge de base.

A l'enfilage de 7 perles Antoine se souvient du nombre de perles, mais non des formes différentes qu'il semble n'avoir même pas observées. Il réussit donc l'épreuve de 3 ans, enfilage de 4 perles non differenciées. Ce serait ainsi à mettre plus probablement en rapport avec une immaturité et des difficultés d'attention qu'avec des troubles mnésiques proprement dits.

L'analyse des échecs dans l'intervalle de dispersion témoigne d'abord de difficultés mnésiques que l'on peut mettre en rapport avec les difficultés d'attention signalées dans l'anamnèse. Il pourra être utile d'en vérifier la portée par des examens complémentaires (1).

- L'échec au Labyrinthe est dû à la non-compréhension de la consigne orale qui a pourtant été répétée et nuancée. Après la passation du test, une démonstration commentée rapidement sur le premier modèle suffit à vérifier qu'à partir du support perceptif la réussite aux autres modèles est immédiatement possible.

Antoine reste encore très attaché au perceptif, éprouvant des difficultés dès que le support concret manque.

(1) Cf. Portée diagnostique des échelles de **Wechsler**, pp. 72 et 80.

ANALYSE DES RÉSULTATS	COMPTE-RENDU
• Le **Terman-Merrill** est américain. Chez les enfants français le losange est généralement réussi dès 6 ans et non à 7. De même le vocabulaire est trop facile pour eux et le niveau de 8 définitions correspond plutôt à la 7e année. Ces deux réussites d'Antoine sont donc normales pour ses 6 ans 6 mois d'âge réel.	
• L'épreuve de ressemblance est échouée, alors que celle des analogues opposés est réussie. Cette comparaison correspond bien aux étapes du développement, puisque génétiquement les différences sont perçues avant les ressemblances. Mais ceci confirme l'incapacité actuelle d'Antoine à atteindre la pensée catégorielle mise en jeu dans les ressemblances. De plus cela explique la dispersion quasi-nulle au delà des épreuves de la septième année qui, au **Terman-Merrill**, comportent alors des questions faisant plus appel à l'abstraction, conformément à la genèse de l'intelligence.	La pensée catégorielle n'est pas encore atteinte.
• Le relatif bon sens de quelques réponses aux épreuves de compréhension échouées sont le signe d'une certaine immaturité, peut-être en rapport avec le milieu socio-culturel, mais dans les limites de la normale de son âge réel. Ces nuances manifestent surtout le contraste entre le bon niveau du vocabulaire et l'immaturité légère des mécanismes mis en jeu à compréhension, sans pour autant en augurer un déficit d'adaptation sociale.	L'adaptation sociale est légèrement immature,
• Le bon niveau du vocabulaire manifeste le degré d'investissement du langage (1). Dans leur détail les réponses (2) laissent entrevoir des associations par consonnance mais également la confusion de quelques voyelles ou consonnes (orange/arrange, habile/pile). La compréhension semble parfois phonétiquement proche (châtain/des marrons, pour châtaignes ; flaque : c'est pour donner à boire, alors que flacon : on boit). On ne peut donc interpréter dans un sens pathologique les associations par consonnance avant d'avoir effectué des examens complémentaires du niveau audio-phonétique.	alors que le langage est bien investi. Son niveau paraît même encore sous-estimé, compte tenu de difficultés notamment phonétiques qui nécessiteraient un examen complémentaire. La tendance à l'association par consonnance ou stéréotypie incite également à proposer des tests projectifs avant d'interpréter cet investissement du langage dans un sens relationnel ou manipulatoire (3).

(1) Cf. p. 65 note 4.

(2) Cf. p. 178.

(3) Manipuler le langage comme un objet. Cf. Tomes II et III.

ANALYSE DES RÉSULTATS	COMPTE-RENDU
Par ailleurs la réponse stéréotypée "C'est à l'envers" aux figures absurdes de 7 ans ne peut non plus être immédiatement interprétée en un sens pathologique. On peut d'abord se demander si les difficultés d'attention et un sens de la facilité n'ont pas joué à la fin de la passation du test, cette épreuve n'étant de plus pas toujours très adaptée aux enfants français.	

A la suite des résultats du **Terman-Merrill**, un examen orthophonique sera demandé et des tests projectifs proposés.

CONCLUSION DES TESTS PROJECTIFS

La pauvreté des protocoles contraste avec les capacités intellectuelles d'Antoine. Son retard dans l'investissement de la pensée logique est à mettre en rapport avec l'évitement de la représentation mentale. Celle-ci réactive des éléments fantasmatiques très angoissants liés aux pulsions agressives dont les manifestations restent fixées à un mode oral.

L'incapacité de différencier ou d'organiser le monde autour de lui entraîne Antoine à une attitude constamment défensive, mais tous les mécanismes sont de type primaire et peu efficaces. L'utilisation de réactions défensives de mode psychosomatique, telles que les petites absences, n'est pas à exclure dans ce contexte.

La structuration de la personnalité est très faible, d'un registre pré-psychotique. Mais les manifestations de revendication affective, signes d'une grave carence (1), peuvent néanmoins être considérées comme une demande d'aide.

(1) Nous verrons dans le tome II l'effet régressif de toute atteinte corporelle dans la petite enfance, a fortiori lorsqu'elle est renouvelée comme dans l'épilepsie. Ceci entraîne des besoins affectifs renforcés face auxquels un « maternage » normal s'avère parfois insuffisant.

B - N.E.M.I.

CAS DE BERNARD, 10 ANS 8 MOIS

ANAMNÈSE

Hospitalisé en service de Neuro-psychiatrie infantile pour troubles du comportement tant en milieu familial que scolaire, Bernard a d'abord été amené en consultation pour orientation.

Le père 35 ans est électronicien, apparaît calme et passif, dominé par sa femme, mais sachant se faire obéir par Bernard. La mère, 37 ans, sans profession, est très volubile, mais très tolérante vis-à-vis de son fils et sans aucune autorité sur lui. Bernard a une sœur aînée de 13 ans, la préférée du père et délaissée par la mère. Elle ne pose pas de problème particulier. Il a aussi un frère cadet de 9 ans, qui présente une cardiopathie bien tolérée mais dramatisée par la mère. Il n'avait pas été désiré.

Bernard a été désiré. La grossesse et l'accouchement ont été normaux, mais marche à 15 mois et premiers mots à 2 ans. Comme les autres enfants Bernard a été et est encore énurétique de temps en temps. A la naissance du frère, il manifeste une jalousie intense avec, très petit encore, des souhaits de mort explicites. Dès 2 à 3 ans la mère cède à tous ses caprices, ce qui n'empêche pas de fortes expressions d'agressivité. Les troubles s'aggravent vers 6 ans, âge où il entre à la grande école et où on découvre la cardiopathie du cadet.

Bernard est très coléreux, intenable, il bat les autres à la moindre contrariété. Lorsqu'il bat son frère il va ensuite le consoler. Il fait des bêtises pour se faire punir. On signale de plus de nombreux vols alimentaires chez lui et dans les magasins, des fugues de quelques heures seulement, des mensonges de défense.

Bernard est renvoyé de plusieurs écoles pour agressivité et grossièreté. Considéré comme intelligent, il a de bonnes notes, mais est irrégulier. A 8 ans il est placé à Vitry, mais est rendu aux parents au bout d'un an en étant considéré comme normal. Il se fait ensuite encore renvoyer de deux autres écoles. C'est alors qu'il consulte.

EXAMEN PSYCHOLOGIQUE

Comportement

Bernard apparaît comme un beau petit garçon blond, plein de santé. Pendant les tests il se montre ambivalent. Il oscille sans arrêt entre le désir de se faire accepter et bien voir, donc continuer et réussir, et celui de partir, de rompre la situation.

L'examen comporte d'abord la passation d'une épreuve de niveau, la N.E.M.I. (1), à la suite de laquelle la ligne de poursuite du bilan sera décidée.

N.E.M.I.

Extrait du protocole de passation (pages suivantes).

---

(1) La demande médicale est axée sur son niveau d'adaptation scolaire, motivant le choix de la N.E.M.I. Cf. Epreuves à facteurs intellectuels dominants, p. 55.

FEUILLE DE RÉPONSE

NOUVELLE ÉCHELLE MÉTRIQUE DE L'INTELLIGENCE

par *R. ZAZZO, M. GILLY* et *M. VERBA*

A. SONDAGE

NOM : Bernard
Date : 29. 10. 69

N^{os} des items	SUBTESTS et RÉPONSES			Cotation
(4)(10) (32)54	■ CHIFFRES A L'ENDROIT (1) (1 par seconde)			☒
	6	+	86351 35217 76294	+
	25 74 83	+	386259 — 614375 — 492761 —	—
	359 247 523	+	7316298 4635927 3592671	
	2793 6184 3257	+	83579426	
38-52 68	CHIFFRES A REBOURS (1 par seconde) *Ex.* 927.......			☒
	641 352 837	+	81379 69582 52941	
	8526 — 4937 — 3629 —	—	471952 583694 752618	
(3)(25) 48	■ GRAVURES	1.	Un vieux bonhomme qui s'en va de chez lui avec sa petite fille	Descrip. → Int
		2.	2 vieillards tout seuls dans la rue sur un banc	Descript.
		3.	Un vieux bonhomme chez lui qui regarde par la fenêtre de chez lui	Descript.
(26)	■ LOGIQUE VERBALE 1er degré	a. train	Faut en prendre un autre	+
		b. objet	Acheter un autre	+
		c. frappé	Je sais pas	—

N.B. : ● Épreuves du test BS 1911 n'ayant subi aucune modification, exception faite des changements de niveau.
■ Épreuves du test BS 1911 ayant été modifiées, même légèrement, quelle que soit la nature de la modification (matériel, consigne d'application, critères de cotation).

(1) Il est parfois utile de noter le détail des réponses de l'enfant aux séries échouées pour mieux préciser ses difficultés.

Nos des items	SUBTESTS		RÉPONSES	Cotation
36	■ LOGIQUE VERBALE 2e degré	1. retard	Prendre l'autobus pour arriver à l'heure	+
		2. prendre parti	je sais pas	—
		3. avis	je sais pas	—
		4. juger		
		5. colère		
* (16)	■ COMPTER 4 JETONS			+
* (20)	■ COMPTER 13 JETONS			+
* (27)	■ RÉCOMPENSES (9 POINTS DONT 3 DOUBLES)			+
** 40 49-53 60-67 71	RESSEMBLANCES	*Ex. serpent, vache, moineau*		X
	a. Couteau, fil de fer, pièce de monnaie		C'est en fer	1 pt
	b. Rose, pomme de terre, arbre		je sais pas	0
	c. Livre, instituteur, journal		Ça a du papier tous les 3	0
	1. Carré, cercle			
	2. Heure, semaine			
	3. Musée, cinéma			
	4. Porte, fenêtre			
	5. Agriculture, industrie			
	6. Fusion, combustion			

(1) ** VOCABULAIRE (items n°s 30-35-41-47-56-63-72)

	RÉPONSES		RÉPONSES
1. Un chien	+	24. Une gencive	
2. Un caramel	+	25. Un loquet	
3. Un facteur	+	26. L'aurore	
4. Un bouchon	+	27. Un gendre	
5. Une carotte	+	28. Inerte	
6. Un marteau	+	29. Ployer	
7. Un camion	+	30. Une palissade	
8. L'hiver	+	31. Valide	
9. Un canif	+	32. Un breuvage	
10. Un potage	+	33. Un guéridon	
11. Fainéant	+	34. anoblir	
12. Une jonquille	oiseau 0	35. Restituer	
13. Une diligence	+	36. Narrer	
14. Un flacon	+	37. Urbain	
15. Du gravier	+	38. Jovial	
16. Savoureux	ça sent bon 0	39. Chronique	
17. Furieux	0	40. Soporifique	
18. Une poutre	0	41. Un alanguissement	
19. Ignorer	je sais pas 0	42. Diffamer	
20. Une borne	0	43. Insipide	
21. Une doublure		44. Amender	
22. Achever		45. La philanthropie	
23. Une librairie		46. Rétroactif	

Nombre de mots connus : 14

(1) Pour mieux apprécier la qualité des réponses de l'enfant, leur transcription intégrale est conseillée. Cf. p. 178.

B. SUITE DE L'EXAMEN

Nos des items	SUBTESTS		REPONSES	Cotation
(28)	● DATE DU JOUR	Jour :		
		Quantième :		
		Mois :		
		Année :		+
(29)	■ COMPTER DE 20 A 0 (Temps limite : 25 secondes)			+
(31)	■ MOIS DE L'ANNÉE		Janvier...	+
(33)	■ RENDRE LA MONNAIE			+
34-50 64	■ PHRASES ABSURDES	1. Trois frères	je sais pas	—
		2. Accident	ça n'est pas grave (?) je sais pas	—
		3. Cycliste	guérir, parce qu'il est mort	+
		4. Mariage	je sais pas	—
		5. Vieux monsieur		
		6. Boulanger		
(37)-57 66	COMPTAGE DE CUBES		— — + + + + + + + + + + + +	11

Nos des items	SUBTESTS		RÉPONSES	Cotation
(39)	■ PHRASES EN DÉSORDRE (1 mn par phrase)	1.		+
		2.		+
		3.		—
42	■ DESSIN DE MÉMOIRE (présentation : 10 secondes)		(faire dessiner au dos du cahier)	—
(43)-55 65-74	SÉRIES DE NOMBRES		(faire travailler sur la page ci-contre)	2
44-62 73	INGÉNIOSITÉ	1. 4 l et 7 l - 3 l		—
		2. 8 l et 5 l - 11 l		
		3. 4 l et 9 l - 3 l		
45	■ PARIS - FORTUNE - RUISSEAU		Il y a la fortune de Paris dans le ruisseau (faire écrire au dos du cahier)	—
46-59 70	SÉRIES DE MOTS		(faire travailler sur la page ci-contre)	O
51	CODE		TOUS / TOUS	—

NOUVELLE ÉCHELLE MÉTRIQUE DE L'INTELLIGENCE

par R. ZAZZO, M. GILLY et M. VERBA

FEUILLE DE NIVEAU

NOM :	Date de l'examen : 29.10.69	Dispersion : 30/43 D = 13	Classement gr. d'âge
Prénom : Bernard	Date de naissance : 20.2.59	Total : 35	
Niveau scolaire :	A.R. : 10 ; 8	A.M. : 8 ; 9	Q.I. : ——→ 82

	3e année
	1. Montrer nez, œil, bouche
	2. Nommer clé, couteau, sou
+	**3.** Énumérer une gravure
+	**4.** Répéter 2 chiffres (endroit)
	5. Dire son sexe
	6. Comparer 2 lignes
	7. Donner son nom de famille
	8. Répéter 6 syllabes
	4e année
	9. Comparer 2 poids
+	**10.** Répéter 3 chiffres (endroit)
	11. Répéter 10 syllabes (+)
	12. Jeu de patience
	13. Définition de mots familiers
	14. Copie du carré (+)
	5e année
	15. Comparaisons esthétiques
+	* 16. Compter 4 jetons (+)
	17. Nommer 4 couleurs
	18. Exécuter 3 commissions (+)
	19. Distinguer matin, après-midi, soir
	6e année
+	* 20. Compter 13 jetons (+)
	21. Lacunes de figures (+)
	22. Main droite, œil gauche
	23. Copie du losange (+) (L—)
	24. Deux objets de souvenir
	7e année
+	**25.** Décrire une gravure (L—)
+	**26.** Logique verbale : 1er degré
+	* 27. 9 points dont 3 doubles (+) (L—)
+	28. Date du jour (+) (L—)
	8e année
+	29. Compter de 20 à 0 (+) (L—) (D—)
—	** 30. Vocabulaire, 16 mots (+)
+	31. Énumérer les mois (L—) (D+)
+	**32.** Répéter 5 chiffres (endroit) (—) (D—)
	9e année
+	33. Rendre la monnaie (L—)
—	34. Phrases absurdes, 3 pts (D+)
—	** 35. Vocabulaire, 21 mots (+)
—	**36.** Logique verbale : 2e degré

	10e année
+	37. Comptage de cubes, 10 pts
—	**38.** Répéter 4 chiffres (rebours) (—)
+	39. Phrases en désordre (D—)
—	** 40. Ressemblances, 4 pts (+)
—	** 41. Vocabulaire, 25 mots (+)
	11e année
—	42. Dessins de mémoire (L—) (D—)
+	43. Séries de nombres, 2 pts
—	44. Ingéniosité, 1 sur 3 (+)
—	45. 3 mots en une phrase (D—)
	12e année
—	46. Séries de mots, 3 pts
—	** 47. Vocabulaire, 28 mots (+)
—	**48.** Interpréter une gravure (D+)
—	** 49. Ressemblance, 6 pts (+)
	13e année
—	50. Phrases absurdes, 5 pts
—	51. Code (+)
—	**52.** Répéter 5 chiffres (rebours) (—)
—	** 53. Ressemblance, 8 pts (+)
	14e année
—	**54.** Répéter 7 chiffres (endroit) (—) (D—)
—	55. Séries de nombres, 3 pts
—	** 56. Vocabulaire, 31 mots (+)
—	57. Comptage de cubes, 13 pts
	Supérieur à 14 ans
	58. Faits divers (+) (D+)
—	59. Séries de mots, 4 pts
—	** 60. Ressemblance, 10 pts (+)
	61. Découpage
—	62. Ingéniosité, 2 sur 3 (+)
—	** 63. Vocabulaire, 34 mots (+)
—	64. Phrases absurdes, 6 pts
—	65. Séries de nombres, 4 pts
—	66. Comptage de cubes, 14 pts
—	** 67. Ressemblances, 12 pts
—	**68.** Répéter 6 chiffres (rebours)
—	** 69. Vocabulaire, 37 mots
—	70. Séries de mots, 5 pts
—	** 71. Ressemblances, 14 pts
—	** 72. Vocabulaire, 40 mots
—	73. Ingéniosité, 3 sur 3
—	74. Séries de nombres, 6 pts

Numéros en caractères gras : sondage commun.
* : sondage, épreuves faciles.
** : sondage, épreuves difficiles.
(+) : bonne épreuve de développement.
(—) : mauvaise épreuve de développement.

(D+) : facile pour les débiles.
(D—) : difficile pour les débiles.
(L—) : difficile pour les sujets ayant des difficultés de lecture.

L'enfant a-t-il déjà subi ce test ?

ÉCHELLE D'AGES Ages mentaux en fonction du nombre de points obtenus	
POINTS	**AGES MENTAUX**
8	3 ans
9	3 ans 2 mois
10	3 ans 4 mois
11	3 ans 6 mois
12	3 ans 8 mois
13	3 ans 10 mois
14	4 ans
15	4 ans 2 mois
16	4 ans 5 mois
17	4 ans 7 mois
18	4 ans 10 mois
19	5 ans
20	5 ans 2 mois
21	5 ans 5 mois
22	5 ans 7 mois
23	5 ans 10 mois
24	6 ans
25	6 ans 3 mois
26	6 ans 6 mois
27	6 ans 9 mois
28	7 ans
29	7 ans 3 mois
30	7 ans 6 mois
31	7 ans 9 mois
32	8 ans
33	8 ans 3 mois
34	8 ans 6 mois
35	8 ans 9 mois
36	9 ans
37	9 ans 2 mois
38	9 ans 5 mois
39	9 ans 7 mois
40	9 ans 10 mois
41	10 ans
42	10 ans 3 mois
43	10 ans 6 mois
44	10 ans 9 mois
45	11 ans
46	11 ans 3 mois
47	11 ans 6 mois
48	11 ans 9 mois
49	12 ans
50	12 ans 3 mois
51	12 ans 6 mois
52	12 ans 9 mois
53	13 ans
54	13 ans 3 mois
55	13 ans 6 mois
56	13 ans 9 mois
57	14 ans

La *passation* de la N.E.M.I. est très facilitée par la présentation des épreuves de sondage sur la feuille de réponse. Elles sont regroupées et classées par ordre de difficultés progressives, ce qui permet parallèlement de reporter les numéros des items réussis sur la feuille de niveau. De plus le manuel (1) décrivant la technique d'application est très clair.

Cependant, il est possible d'apporter quelques nuances pour la passation des épreuves de sondage (2). Pour Bernard l'épreuve-clé, passage des "épreuves faciles" aux "épreuves difficiles" est réussie, et il n'y a pas eu d'échec aux autres épreuves "communes" du sondage. On devrait donc passer directement aux "épreuves difficiles".

Or Bernard échoue aux épreuves de sondage de logique verbale 2e degré, item 36, et de répétition de 4 chiffres à rebours, item 38. Il apparaît que, dans ce cas là : item 32 +, item 36 et item 38 —, la passation des "épreuves difficiles" est inutile. L'expérience de Bernard confirme qu'il échoue tant aux Ressemblances qu'au Vocabulaire, épreuves de sondage dites "difficiles".

Il semble que l'épreuve-clé n° 32, répéter 5 chiffres à l'endroit, fasse moins appel à des mécanismes intellectuels que l'item 36, logique verbale 2e degré, et ne soit donc pas seule suffisante pour décider des capacités de l'enfant pour la poursuite de l'examen. On peut en conclure que, quel que soit le résultat à l'item 32, ce soit celui obtenu à l'item 36 qui détermine l'utilité de passer aux épreuves de sondage difficile, son échec équivalant à une inutilité. L'item 32 détermine plutôt l'utilité de continuer ou non la passation des autres épreuves faciles, sa réussite permettant de passer directement aux épreuves de sondage difficile, si toutefois l'item 36 est bien entendu réussi. Ce n'est donc pas l'âge qui est déterminant (l'item 32 est statistiquement réussi à la fin de la huitième année, l'item 36 à la fin de la neuvième année). mais la mise en jeu de mécanismes intellectuels proprement dits.

A la fin des épreuves de sondage, ayant donc proposé à mauvais escient les épreuves de sondage difficile, il y avait déjà un échec à la huitième année. La première épreuve offerte ensuite à Bernard a ainsi été l'item 28 de la septième année, qui a été réussi. La poursuite de l'examen s'est donc effectuée dans un sens progressif jusqu'à l'obtention de huit échecs successifs, ce qui a obligé à faire passer les épreuves jusqu'à l'item 51 inclus.

La *cotation* est également très simplifiée. Au nombre global de 35 réussites correspond l'âge mental de 8 ans 9 mois, conformément au tableau inscrit au verso de la feuille de niveau. Le Q.I. type **Stern** obtenu par Bernard est de 82. On ne peut le classer en fonction de son groupe d'âge réel, puisque les calculs normatifs n'ont été effectués que pour les âges de 12 et de 14 ans, alors que Bernard a 10 ans 8 mois.

L'indice de dispersion, D = R — E, se calcule en faisant la différence entre le numéro de l'item de la dernière réussite avec celui du premier échec. Ici D = 43 — 30 = 13.

---

(1) **Zazzo** (R.), **Gilly** (M.) et **Verba-Rad** (M.). *Nouvelle Echelle Métrique de l'Intelligence.* Armand **Colin**, 1966, tome 2.

(2) d°, p. 10.

ANALYSE DES RÉSULTATS	COMPTE-RENDU
Le retard d'efficience intellectuelle est de deux ans. Le Q.I. est inférieur à la zone moyenne, mais néanmoins bien au-dessus de la zone de déficience. Le tableau XIII du manuel (1) situe le résultat global obtenu un peu en-dessous du quartile inférieur des enfants de dix ans, très proche d'un écart-type de la moyenne de ces enfants.	Le résultat global situe Bernard à un niveau médiocre d'efficience intellectuelle tout en restant proche des limite du normal.
L'analyse de la dispersion peut s'effectuer par rapport aux résultats des enfants de même âge réel et de même âge mental.	
Pour Bernard, D = 13. Par rapport aux enfants de même âge réel, le tableau XVIII (2) le situe comme très légèrement supérieur au quartile inférieur des enfants de dix ans, supérieur à la médiane des enfants de 9 ans. Or c'est à 9 ans que le saut effectué par l'indice du groupe d'étalonnage, auquel Bernard est donc comparé, manifeste les réussites à des items supérieurs supposant la mise en œuvre de la pensée préformelle.	L'indice de dispersion le situe dans le quartile inférieur des enfants de dix ans d'âge réel et à la médiane des enfants de neuf ans d'âge mental, ce qui le valorise légèrement par rapport à son résultat global et permet de supposer que l'atteinte de la pensée préformelle est ébauchée.
Par rapport aux enfants de même âge mental, le tableau XIX (3) situe l'indice de Bernard à la médiane de 9 ans, confirmant ainsi le franchissement d'une étape. Mais seule l'analyse qualitative pourra confirmer s'il s'agit bien du premier saut vers la pensée conceptuelle, en fonction de la nature des réussites.	
L'analyse qualitative des items situés dans l'intervalle de dispersion peut être facilitée par l'établissement d'un tableau les récapitulant :	

Ages	Echecs	Gén.	Sc.	Ab.	G
8 ans	n° 30. Vocabulaire	+	+		+
9 ans	n° 34. Phrases absurdes		+		
	n° 35. Vocabulaire	+	+		+
	n° 36. Logique verbale				
10 ans	n° 38. Répéter 4 chiffres rebours	—			
	n° 40. Ressemblances	+	+		+
	n° 41. Vocabulaire	+	+		+
11 ans	n° 42. Dessins de mémoire				

(1) d°, tome 1, p. 104.

(2) d°, tome 1, p. 112.

(3) d°, tome 1, p. 114.

ANALYSE DES RÉSULTATS	COMPTE-RENDU

Si l'on consulte le verso de la feuille de niveau, on constate qu'à 10 ans 8 mois Bernard aurait dû atteindre l'item 43. Les items analysés doivent donc comprendre les échecs situés jusqu'à cet item inclus et les réussites situées au delà. Or, l'item 43 est justement la dernière réussite de Bernard.

Pour chaque item analysé on peut noter plusieurs facteurs :

— Sa valeur *génétique* : la feuille de niveau comporte un signe (+) ou (—) indiquant après chaque épreuve si elle est une bonne ou une mauvaise épreuve de développement. Le report de ce signe dans une colonne prévue sur le tableau ci-dessus permet une lecture rapide de la valeur génétique des échecs de Bernard. On ne peut malheureusement que voir ici la confirmation de son immaturité puisque la moitié des épreuves échouées sont de bonnes épreuves de développement.

— Sa valeur *scolaire* : il n'existe pas d'étude de la valeur scolaire d'une épreuve. Cependant, le tableau XX (1) donne les corrélations entre les résultats par âges aux différentes épreuves et le résultat global à l'échelle, résultat que l'on sait par ailleurs fortement corrélé avec la réussite scolaire. On peut donc supposer que les épreuves qui auront dans ce tableau un fort coefficient de corrélation seront également bien corrélées avec la réussite scolaire. Le report de ces épreuves pour l'âge de dix ans sur le tableau d'analyse de Bernard permet à nouveau de constater le nombre important d'échecs correspondant à ce critère.

— Sa valeur de mise en jeu de la pensée logique *abstraite* : on a déjà vu que ces épreuves se situent à partir de la 9e année (2), donc dans l'intervalle de dispersion analysé pour Bernard. Or on constate que ces épreuves sont réussies par Bernard.

— Sa saturation en *facteur général* de réussite (3) : d'après la liste établie, on peut constater qu'ici encore la moitié des échecs comporte ce type d'épreuves.

L'analyse des épreuves situées dans l'intervalle de dispersion confirme cette ébauche, puisqu'aucune épreuve mettant en jeu la pensée logique abstraite correspondant à son âge réel n'est échouée. Mais c'est dans la représentation symbolique des chiffres que Bernard semble le plus à l'aise, alors que la pensée catégorielle n'est pas encore assimilée.

Cependant, alors qu'aucune épreuve supérieure à son âge réel n'est réussie, les échecs concernent des épreuves qu'il serait censé réussir. Leur valeur génétique et leur saturation en facteur scolaire et facteur G manifeste l'immaturité et la portée réelle du Q.I. obtenu.

(1) d°, tome 1, p. 120.

(2) d°, tome 1, p. 115.

(3) d°, tome 1, p. 119.

ANALYSE DES RÉSULTATS	COMPTE-RENDU
Le manuel comporte un chapitre sur la signification de chaque épreuve (1). On constate ainsi que les épreuves échouées mettent en jeu différents mécanismes (2) :	La nature des échecs fait également ressortir les difficultés d'adaptation pratique et sociale, d'attention et de concentration, d'expression verbale. Le facteur spatial et la capacité mnésique seraient à examiner plus à fond.

— Vocabulaire : Aptitude à apprendre, étendue générale des idées, information, *expression verbale.*

— Phrases absurdes : Jugement, bon sens, *intelligence sociale.*

— Logique verbale : *Intelligence sociale,* logique de la situation, *expression verbale.*

— Répéter des chiffres à rebours : *attention,* représentation mentale.

— Ressemblances : *attention*, sentiment conscient de la ressemblance, esprit d'observation, *pensée catégorielle.*

— Dessins de mémoire : *attention, concentration*, mémoire visuelle, perception, *facteur spatial*, possibilité d'analyse et de synthèse.

Nous avons souligné les facteurs qui, dans cette description, semblent les plus cohérents avec le style des réponses et le comportement de Bernard que nous verrons ensuite, ainsi qu'avec les données de l'anamnèse déjà entrevues.

Par ailleurs, la représentation mentale nous paraît ici moins impliquée, puisqu'il se trouve très à l'aise dans la représentation symbolique des chiffres et le calcul mental (cf. en particulier l'item 43. Série de nombres), que l'attention et la concentration. Celles-ci pourraient être également en jeu dans l'échec aux dessins de mémoire, mais ne suffisent sans doute pas à l'expliquer totalement. L'étude du facteur spatial, ainsi que celle de la capacité mnésique, nécessitent un approfondissement.

Le *style des réponses* reflète également l'immaturité et les difficultés d'expression verbale. Si la pensée catégorielle n'est pas assimilée alors même que les ressemblances sont bien perçues à un niveau primaire, les capacités d'abstraction s'avèrent au contraire

(1) d°, tome 1. pp. 123 et sq.

(2) Cf. le style des réponses, ci-dessous.

ANALYSE DES RÉSULTATS	COMPTE-RENDU
bien ébauchées pour son âge lorsqu'il s'agit de représentation symbolique chiffrée et de calcul mental, toutes les épreuves de ce type étant réussies jusqu'au niveau de son âge réel, et rapidement réussies.	
Son *comportement* a sur ce test un impact révélé par ses difficultés d'attention et de concentration, son ambivalence manifestée par un désir de plaire ou au contraire de provoquer la rupture immergeant parfois le contrôle immédiat de la situation.	L'observation comportementale confirme l'immaturité affective qui nécessiterait une étude plus approfondie.

La poursuite de l'examen comprendra :

— l'étude de l'organisation perceptivo-motrice, qui révélera un niveau de développement moteur de 8 ans 6 mois, identique dans ce retard global de deux ans à celui du niveau d'efficience intellectuelle. Par ailleurs on constate un blocage de la coordination oculo-grapho-motrice à un âge de deux ans 1/2 environ, âge de la naissance du frère.

— l'étude des capacités mnésiques, également restées très immatures.

— l'étude de la personnalité à travers des épreuves projectives.

CONCLUSION DES TESTS PROJECTIFS

La pauvreté de la fantasmatisation, la résolution de l'anxiété par des passages à l'acte impulsifs, l'absence de culpabilité intériorisée avec des tentatives d'annulation de type masochiste, manifestent les risques de psychopathie ou de caractéropathie sur un fond fragile immature. L'image maternelle est très investie et érotisée sur un mode oral, la problématique fixée à un niveau d'identité très archaïque où l'identification primaire n'est pas encore atteinte. Cependant le besoin d'expression verbale et agie ainsi qu'une recherche fragile de surmoi extérieur et de séduction pourraient servir d'étayage à une aide, éventuellement psychodramatique.

C - ÉCHELLES DE WECHSLER

1er CAS : GASTON, 13 ans

ANAMNÈSE

Gaston est amené en consultation pour difficultés scolaires mal tolérées par sa famille. Son père, 35 ans, est ingénieur. Sa mère, 32 ans, a travaillé comme infirmière et ne travaille plus depuis la naissance du troisième enfant. Gaston a un frère de 11 ans 6 mois et une sœur de 7 ans qui ne posent pas de problèmes apparents.

La grossesse et l'accouchement ont été normaux, mais Gaston a été attendu avant le mariage. Il a été élevé dans des conditions difficiles car ses parents travaillaient alors tous les deux et pendant les sept premiers mois il a été confié au hasard. Il vomissait alors ses biberons au retour de sa mère. A sept mois il a été confié à sa grand-mère paternelle et a tout de suite grossi. Assis à 8 mois, marche à 17 mois, il est actuellement de petite taille.

Depuis qu'il est tout petit il a des difficultés d'endormissement. Il est parfois très angoissé, tout lui pèse, le fait pleurer, il ne se sent pas à l'aise chez lui, disant qu'il n'y trouve pas sa place. Le dimanche il ne veut ni se lever, ni se laver, ni manger, mais il va manger seul entre les heures des repas. Hors de chez lui tout va bien, surtout en groupe. Il n'aime cependant que des camarades plus âgés que lui, bien qu'assez puérils. Pour l'action il est très réfléchi, très prudent bien que non timoré. Il aime beaucoup le sport en général, fait du rugby. Il aime beaucoup la musique et a facilement appris le solfège.

Les classes de 11e et de 10e ont été mauvaises. En 10e on lui découvre des troubles de latéralité avec grosses difficultés de lecture, confusion des lettres symétriques, orthographe aberrante. Cependant le père exige que ses enfants soient en avance et fait sauter sa 8e à Gaston "pour faire comme son frère". Ensuite Gaston a dû redoubler la 6e et, étant actuellement en 5e, il doit également la redoubler. Le Directeur du Lycée estime qu'il ne peut pas suivre la scolarité. Le conseil de classe, dont son père fait partie, "a été catastrophique", dit la mère.

Il ne réussit en aucune matière, n'aime pas lire car, dit-il, il a oublié le début de la ligne, à gauche, lorsqu'il arrive à la fin, à droite. Il relie lui-même ses difficultés de mémoire et ses troubles de latéralité. Il a des difficultés extrêmes en dessin. Il fait cependant énormément d'efforts, particulièrement en maths, mais il travaille beaucoup sans obtenir de résultat. Il voudrait briller aux yeux de son père, rêve qu'il est premier pour lui. Les parents pensent que tout provient de ce qu'il oublie très vite ce qu'il apprend.

Le père, rigide, voit en Gaston l'image de son propre père qu'il n'estimait pas car il était "sans ambition" et se trouvait en position d'infériorité devant sa femme. Le père de Gaston lui préfère son frère qui réussit et adore sa fille. Il traite souvent Gaston, pourtant très angoissé de l'avis de son père, de pauvre type. La mère, plutôt passive, se sentait très inférieure à son mari, telle que lui-même souhaitait qu'elle soit pour ne pas ressembler au couple de ses parents. Mais elle commence à reprendre un peu d'ascendant. Elle comprend Gaston mais n'ose pas intervenir pour lui devant son père. Le père, autrefois très opposé à une consultation psychologique, a finalement accepté celle-ci.

EXAMEN PSYCHOLOGIQUE

Comportement

D'aspect fin et menu, Gaston est d'emblée très coopérant. Il accepte avec une pointe d'humour la passation fastidieuse des tests. Sa demande d'aide est discrète mais certaine. Il semble étonné et heureux de constater ses réussites aux épreuves de mémoire. Mais aux épreuves de dessin, qu'il estime à l'avance ne pouvoir réussir, sa réticence se manifeste par une négligence qui contraste fortement avec son désir général de très bien faire.

L'examen comporte d'abord la passation d'une épreuve de niveau intellectuel, la **W.I.S.C.** (1), à la suite de laquelle la poursuite du bilan demandé par le médecin consulté sera décidée. Des projectifs sont de toutes façons prévus.

W.I.S.C.

Extrait du protocole de passation :

	Note pondérée	Q.I.
Echelle verbale	63	117
Echelle de performance	61	117
Ensemble	124	119

	Note brute	Note pondérée	
TESTS VERBAUX			
Information	18	10	—
Compréhension	15	12	0
Arithmétique	10	8	— —
Similitudes	22	18	+++
Vocabulaire			
(Mémoire chiffres)	13	15	+
Total des Tests Verbaux		63	
TESTS DE PERFORMANCE			
Compl. d'images	20	17	+++
Arrang. d'images	35	13	0
Cubes	35	10	—
Assemblage d'objets	23	10	—
Code	47	11	0
(Labyrinthes)			
Total Tests de Performance		61	

(1) Une échelle de **Wechsler** a été choisie pour répondre à la demande de bilan général. La **W.A.I.S.** aurait pû être proposée puisqu'à partir de 13 ans elle a été très bien étalonnée en France. Mais seul le matériel de la **W.I.S.C.** était alors disponible.

1.	INFORMATION		Note
1	OREILLES		1
2	PATTES		1
3	DOIGT		1
4	ANIMAL — LAIT		1
5	BOUILLIR — EAU		1
6	MAGASIN — SUCRE		1
7	OBJETS — PAIRE		1
8	JOURS — SEMAINE		1
9	SAISONS — ANNÉE		1
10	MOIS — ANNÉE		1
11	DÉCOUVERT — AMÉRIQUE		1
12	KILOS — QUINTAL	10	0
13	ESTOMAC		1
14	COUCHER — SOLEIL		1
15	HUILE — FLOTTE	grasse	0
16	P.T.T.	P. Transport-T.	0
17	LES MISÉRABLES	–	0
18	BAROMÈTRE		1
19	COULEUR — RUBIS		1
20	MONT-BLANC	8.400	0
21	FÊTE DU TRAVAIL	11. 11	0
22	CAPITALE — GRECE		1
23	CHILI	–	0
24	DUNKERQUE — BAYONNE	–	0
25	TAILLE — FRANÇAIS		1
26	HIEROGLYPHE		1
27	PORCELAINE	terre cuite	0
28	T.S.F.	–	0
29	S.G.D.G.	–	0
30	TANIN	–	0
			18

2.	COMPRÉHENSION	Note
1	COUPÉ — DOIGT se soigner - avec de l'alcool	1
2	PERDU — BALLE (POUPÉE) aller la rechercher ou lui rembourser	1
3	PAIN — BOULANGER aller chez un autre boulanger	2
4	SE BATTRE le calmer pour ne pas se battre avec lui, je risquerais de lui faire mal	2
5	TRAIN — RAILS essayer de l'avertir ou de courir à la gare pour faire avertir le chauffeur, pour qu'il arrête le train, en lui faisant des signes avec les bras	2
6	MAISONS — BRIQUES moins de chance que ça brûle, plus solide, plus étanche	2
7	CRIMINELS pour pas qu'ils recommencent à tuer d'autres gens, ils sont dangereux	1
8	FEMMES — ENFANTS ce sont ceux qui ont le moins de chance de se sauver, les moins forts physiquement	1
9	CHARITÉ — MENDIANT Y en aura pour un peu plus de gens	0
10	LETTRES RECOMMANDEES + vite, pour parvenir plus rapidement	0
11	COTON — VÊTEMENTS + solide et + léger	2
12	PROMESSE pour tenir sa parole, ne pas démentir ce qu'on a dit	1
13	ADMINISTRATION — CONCOURS faut avoir fait beaucoup d'études, ils servent à voir si on est capable, pour que tout le monde ne puisse pas passer	0
14	DÉPUTÉS s'occupent d'un environnement assez précis, pour qu'ils dirigent les affaires de cet environnement	0

Observations : 15

3. ARITHMÉTIQUE		
Problème	Réponse	Note
1 45″		1
2 45″		1
3 45″		1
4 30″		1
5 30″		1
6 30″		1
7 30″		1
8 30″		1
9 30″		1
10 30″		0
11 30″		1
12 60″	+ de 60″ bon	0
13 30″	–	0
14 60″	bon + de 60″	0
15 120″	–	
16 120″		
lenteur		10

TEST DE PERFORMANCE SUPPLÉMENTAIRE

LABYRINTHES			
Test	Max. Erreurs	Erreurs	Note
A 30″	2		
B 30″	2		
C 30″	2		
1 30″	3		
2 45″	3		
3 60″	5		
4 120″	6		
120″	8		

Observations :

TEST VERBAL SUPPLÉMENTAIRE

MÉMOIRE DES CHIFFRES			
Ordre normal		A rebours	
(3)	3-8-6 + 6-1-2	(2)	2-5 + 6-3
(4)	3-4-1-7 + 6-1-5-8 — 8	(3)	5-7-4 + 2-5-9 — 5
(5)	8-4-2-3-9 + 5-2-1-8-6	(4)	7-2-9-6 + 8-4-9-3
(6)	3-8-9-1-7-4 + 7-9-6-4-8-3	(5)	4-1-3-5-7 – 9-7-8-5-2 +
(7)	5-1-7-4-2-3-8 + 9-8-5-2-1-6-3	(6)	1-6-5-2-9-8 – 3-6-7-1-9-4 –
(8)	1-6-4-5-9-7-6-3 – 2-9-7-6-3-1-5-4 +	(7)	8-5-9-2-3-4-2 4-5-7-9-2-8-1
(9)	5-3-8-7-1-2-4-6-9 – 4-2-6-9-1-7-8-3-5 –	(8)	6-9-1-6-3-2-5-8 3-1-7-9-5-4-8-2
			13

Observations :

4. SIMILITUDES	Note
1 CITRONS — MIEL	
2 MARCHE — LANCE	
3 GARÇONS — FILLES	
4 COUTEAU — MORCEAU DE VERRE	4
5 PRUNE — PÊCHE	2
6 CHAT — SOURIS	2
7 PIANO — VIOLON	2
8 BIÈRE — VIN	2
9 CISEAUX — CASSEROLE	2
10 PAPIER — CHARBON	2
11 KILO — MÈTRE	2
12 PREMIER — DERNIER placement	1
13 MONTAGNE — LAC	2
14 SEL — EAU repas	1
15 LIBERTE — JUSTICE loi - jugement	0
16 49 — 121 nombres	0
	22

(1) Cf. note 1, p. 188.

6. COMPLÈTEMENT D'IMAGES	Note
1 PEIGNE	1
2 TABLE	1
3 RENARD	1
4 FILLE	1
5 CHAT	1
6 PORTE	1
7 MAIN	1
8 CARTE	1
9 CISEAUX	1
10 VESTE	1
11 POISSON	1
12 VIS	1
13 MOUCHE	1
14 COQ	1
15 PROFIL	1
16 THERMOMÈTRE	1
17 CHAPEAU	1
18 PARAPLUIE	1
19 VACHE	1
20 MAISON	1
	20

7. ARRANGEMENT D'IMAGES				
Série			Ordre	Note
A CHIEN	75''			
B MÈRE	75''			
C TRAIN	60''			
D BASCULE	45''			8
(COMBAT)				
1 FEU	45''	10''	+	6
2 VOLEUR	45''	6	+	6
3 FERMIER	45''	15	+	5
4 PIQUE-NIQUE	45''	14	+	5
5 DORMEUR	60''	30	PRCYE	0
6 JARDINIER	75''	50	SIFHER	0
7 PLUIE	75''	30	+	5
				35

8. CUBES				
Dessin		Temps	Réussite	Note
A	45''		1 + 2 —	2
B	45''		1 + 2 —	2
C	45''		1 + 2 —	2
1	75''	8''	+	7
2	75''	18''	+	5
3	75''	26''	+	4
4	75''	18''	+	5
5	150''	134''	+	4
6	150''	185''	+	0
7	150''	100''	+	4
				35

(5–6 :) a du mal à se limiter à 9 cubes

9. ASSEMBLAGE D'OBJETS				
Objet		Temps	Placement	Note
Mannequin	120''	20''	+	5
Cheval	180''	136''	+	6
Figure	180''	92''	+	6
Auto	180''	98''	+	6
				23

Observations :

Le Manuel de la **W.I.S.C.** (1) rend la *passation* et la *cotation* du protocole très simples.

En raison du manque de temps, la passation de l'épreuve de Vocabulaire a été omise.

Notons que la réussite intégrale des items de Complètement d'Images, très rare du reste, représente 20 points sur 20 en note brute, alors qu'elle n'est que de 17 sur 20 en note pondérée, ce qui minimise et le niveau global et la dispersion qui apparaîtra au scatter.

Les réponses à Compréhension comportent des éléments projectifs a minima qui ne semblent pas interférer dans le résultat final, et seront ultérieurement à rapprocher des réponses aux épreuves projectives : 4 : "je risquerais de lui faire mal" ; 8 : "les moins forts physiquement" ; 13 : "faut avoir fait beaucoup d'études, ils servent à voir si on est capable".

Les résultats à Arithmétique sont sous-estimés en raison de la lenteur à trouver les bonnes réponses des questions 12 et 14. De même, le niveau de cubes pourrait être meilleur, puisque toutes les images sont réussies, si la lenteur ne réduisait le score. C'est surtout lorsqu'il faut se limiter à 9 cubes que l'analyse de la structuration des modèles est perturbée. Mais il est d'autant plus frappant que le modèle 7 est plus rapidement réussi, l'apprentissage effectué sur les modèles 5 et 6 ayant permis l'assimilation de ce nouveau mode de structuration. La lenteur est également responsable, avec des traits de perfectionnisme, dans le moindre niveau de Code.

ANALYSE DES RÉSULTATS

Les trois Q.I., supérieurs au niveau moyen, sont homogènes, mais ils camouflent une dispersion intra-tests importante.

La comparaison des résultats à chaque épreuve avec la *moyenne du groupe* (conventionnellement 10), ne révèle qu'une seule chute, à Arithmétique. A cette épreuve la note brute obtenue est de 10, ce qui donne la note pondérée de 8. Or cette note brute, 10, correspond à une note pondérée de 10 pour les groupes d'âges réels de 10 ans à 10 ans 11 mois inclus. Le résultat de Gaston à Arithmétique manifeste donc un retard de développement (2) d'au moins 2 ans en ce domaine.

Les trois résultats les meilleurs manifestent des capacités très nettement supérieures à la moyenne dans les domaines correspondants :

18 à Similitudes manifeste la réussite de la pensée catégorielle (3) ;

COMPTE-RENDU

Les résultats globaux, homogènes, reflètent un niveau d'efficience intellectuelle supérieur à la moyenne qui contraste d'emblée avec les difficultés scolaires pour lesquelles Gaston consulte.

Cependant les résultats aux subtests sont hétérogènes. Ils se révèlent tous au moins égaux à la moyenne des enfants de même âge réel que Gaston, à l'exception d'Arithmétique qui manifeste un retard de plus de deux ans, confirmant les difficultés scolaires en ce domaine. Les autres épreuves d'adaptation scolaire ne sont donc pas inférieures à la moyenne, alors que par ailleurs on note une

(1) Cf. p. 60 note 2.

(2) Cf. p. 63

(3) Cf. p. 70

ANALYSE DES RÉSULTATS	COMPTE-RENDU
15 à Mémoire des chiffres, les capacités mnésiques dans le secteur des chiffres (1) ; 17 à Complètement d'Images, la particulièrement bonne adaptation à la réalité (1). Les autres résultats sont soit égaux à la moyenne du groupe, soit à peine supérieurs d'un point, sauf Compréhension avec 12 et Arrangement d'images avec 13. Ces deux épreuves impliquent un facteur d'adaptation pratique et sociale (2) qui s'avère ainsi bien investi. En un deuxième temps on peut effectuer l'analyse du scatter intra-subtests par la méthode des signes (3). La moyenne des notes pondérées est 12,4. On obtient le scatter suivant en ajoutant deux fois de suite 1,5 point (1/2 sygma) et en retranchant deux fois de suite 1,5 point de cette *moyenne personnelle* :	bonne adaptation pratique et sociale et des capacités très supérieures dans l'adaptation à la réalité et la pensée catégorielle. L'excellente mémoire contraste également avec certaines données de l'anamnèse.

(- 1,5 =) (- 1,5 =) m (+ 1,5 =) (+ 1,5 =)

7,9 9,4 10,9 12,4 13,9 15,4 16,9

– –	–	0	+	++	+++
Arith.	Inf. Cubes Ass.Ob.	Compr. Arr.im. Code	Mém.ch.		Sim. C.I.

Les notes très élevées de Similitudes et Complètement d'Images surcotent probablement la moyenne personnelle puisqu'elles ne sont pas compensées par des chutes aussi importantes. Mais elles prouvent le niveau maximal possible des capacités et la moyenne qu'elles ont entraînée autorise donc des comparaisons valables (4).

L'analyse du scatter par la méthode des signes s'enrichit en s'étayant sur les facteurs impliqués par les épreuves, l'abord épreuve par épreuve se révélant par trop parcellaire. Les facteurs intellectuels ou instrumentaux sont souvent en rapport direct avec des facteurs affectifs, induits par le même groupe d'épreuves.

(1) Cf. p. 72.

(2) Cf. pp. 72 et 82.

(3) Cf. p. 63.

(4) Parfois une autre tendance centrale (telle que le mode) paraît mieux adaptée. Mais il ne ressort pas nettement des résultats de Gaston une note de ce type.

Pour chaque enfant précis, les facteurs qui ne rassemblent que des épreuves dont les résultats correspondent à la moyenne personnelle ne manifestent ni échec ni réussite particulière. Ils ne sont donc pas à analyser, mais leur rappel peut être utilisé pour en éliminer l'impact.

Les facteurs neutres parce que non significatifs en étant ainsi éliminés, les résultats de Gaston peuvent être mis en tableau (1) :

Epreuves	Symboles du scatter	Facteurs	
		intellectuels	affectifs
Sim. Cubes	+++ —	1. Conceptualisation (2)	19. Abstraction (3)
Mém. ch. Code (Sim.) Cubes	+ 0 +++ —		20. Non-implication personnelle (4)
Arith. Cubes	— — —	3. Représentation symbolique (2)	21. Représentation mentale (4)
Inf. Voc. Arith. Code	— ? — — 0	Adaptation scolaire (2) 4. en rapport avec la langue maternelle 5. en rapport avec les opérations arithmétiques (5) 6. Capacité d'apprentissage (5)	22. Investissement de la scolarité (4) 25. Désir de réussir (6)
Arith. Mém. ch. Code	— — + 0		24. Valeur symbolique des chiffres (7)
Mém. ch.	+	7. Mémoire (5)	26. Mémorisation (6)

./..

(1) Un tel tableau est présenté pour ce premier cas d'étude d'une **W.I.S.C.** En général, il s'avère peu nécessaire, les signes du scatter très simplement inscrits en face de chaque résultat étant suffisants. L'expérience permet progressivement de se passer également du calcul du scatter et de ces signes qui, pourtant, restent un point d'appui objectif pour le débutant.

(2) Cf. p. 78.

(3) Cf. p. 90.

(4) Cf. p. 92.

(5) Cf. p. 80.

(6) Cf. p. 96.

(7) Cf. p. 94.

Epreuves	Symboles du scatter	Facteurs	
		intellectuels	affectifs
Com. im.	+++	9. Adaptation à la réalité (1)	28. Attachement à la réalité (2)
Sim.	+++	2. Facteur G (3)	33. Références catégorielles (4)
		Facteurs instrumentaux	
Cubes Ass. Obj.	— —	13. Structuration spatiale, latéralisation (5)	29. Références spatiales (2)
Cubes Ass. Obj. Code	— — 0	Motricité (6) 15. Manipulation 16. Graphisme	30. Expression motrice (2)
Ass. Obj.	—	17. Schéma corporel (6)	32. Image du corps (4)

Dans la mesure où Gaston réussit tout sauf Arithmétique avec une note pondérée au moins égale à la moyenne du groupe, on peut faire l'hypothèse que la dispersion des résultats en référence à sa moyenne personnelle témoigne, au delà de ses difficultés ou capacités déjà entrevues, des facteurs affectifs sous-jacents.

• Les facteurs impliqués dans des épreuves ayant toutes le signe 0 n'ont pas été portés sur le tableau ci-dessus. Parallèlement son analyse révèle que les facteurs dont les épreuves comportent des symboles trop peu homogènes ne présentent pas un ensemble significatif et peuvent donc n'être pas non plus pris en compte. C'est le cas des facteurs suivants :

— 19. Abstraction.

— 20. Non-implication personnelle.

(1) Cf. p. 82.
(2) Cf. p. 98.
(3) Cf. p. 78.
(4) Cf. p. 100.
(5) Cf. p. 86.
(6) Cf. p. 88.

ANALYSE DES RÉSULTATS	COMPTE-RENDU
— 24. Valeur symbolique des chiffres. — 30. Expression motrice : mais la faiblesse de l'ensemble n'est pourtant pas à négliger totalement, en la rapprochant des difficultés de références spatiales. L'élimination quasi-totale de l'impact de ces facteurs dans le cas de Gaston permet alors d'interpréter les autres facteurs comme éventuellement significatifs.	
• On peut alors considérer les facteurs où toutes les épreuves sont échouées ou faibles : — 21. Représentation mentale : ici cependant deux autres types de facteurs risquent d'interférer. Des facteurs spatiaux peuvent influer sur Cubes, des facteurs scolaires sur Arithmétique. Notons néanmoins que la faiblesse ou la chute de ces résultats sont en grande partie dûes à la lenteur de réalisation, au perfectionnisme qui témoigne à la fois du désir de bien faire et à l'inhibition liée à ce facteur. — 29. Références spatiales : bien que la moyenne du groupe reste atteinte, la faiblesse des résultats confirme les difficultés exprimées par Gaston. La description qu'il en fait reflète probablement l'origine affective des difficultés relatives. — 32. Image du corps : mais Assemblage d'objets peut n'être faible qu'en raison des perturbations des références spatiales, puisque Cubes est également faible. — 22. Investissement de la scolarité : les difficultés sont confirmées, bien que nous ne connaissions pas la note à Vocabulaire. — 25. Désir de réussir : le score n'est pas significatif. Une réussite aurait pû témoigner du surinvestissement de ce facteur parallèlement à l'inhibition devant sa réalisation dans le secteur scolaire, comme Gaston l'exprime mais n'y arrive pas de fait. On peut se demander si le facteur moteur, faible dans l'ensemble, ne minimise pas le score à Code. Il serait bon de vérifier si ce désir de réussir se révélerait mieux investi en un autre domaine.	Face aux très bonnes potentialités personnelles, les difficultés semblent principalement en rapport avec la construction des références spatiales et des représentations mentales, facteurs que l'on peut rapprocher éventuellement des perturbations relationnelles de la petite enfance.
• Restent à analyser les facteurs où les réussites dominent, en remarquant que chacun d'eux n'est impliqué que par une seule épreuve principale :	Les traits de perfectionnisme et l'important surinvestissement de certains mécanismes témoignent des tentati-

ANALYSE DES RÉSULTATS	COMPTE-RENDU
— 26. Mémorisation : l'excellente réussite contraste à la fois avec les dires des parents de Gaston et sa propre impression. Rappelons à nouveau le rapprochement qu'il en fait avec ses troubles de structuration spatiale. Le surinvestissement de la mémorisation pourrait manifester la recherche de compensation des difficultés éprouvées réellement dans le domaine des références spatiales, mais éventuellement camoufler aussi des perturbations mnésiques que Gaston éprouverait dans un autre type de mémorisation. Des épreuves complémentaires pourraient le confirmer. — 28. Attachement à la réalité : le surinvestissement de ce mode d'attention perceptive fine témoigne d'une recherche de contrôle du détail de la réalité d'un type obsessionnel, le manque de confiance explicite de Gaston en lui-même éliminant l'hypothèse d'une hypervigilance de type paranoïaque qui pourrait aboutir au même résultat. — 33. Références catégorielles : cette excellente réussite témoigne en général à la fois des difficultés à se situer soi-même — et l'on sait que Gaston souffre de "ne pas trouver sa place" dans sa famille — et de la recherche de compensation par utilisation maximale des capacités.	ves de compensation devant les difficultés relationnelles et de références spatiales, ou de défense de type obsessionnel pour contrôler la réalité.
Il semble donc bien que ces trois réussites manifestent des investissements de type défensif. Rappelons que cela témoigne de capacités intellectuelles ou instrumentales correspondantes, mais non de l'efficacité de ce système de défense. De plus, en faisant l'hypothèse que l'une ou l'autre de ces tentatives de défense est de type obsessionnel, ces résultats ne définissent en aucune façon la structure de personnalité de Gaston. Ces modes de défense peuvent en effet se rencontrer dans des structures très diverses. Si la convergence des données de l'anamnèse et des entretiens ne suffisait pas encore à la compréhension dynamique de la personnalité de Gaston, c'est à des épreuves projectives que l'on pourrait évidemment demander de confirmer ou d'infirmer l'ébauche des traits ainsi manifestés dans ces premiers résultats.	Des épreuves complémentaires pourraient approfondir les difficultés grapho-motrices et spatiales actuelles, l'éventail des capacités mnésiques et évidemment la dynamique de la personnalité et l'handicap énergétique des mécanismes défensifs apparus.

La poursuite de l'examen comprendra :

— l'étude approfondie de l'organisation grapho-perceptivo-motrice, qui révélera des préoccupations de symétrie, des hésitations, des recherches de stabilité, parallèlement à un niveau de développement normal pour son âge, confirmant ainsi l'impact des éléments affectifs dans les échecs, et le mode obsessionnel des mécanismes.

— l'étude des capacités mnésiques et d'apprentissage, qui confirmera l'excellent résultat de Mémoire des chiffres à la **W.I.S.C.**, mais dans des épreuves portant sur des mots. Cependant le début des épreuves a été marqué par un blocage presque total tant que la situation est apparue scolaire, rigidement ordonnée, alors que dès que Gaston a réalisé qu'il ne s'agissait pas de cela l'inhibition a brusquement cédé.

— l'étude de la personnalité à travers des épreuves projectives.

CONCLUSION DES TESTS PROJECTIFS

Le manque d'efficacité des défenses mises en jeu et les conflits évoqués témoignent à la fois du niveau pré-névrotique atteint et des difficultés de structuration des mécanismes mis en jeu, tantôt de type phobique, tantôt de type obsessionnel. L'énergie mobilisée est extrêmement importante, mais la demande d'aide en rapport avec le désir persistant de se réaliser et d'une identification virile restent très vifs, actuellement encore susceptibles d'éviter l'envahissement par les tendances dépressives latentes.

2e CAS : HENRI, 12 ANS 9 MOIS (1)

ANAMNÈSE

Amené en consultation par sa grand-mère pour des tics importants de la tête apparus trois mois plus tôt. Il aurait aussi des difficultés en calcul.

Henri a été élevé par ses grands parents maternels depuis l'âge de un mois. Sa grand-mère le prend alors pour un mois, parce qu'il ne se porte pas bien. Mais, finalement, elle le garde car elle le trouve déjà si carencé qu'elle estime sa mère incapable de l'élever.

Le grand-père maternel est décorateur. Sa femme ne travaille pas. En plus de la mère d'Henri qui n'habite plus avec eux, les grands parents ont deux autres enfants, dont une tante d'Henri qui s'occupe beaucoup de lui. Lorsqu'il a six ans elle se marie et il en est très perturbé. Il exprime le souhait de la mort du mari de sa tante.

Le père d'Henri est cheminot. Sa mère travaille comme employée. Pendant l'année Henri reçoit chaque dimanche la visite de ses parents. Il passe les grandes vacances avec eux, ce qui ne semble pas l'enthousiasmer. Quand sa mère vient le voir, il détourne la tête.

La grand-mère, qui semble avoir des traits paranoïaques d'après le médecin consultant, décrit les parents d'Henri comme deux débiles. Sa mère serait incapable de chaleur affective. Néanmoins Henri désire retourner auprès de son père et de sa mère qui n'ont pas eu d'autre enfant. Plus tard il voudrait faire du dessin.

Il est d'apparence peu développé, a des difficultés d'expression, hésite souvent, utilisant une voix curieuse mi-gutturale, mi-aigüe. Le contact est difficile, mais il serait affectueux avec sa grand-mère.

Il n'est plus énurétique depuis quelques mois : le système de sonnette "pipi-stop" qui lui fait très peur venait alors d'être installé. Il est très timide, mais camoufle parfois cette timidité par des fanfaronnades. Il a peur du noir. Il a redoublé sa 9e et redouble actuellement sa 7e.

EXAMEN PSYCHOLOGIQUE (1)

Comportement

La participation et le contact sont pauvres mais néanmoins possibles.

---

(1) Cet exemple, comme les suivants, sera traité plus succinctement que le premier. Le résumé de l'anamnèse est conservé, car le dépouillement d'un test s'avère plus efficace lorsqu'il s'appuie sur le vécu personnel de l'enfant. Mais, pour l'examen psychologique, l'intérêt de l'analyse, toujours centré sur les facteurs impliqués par les épreuves du **Wechsler**, sera de dégager aussi rapidement que possible les caractéristiques des résultats de chaque sujet, sans aller jusqu'au compte-rendu. Dans la pratique courante les cas sont souvent plus complexes que ceux qui ont été choisis, pour une initiation, assez typiques. Le tome **IV** palliéra les lacunes de ces exemples en offrant l'étude de cas complets.

W.I.S.C.

	Notes pondérées	Symboles		Notes pondérées	Symboles
Information	8	(0)	Complètement d'images	7	(0)
Compréhension	6	(0)	Arrangement d'images	7	(0)
Arithmétique	1	(– – – –)	Cubes	2	(– – –)
Similitudes	9	(+)	Assemblage d'objets	10	(++)
Vocabulaire	6	(0)	Code	12	(+++)
Mémoire des chiffres	9	(+)			

Q.I.V. 79 Q.I.P. 86

Q.I.G. 80

Analyse descriptive des résultats (1) *par rapport à la moyenne du groupe*

Le niveau d'efficience intellectuelle est globalement médiocre, le niveau de performance étant supérieur au verbal, tout en restant à la limite inférieure de la moyenne.

Les capacités mnésiques (Mémoire des chiffres), la pensée catégorielle avec support concret (11 points bruts à Similitudes) et l'aptitude à intégrer en un tout des objets concrets (Assemblage d'objets) sont proches ou équivalents à la moyenne des enfants de même âge réel. Seule la capacité d'apprentissage (Code) est supérieure à la moyenne, contrastant avec les difficultés scolaires signalées, notamment en arithmétique.

Cependant les autres épreuves sont toutes inférieures à la moyenne du groupe de référence, à deux niveaux distincts. Les épreuves d'Arithmétique et de Cubes, mettant en jeu non seulement les aptitudes scolaires en rapport avec les opérations mathématiques et l'esprit d'analyse et de synthèse mais surtout la représentation symbolique et l'abstraction, sont très exceptionnellement échouées. Les épreuves scolaires en rapport avec la langue maternelle (Information et surtout Vocabulaire), celles qui impliquent l'adaptation à la réalité (Complètement d'images) et l'adaptation sociale (Compréhension et Arrangement d'images) sont inférieures à la moyenne mais restent à une distance moins significative de celle-ci que les deux épreuves précédantes, dénotant plus la faiblesse de ces capacités générales d'adaptation que des difficultés graves.

Analyse des facteurs impliqués (2) *par rapport à la moyenne personnelle*

Un scatter (3) est élaboré autour de la moyenne des notes pondérées obtenues par Henri, qui est ici de 7,05.

1,05 2,55 4,05 5,55 7,05 8,55 9,05 10,55

| – – – | – – | – | 0 | + | ++ | +++ |

(1) Cf. l'analyse des épreuves du **Wechsler**, pp. 68 à 77.

(2) Cf. l'analyse des facteurs impliqués par les épreuves du **Wechsler**, pp. 78 à 101, et se reporter au tableau d'étude en fin des Annexes, p. 227.

(3) Cf. p. 63 note 3.

Les symboles correspondants sont reportés sur le tableau des résultats page précédente et sur le tableau d'étude des facteurs (1).

- En un premier temps on peut éliminer, comme non significatifs, les facteurs dont les épreuves comportent :

  — ensemble le symbole 0 :

  4. Adaptation scolaire en rapport avec la langue maternelle
  8. Adaptation sociale
  9. Adaptation à la réalité
  10. Verbalisation
  14. Structuration temporelle

On peut dire que ces facteurs manifestent non pas les difficultés spécifiques d'Henri mais ce qu'il est capable d'investir d'une façon homogène par rapport à son mode personnel d'équilibre.

Notons cependant qu'à partir du moment où Henri atteint une note meilleure et proche de la moyenne du groupe à au moins une épreuve mettant en jeu un facteur intellectuel non contestable (9 à Similitudes), ce mode d'équilibre personnel est inférieur aux potentialités. Ce peut être en relation avec un manque de confiance en soi de type phobique, puisqu'il ne s'agit pas de désinvestissement général dans la mesure où les capacités d'apprentissage, le désir de réussir (Code) est justement bien investi.

  — des symboles hétérogènes :

  1. Conceptualisation
  4 à 6. Adaptation scolaire en général
  13. Structuration spatiale
  15, 16. Motricité
  20. Non-implication personnelle

Les autres facteurs risquent donc d'être significatifs. C'est pourquoi nous les examinerons sous leur versant affectif, dont l'impact est ici dominant puisque le mode d'équilibre personnel est défini par les facteurs ci-dessus et s'avère inférieur aux potentialités.

- En un deuxième temps les facteurs significatifs par des réussites peuvent être examinés :

33. Références catégorielles : le bon investissement de ce facteur est souvent constaté chez des enfants qui cherchent à compenser leurs difficultés à se situer, notamment dans leur propre famille, ce qui pourrait être le cas d'Henri. Mais cette bonne réussite souligne néanmoins les capacités de pensée catégorielle. Une épreuve de facteur G (2), surtout à support concret, aurait sans doute dénoté un niveau d'efficience supérieur à celui de la **W.I.S.C.**

25. Désir de réussir : le surinvestissement de ce facteur témoigne généralement d'un désir que l'enfant conserve en lui, malgré les difficultés ou angoisses manifestées par ailleurs mais qu'une inhibition plus ou moins importante, en rapport avec ces angoisses, l'empêche de réaliser. C'est ici d'autant plus notable que certains échecs d'Henri sont massifs, en particulier dans une épreuve utilisant aussi des chiffres.

---

(1) Cf. p. 212 note 2 et p. 227.

(2) Cf. p. 103.

7. Mémorisation : cette capacité, qui évite l'implication personnelle, est seulement ici bien investie, manifestant sans doute les tentatives de compensation des difficultés éprouvées par ailleurs. Mais le résultat ne dépasse pas la moyenne du groupe, il ne s'agit donc pas d'un besoin de réassurance massif cristallisé en ce domaine.

32. Image du corps : l'investissement de ce facteur, qui n'atteint que la moyenne du groupe, manifeste la bonne utilisation qu'Henri fait de ses capacités à intégrer les choses en un tout face à des références physiques concrètes.

- En un troisième temps le facteur échoué dans l'ensemble des épreuves qui l'impliquent est analysé ;

3. Représentation mentale : l'échec exceptionnellement massif aux deux épreuves mettant en jeu ce facteur, alors que les autres facteurs l'impliquant ne sont pas significatifs, témoigne de l'impossibilité où est Henri d'effectuer une évocation mentale et d'atteindre la représentation symbolique de quelque chose d'abstrait ou d'absent.

C'est sans doute à mettre en rapport avec le conflit douloureux qui l'anime probablement lorsque ses parents viennent le voir et qu'il détourne la tête de sa mère, alors qu'il exprime le désir de revenir chez ses parents. Par ailleurs, et bien que la grand-mère ne l'aie pas perçu, l'arrêt de l'énurésie grâce au système du pipi-stop coïncide avec l'apparition des tics de la tête qui l'ont remplacée, ce symptôme lui étant actuellement nécessaire.

Il semble possible de faire l'hypothèse — qu'en fait les épreuves projectives confirmeront — qu'Henri a atteint dans son développement affectif l'étape de reconnaissance et d'attachement au visage de la mère (mère ou grand-mère pour lui ?), mais que l'angoisse est restée liée au retour de ce visage, attendu mais n'étant pas revenu suffisamment ou pas suffisamment comme bon "objet" pour lui permettre de parvenir à sa représentation imaginaire lorsqu'il s'absente, prototype de toute représentation symbolique (1).

(1) Cf. Tome II.

3e CAS : JACQUES, 12 ANS 4 MOIS

ANAMNÈSE

Jacques a déjà consulté un an auparavant pour difficultés en calcul, mais il n'est pas venu à la rééducation proposée. Cette fois-ci sa mère le ramène pour difficultés scolaires encore plus catastrophiques.

Depuis trois mois la maîtresse de sa classe de perfectionnement est partie et n'a pas été remplacée. Il est retourné en C.M.1 normal où il ne s'entend pas avec la maîtresse. Il n'aime pas du tout les mathématiques.

Jacques est l'aîné de trois frères et sœur. Il s'entend mal avec son cadet de 18 mois et dit que son père bat ce dernier. Il est très agressif avec la petite sœur de trois ans.

La mère de Jacques a perdu sa propre mère à sa naissance. Son père s'est remarié et elle est restée avec le nouveau ménage jusqu'à l'âge de 10 ans. A ce moment-là sa belle-mère s'en va et elle est placée à l'A.P. où son père vient régulièrement la voir. Mais il meurt lorsqu'elle a 16 ans. Elle fait une dépression et est ensuite placée comme femme de ménage dans une famille. Maintenant elle ne travaille plus.

Le père est routier, souvent en déplacement. A la déclaration de guerre il avait 5 ans. Il est lorrain et des avocats allemands le prennent pour aider sa famille en difficulté. Il revient chez lui cinq ans après. Sa mère, alcoolique, le battait et il n'avait pas de quoi manger. A l'âge de 10 ans il préfère partir seul à l'A.P.

A son mariage la mère de Jacques avait 20 ans. Ayant manqué d'affection elle se sent incapable de frustrer ses enfants et reconnaît les gâter excessivement, même si elle est fatiguée. Elle ne se permet pas de partir pour respirer, comme elle en a envie, car elle ne supporte pas l'idée de les abandonner.

Jacques est né dix jours avant le mariage de ses parents. Sa mère a beaucoup pleuré au début de sa grossesse. Elle ne voulait plus qu'un enfant après ce premier.

A un an il fait des crises nerveuses et est hospitalisé huit jours. Il marche à un an et est propre à dix-huit mois. A trois ans il fait de nouvelles crises que le pédiatre estime toujours nerveuses. Depuis cette époque sa mère le trouve difficile. Elle dit qu'ensuite elle a failli le perdre trois fois à la suite d'une appendicite à 7 ans suivie d'une péritonite et d'un kyste nécessitant de nouvelles opérations. Pendant sa convalescence, sans sa mère, il ne mange plus.

Depuis l'âge de 7 ans il est obsédé par ses cicatrices et les boules qui les recouvriraient, dont il faudrait l'opérer. Il a peur et rêve d'éventration, ne veut pas jouer en récréation pour mieux protéger son ventre.

Sa mère le décrit comme sensible comme elle, pleurant pour un rien, très affectueux, aimant qu'on l'entoure, tout comme elle encore. Il lui est très attaché, ne supporte pas la séparation, effondré si on fait pleurer sa mère. Le père lui laisserait "dire des mots" tout en étant en conflit avec lui. Il ne se défend pas si on le bat.

La mère semble très émotive et fruste, très nerveuse, très excitée, ayant un langage peu contrôlé. Elle n'est maquillée qu'aux yeux, mais alors excessivement.

EXAMEN PSYCHOLOGIQUE

Comportement

Jacques est un peu réticent, mais il parle sur questions. Le contact est bon, bien qu'un peu plaqué. Il a un aspect très féminin.

W.I.S.C.

	Notes pondérées	Symboles		Notes pondérées	Symboles
Information	9	(0)	Complètement d'images	8	(0)
Compréhension	8	(0)	Arrangement d'images	10	+
Arithmétique	7	(0)	Cubes	5	—
Similitudes	5	—	Assemblage d'objets	8	0
Vocabulaire	7	(0)	Code	11	++
Mémoire des chiffres	9	(0)			

Q.I.V. 85 Q.I.P. 91

Q.I.G. 87

Analyse descriptive des résultats (1) *par rapport à la moyenne du groupe*

Le niveau d'efficience intellectuelle est inférieur à la moyenne, dans les limites de la moyenne du groupe pour les épreuves de performance, légèrement en-dessous de ce niveau pour les épreuves verbales.

L'adaptation pratique (Arrangement d'images), les capacités mnésiques (Mémoire des chiffres) et l'attention portée au groupe, scolaire ou culturel (Information) sont d'un niveau moyen. La capacité d'apprentissage (Code) est légèrement supérieure à la moyenne, contrastant avec les difficultés scolaires.

Les épreuves mettant en jeu l'assimilation des normes parentales et sociales (Compréhension), la perception attentive de la réalité (Complètement d'images) et l'intégration des choses en un tout (Assemblage d'objets) sont proches de la limite inférieure de la moyenne du groupe. Les épreuves directement scolaires (Arithmétique et Vocabulaire) sont d'un niveau assez faible, mais l'échec est encore plus important aux épreuves mettant en jeu la pensée catégorielle et l'esprit d'analyse et de synthèse.

Analyse des facteurs impliqués (2) *par rapport à la moyenne personnelle*

Un scatter (3) est élaboré autour de la moyenne des notes pondérées obtenues par Jacques qui est de 7,9 :

3,4 – 4,9	4,9 – 6,4	6,4 – 9,4 (7,9)	9,4 – 10,9	10,9 – 12,4
– –	–	0	+	++

(1) Cf. l'analyse des épreuves du **Wechsler**, pp. 68 à 77.

(2) Cf. l'analyse des facteurs impliqués par les épreuves du **Wechsler**, pp. 78 à 101 et se reporter au tableau d'étude en fin des Annexes, p 227.

(3) Cf. p. 63 note 3.

- Les facteurs apparaissent comme non significatifs lorsqu'ils sont impliqués par des épreuves dont les résultats comportent :

— toutes des symboles 0 :

4. Adaptation scolaire en rapport avec la langue maternelle et les opérations mathématiques.
7. Mémoire
9. Adaptation à la réalité
10. Verbalisation
17. Schéma corporel

Jacques investit donc ces facteurs d'une façon homogène par rapport à son mode personnel d'équilibre. Celui-ci est inférieur à la moyenne du groupe, mais on ne relève aucun résultat moyen ou supérieur parmi les épreuves mettant en jeu des mécanismes proprement intellectuels, ce qui manifeste que le niveau global d'efficience intellectuelle actuelle est judicieux. La faiblesse de cette moyenne peut être en rapport avec des traits phobiques puisque le désir de réussir (Code) est bien investi.

Il faut noter que les épreuves scolaires elles-mêmes se situent à ce niveau moyen personnel, contrastant avec les difficultés "catastrophiques" signalées à la consultation. Ces résultats ne suffisent pas pour expliquer son déficit réel.

— des symboles hétérogènes :

3. Représentation symbolique
8. Adaptation sociale
13. Structuration spatiale
15, 16. Motricité
20. Non-implication personnelle
24. Valeur des chiffres

- Les facteurs significatifs, manifestant l'impact de l'affectivité, sont abordables en un premier temps en fonction des réussites de l'ensemble des épreuves qui les impliquent :

25. Désir de réussir, qui contraste avec l'investissement apparent de la scolarité et manifeste donc éventuellement son inhibition en ce domaine.

31. Références temporelles : le présent est bien situé par rapport au passé et au futur immédiats, mais ces références ne sont pas surinvesties et le score atteint seulement la moyenne de l'adaptation pratique du groupe. Celle-ci n'est pas épaulée par une adaptation sociale mature (Compréhension plus faible), ce qui se trouve parfois chez des enfants à personnalité fragile présentant des traits phobiques.

Le facteur impliqué par des épreuves échouées est le suivant :

1. 19. 2. 33. Capacités de conceptualisation, abstraction, pensée et références catégorielles.

Le niveau de Similitudes et de Cubes présente un retard évident. Il est intéressant de chercher à quel âge mental (1) il correspond. On trouve que les notes brutes de 5 à Similitudes et 11 à Cubes équivalent toutes deux à une note pondérée moyenne de 10 pour le groupe d'enfants d'âge réel de 7 ans, c'est-à-dire à un niveau de développement mental de 7 ans.

(1) Cf. p. 63.

Ce n'est donc pas sans rapport avec l'histoire personnelle de Jacques que les mécanismes de conceptualisation aient justement été bloqués à l'âge des opérations que son entourage et lui-même ont vécues dramatiquement.

On peut de plus faire l'hypothèse — que les épreuves projectives confirmeront — que, si Jacques conserve malgré tout le désir de s'autonomiser comme le manifeste son désir de réussir (Code), ce n'est pas sans percevoir que le désir et les fantasmes de sa mère sont à cet égard opposés, tout au moins très ambivalents, et le laissant en totale insécurité. On constate parfois que l'inhibition liée aux processus conceptuels, laissant porter un pronostic de pseudo-déficience intellectuelle, est utilisée par un enfant comme symptôme indispensable pour le protéger d'un danger plus grave. Ce serait pour Jacques un moyen, un moindre mal, pour éviter d'agresser, voire de tuer le désir de sa mère de ne perdre en aucun sens du terme cette partie d'elle-même qu'est Jacques, que cette mère décrit en marquant les points de ressemblance avec elle et qui, de fait, conserve un aspect féminin et une attitude masochiste.

4e CAS : LOUISE, 9 ANS 9 MOIS

ANAMNÈSE

Louise est envoyée en consultation par l'instituteur pour difficultés d'articulation, de lecture et d'orthographe. Elle est en C.M.1 et travaille bien par ailleurs. Elle aurait eu des difficultés de lecture depuis le début.

La mère est employée de bureau. Le père est mort quand Louise avait cinq ans. Une sœur de 14 ans est en 4e dans un C.E.S. La grand'mère maternelle vit au foyer depuis la mort du père.

Louise aurait eu beaucoup de difficultés à admettre la mort de son père, demandant pendant longtemps quand il allait revenir. Elle n'en parle plus maintenant, ce qui prouverait qu'il n'y a plus de problème, dit la mère. Louise admire beaucoup sa sœur, cherche à lui ressembler, veut l'accompagner partout et tout faire comme elle.

A l'école elle est taquine avec ses camarades et préfère les jeux de groupe. A la maison elle a toujours été particulièrement remuante. Elle est très têtue, fait des colères consécutives à des interdits donnés par la grand'mère.

Louise a été gardée la journée par sa grand'mère depuis qu'elle est toute petite puisque sa mère a toujours travaillé. Sa grand'mère retournait le soir chez elle avant la mort du père. Louise a marché à 14 mois et sa mère a commencé dès cette époque l'apprentissage de la propreté avec des fessées qui n'obtenaient rien. Ce n'est pourtant qu'à trois ans que sa mère a cessé d'en donner : Louise est alors aussitôt devenue propre.

La mère ne signale aucune difficulté alimentaire ou de sommeil, mais elle ne semble guère disposée à parler d'autre chose que des problèmes d'orthographe auxquels elle ramène tout. Elle apparaît assez froide, distante, sur la défensive. Elle ne parle pratiquement pas de son mari.

EXAMEN PSYCHOLOGIQUE

Comportement

Louise parle à peine, paraît très timide, mal à l'aise et même assez paniquée par la situation. Elle n'arrête pas de bouger, de rougir, de se ronger les ongles. Elle n'est pas opposante pour autant, désirant manifestement répondre à la demande et effectuer de son mieux les tâches proposées.

W.I.S.C.

	Notes pondérées	Symboles		Notes pondérées	Symboles
Information	7	(– – –)	Complètement d'images	7	(– – –)
Compréhension	15	(++)	Arrangement d'images	14	(+)
Arithmétique	10	(–)	Cubes	11	(0)
Similitudes	17	(+++)	Assemblage d'objets	13	(0)
Vocabulaire	11	(0)	Code	11	(0)

Q.I.V. 113 — Q.I.G. 113 — Q.I.P. 110

Analyse descriptive des résultats (1)
par rapport à la moyenne du groupe

Le niveau d'efficience intellectuel est supérieur à la moyenne, les niveaux verbaux et de performance assez proches dans l'ensemble recouvrent pourtant des résultats très hétérogènes.

Les résultats sont tous d'un bon ou très bon niveau à l'exception de ceux de deux épreuves mettant en jeu l'attention au groupe culturel (Information) et l'attention à la réalité environnante (Complètement d'images) qui sont significativement (valeur d'un sygma) inférieurs à la moyenne du groupe.

Certains résultats manifestent des capacités nettement supérieures à la moyenne : la pensée catégorielle surtout (Similitudes), l'adaptation sociale (Compréhension et Arrangement d'images) et même l'aptitude à intégrer les choses concrètes en un tout.

Analyse des facteurs impliqués (2)
par rapport à la moyenne personnelle

Un scatter (3) est élaboré autour de la moyenne de 11,6 :

7,1	8,6	10,1	11,6	13,1	14,6	16,1
---	--	–	0	+	++	+++

- Les facteurs non impliqués sont les suivants :

— Epreuves ayant des résultats moyens :

10. Verbalisation
13. Structuration spatiale
15, 16. Motricité
17. Schéma corporel
20. Non-implication personnelle (sous réserve du résultat inconnu à Mémoire des chiffres)

On remarque que la verbalisation ne paraît inférieure ni par rapport à la moyenne du groupe, ni par rapport à la moyenne personnelle, qui est pourtant élevée.

D'autre part, Louise semble trouver son mode d'équilibre personnel dans les facteurs instrumentaux : structuration spatiale, motricité, schéma corporel.

Les difficultés de lecture et d'orthographe, motif de la consultation, ne seraient donc pas liées à des perturbations de verbalisation ou de structuration spatiale.

— Epreuves ayant des résultats hétérogènes :

1. Conceptualisation
3. Représentation symbolique
4. Adaptation scolaire en général
24. Valeur symbolique des chiffres

L'hétérogénéité des épreuves impliquant l'adaptation scolaire incite à une analyse plus fine. Les résultats sont moyens ou faibles pour elle tout en restant adaptés au groupe (10 ou 11) à l'exception de l'épreuve d'Informa-

(1) Cf. l'analyse des épreuves de **Wechsler**, pp. 68 à 77.

(2) Cf. l'analyse des facteurs impliqués par les épreuves du **Wechsler**, pp. 78 à 101.

(3) Cf. p. 63 note 3.

tion (7) qui met spécifiquement en jeu l'intérêt porté à l'environnement socio-culturel. L'âge mental obtenu par Louise à cette épreuve est de 8 ans (1). Ce n'est donc pas un blocage total, comme il aurait pu se produire au deuil de son père à 5 ans, mais un signe d'immaturité, de faible intérêt pour ce qui n'est pas le noyau familial. Il est vraisemblable néanmoins que ce traumatisme ait influé sur ce processus inhibiteur.

- Les facteurs significatifs par leur réussite sont les suivants :

27. Sociabilité : les deux excellentes réussites vont dans le sens du désir de participation de Louise, malgré son anxiété pendant l'examen psychologique ou peut-être en rapport avec cette anxiété qui pouvait recouvrir la crainte de mal faire, de déplaire. Le désir de plaire, de s'adapter aux normes parentales, entraîne souvent le surinvestissement de ces épreuves. C'est finalement chercher ce qu'on peut faire pour être aimé avec la même intensité que, parallèlement, on pense ne pas le mériter. Les colères signalées comme provoquées par des interdits donnés par la grand'mère pourraient en effet être une décharge manifestant ce conflit interne, comme on le voit chez certains enfants phobiques.

Ce surinvestissement du désir de plaire est généralement sous-tendu par un fantasme d'abandon, primaire s'il y a eu carence affective réelle, quantitative, ou qualitative, ou secondaire s'il se greffe essentiellement sur un sentiment de culpabilité. On peut faire la double hypothèse que la mère de Louise, qui apparaît froide et distante, (ou sa propre mère qui a gardé Louise dans sa toute première enfance) n'a pas offert à sa fille la chaleur affective nécessaire pour la sécuriser devant le risque de toute-puissance de ses pulsions agressives normales (2); et que Louise a pû éprouver une réactivation de ce sentiment naturel de culpabilité face au deuil de son père. Devant l'inefficacité des tentatives d'inhibition de son agressivité, Louise aurait renforcé une recherche compensatoire des moyens d'être aimée, de plaire.

31. Références temporelles : la réussite d'Arrangement d'images semble peu interprétable ici dans la mesure où, liée à celle de Compréhension, la mise en jeu de la sociabilité a une influence majeure.

33. Références catégorielles : le surinvestissement de ce facteur met en lumière les capacités de pensée catégorielle, probablement utilisées à leur maximum pour compenser les propres difficultés de Louise à se situer. On peut supposer qu'elle a du mal à se situer d'abord par rapport aux trois femmes qui l'entourent : une grand'mère qui remplace le père en donnant des interdits et la mère en la gardant, une mère qui remplace le père ne serait-ce qu'en travaillant pour faire vivre le foyer, une sœur qui remplace imaginairement la mère puisqu'elle cherche tant à l'imiter, à vivre par elle; à se situer également par rapport à un père dont la mort semble avoir été longuement déniée et dont l'absence a pu laisser s'instaurer une relation grand'mère - mère ambigüe dont elle pourrait même être l'enjeu sans savoir de quel côté opter.

---

(1) Cf. p. 63. La note pondérée moyenne — 10 — est obtenue à Information par le groupe d'enfants d'âge réel de 8 ans qui ont eu, comme Louise, la note brute de 10, alors que les enfants de 9 ans 9 mois comme Louise ont une note pondérée de 7 pour cette même note brute de 10.

(2) Cf. Tome II.

• Le facteur dont les épreuves sont échouées est le suivant :

28. Attachement à la réalité : le mauvais investissement de ce facteur ou l'inhibition que cet échec pourrait manifester (1) signale en tous cas que le monde extérieur n'est pas vécu comme sécurisant. En le comparant aux difficultés d'attention au groupe culturel (Information) et en constatant que le niveau atteint ici est de 7 ans 11 mois (2), on peut également supposer que l'investissement de l'environnement, spatial et culturel, a été freiné dans son développement.

Les hypothèses que l'on porterait sur l'ensemble de ce tableau seraient celles d'un fond de personnalité hystéro- (renforcement du désir de plaire) phobique (insécurité et inhibition face à l'environnement extra-familial), néanmoins en mesure d'investir des mécanismes intellectuels sur un mode obsessionnel (renforcement de la pensée catégorielle).

Mais ceci ne définit pas plus le degré d'efficacité de ces mécanismes que le versant — hystérique ou obsessionnel — où penchera le pronostic de structuration de la personnalité. Les épreuves projectives permettront d'aller plus loin dans l'élaboration de ces hypothèses.

---

(1) Cf. p. 98.

(2) Cf. p. 63 et l'exemple p. 221 note 1.

5e CAS : NICOLE, 8 ANS 2 MOIS ET EXTRAPOLATIONS

Ce cas sera ici à peine ébauché. Nous allons surtout chercher pour terminer à mettre l'accent sur deux points d'utilité pratique.

W.I.S.C.

	Notes pondérées	Symboles		Notes pondérées	Symboles
Information	5	(–)	Complètement d'images	9	(0)
Compréhension	13	(+++)	Arrangement d'images	9	(0)
Arithmétique	3	(– – –)	Cubes	7	(0)
Similitudes	15	(+++)	Assemblage d'objets	8	(0)
Vocabulaire	9	(0)	Code	3	(– – –)
Mémoire des chiffres	3	(– – –)			

Q.I.V. 88 Q.I.P. 83

Q.I.G. 84

• Les résultats frappent à première vue, avant même d'établir le scatter, par l'émergeance des chutes et des réussites en référence à des notes rapprochées relativement fréquentes.

On peut dire d'emblée que :

— il y a chute massive aux trois épreuves comportant des chiffres (1) ;

— il y a chute importante à l'attention au groupe, spécificité de l'épreuve ~~et~~ d'Information puisque sa relation avec la langue maternelle n'est pas en jeu, Vocabulaire étant moyen ;

— il y a surinvestissement de l'assimilation des normes parentales, du désir de plaire (Compréhension) ;

— et renforcement de la pensée catégorielle (Similitudes).

Cela pourrait être une enfant présentant un fond dépressif massif ou l'évocation de "compter pour quelqu'un" (Chiffres) est une souffrance envahissante qui l'empêche de dépasser le désir de relation duelle vitale pour s'intéresser au groupe socio-culturel. Nicole serait néanmoins capable par besoin de réassurance de s'accrocher aussi fortement que possible à des références catégorielles (Similitudes), à situer les choses dans leur catégorie, à leur place, pour compenser ses propres difficultés à se situer face à des images parentales insécurisantes, voire rejetantes ou ressenties comme telles. Elle tente parallèlement une intégration maximale des normes parentales (Compréhension) pour repousser le fantasme d'abandon sous-jacent apparemment sans succès.

Les épreuves projectives confirmeront ici l'existence d'un blocage sur un noyau dépressif en rapport avec des traumatismes anciens. La personnalité reste immature, fragile, peu structurée. Un pronostic de risque de mélancolie pourrait être porté si Nicole n'était pas prise en charge.

(1) Cf. Facteur 24. Valeur symbolique des chiffres, p. 94.

Cependant, si la rapidité de cette analyse a été notable et s'est trouvée confirmée dans ce cas-ci, il n'est pas conseillé aux débutants d'élaborer autre chose que des hypothèses à partir des résultats aux échelles du **Wechsler**. Il nous a néanmoins paru nécessaire de montrer à la fois l'utilité de ces hypothèses pour poser des questions aux tests projectifs, quelles que soient déjà les questions posées à partir de l'anamnèse, et du même coup l'utilité majeure des projectifs eux-mêmes.

• Cette analyse a, de fait, pû être rapidement établie parce que dans le cas de Nicole cinq notes sur onze se présentent avec une certaine homogénéité, de 7 à 9. Il est donc aisé de se référer spontanément à ces notes pour interpréter les échecs et réussites qui s'en écartent. Il se trouve qu'ici la moyenne personnelle est de 7,6 et que le scatter s'avère ainsi conforme à la première impression visuelle des résultats.

Dans la majorité des cas le scatter coïncidera avec une première lecture de ce type, puisque les résultats oscillent généralement en-dessous et au-dessus de la moyenne personnelle, moyenne fréquemment superposée avec la tendance centrale manifestée par les notes répétées les plus proches telles que sont les cinq notes de 7 à 9 chez Nicole :

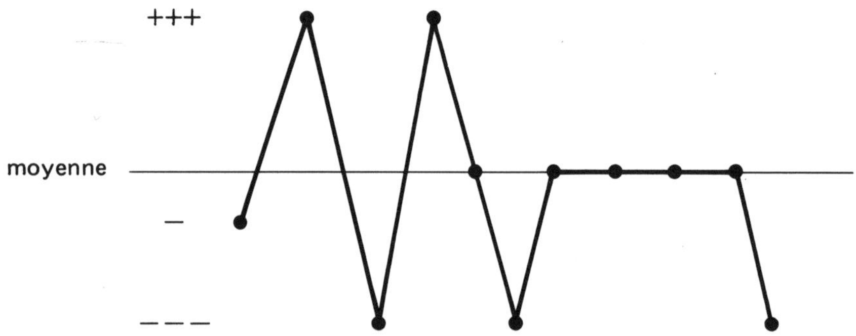

Mais il peut se faire que quelques notes apparaissent ainsi relativement homogènes et fréquentes et ne coïncident pas pour autant avec la zone de la moyenne du scatter. Il nous semble alors plus judicieux de partir de ces notes fréquentes, en quelque sorte du mode des résultats, pour effectuer l'analyse des échecs et des réussites significatifs par le fait même qu'ils s'en écartent. Deux cas peuvent ainsi se présenter.

Si, en un premier exemple (1), Nicole n'avait pas été capable de surinvestir les mécanismes impliqués par Compréhension et Similitudes, où elle aurait obtenu des notes entre 7 et 9, sa moyenne aurait notablement baissé. Nous nous seriont trouvés tenus d'interpréter comme réussites significatives ses notes supérieures où, dans la réalité, se situe son mode d'équilibre propre et non pas un surinvestissement.

Nous avons déjà vu dans d'autres épreuves (2) que l'inhibition phobique empêche souvent un enfant d'aller au-delà des résultats où il se sent assuré, limitant par là ses potentialités. Un protocole caricatural de phobique à la **W.I.S.C.** serait celui ou apparaîtraient, exclusivement ou presque, des notes très proches, comme les 7, 8 et 9 de Nicole, aucune note en tous cas ne dépassant 9, mais quelques chutes spécifiques pouvant être constatées.

(1) Par simplification nous extrapolons à partir du cas de Nicole. L'expérience confirme cependant que cet exemple se rencontre souvent.

(2) Cf. la dispersion de la **N.E.M.I.** p. 55.

L'interprétation doit évidemment prendre comme base de référence ces notes fréquentes et non plus la moyenne.

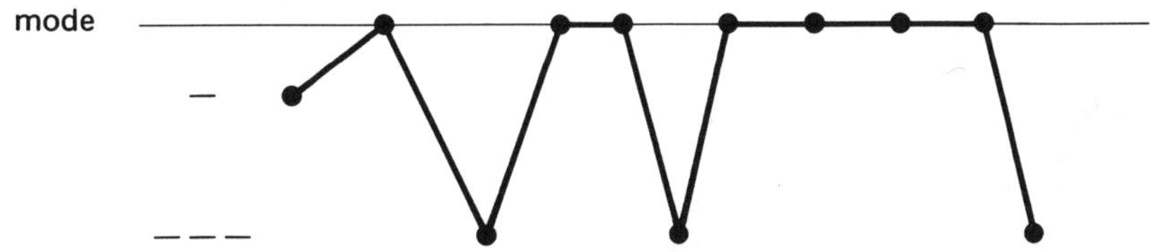

Il pourrait arriver, en un deuxième exemple, qu'un enfant ait tenté de surinvestir certains mécanismes, tout en trouvant dans son mode d'équilibre relativement homogène par ailleurs la possibilité d'éviter des chutes spécifiques. Cette autre Nicole aurait obtenu entre 7 et 9 aux épreuves comportant des chiffres et à Information. Les réussites subsistant, la moyenne des notes surestimerait les potentialités générales actuelles. Nous serions obligés d'interpréter comme échecs significatifs son mode d'équilibre actuel, risquant donc des erreurs.

Dans des cas semblables, les réussites mettent souvent en jeu des mécanismes soit de type obsessionnel, comme à Similitudes, Complètement d'images ou Assemblage d'objets, soit de type hystérique, comme à Compréhension ou Arrangement d'images. Notons qu'une très exceptionnelle réussite à Similitudes témoignerait des potentialités réelles de mécanismes proprement intellectuels qui seraient inhibés par ailleurs. L'interprétation de ce type de profil est donc éventuellement à moduler en fonction de la réussite à Similitudes. Mais en général la base de l'analyse reste les notes les plus faibles puisque homogènes et fréquentes :

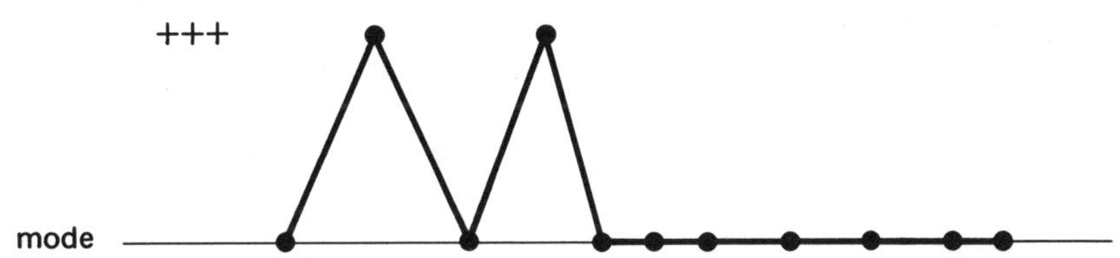

Dans la même ligne de réflexion, il nous paraît inutile d'effectuer deux calculs indépendants de scatters, comme si l'enfant avait deux moyennes ou deux modes d'équilibre différents. Cela peut sans doute servir pour certains calculs, mais non pour l'interprétation des réussites et échecs par rapport à l'unité qu'est l'enfant. L'échelle éventuellement la plus faible sera comprise en fonction des potentialités qui s'avèrent plus élevées, alors que si on la comparait à elle-même cela sous-estimerait aussi bien les échecs que les réussites.

Cependant, pour l'échelle la plus forte, l'interprétation des réussites par référence à une moyenne inférieure à l'ensemble de ses résultats peut être complétée et modulée avec une plus grande finesse en considérant la nature des épreuves les plus réussies, notamment les mécanismes spécifiquement intellectuels qu'elles mettent en jeu.

Ces quelques remarques finales ne cherchent pas à décourager le psychologue débutant en lui montrant les limites d'un scatter dont les avantages ont été explicités auparavant. Mais ce serait une erreur de laisser reposer cette étude sur l'illusion de sécurité absolue que les données chiffrées risquent parfois de créer ou de renforcer. Nous ne repèterons jamais assez que la dynamique propre au psychologue ne repose pas que sur la rigueur de ses instruments, qui s'avèrent toujours dépassés par l'enfant lui-même, mais aussi sur les incertitudes qu'il découvre dans son propre parcours et le situent au-delà ou en deçà des recettes.

TABLEAU D'ÉTUDE DES FACTEURS IMPLIQUÉS PAR LES ÉPREUVES DU WECHSLER (1)

Epreuves principales	Symbole du scatter *(Exemple cas Henri)*	Facteurs intellectuel ou instrumental	Facteurs affectifs
Similitudes Cubes	+ – – –	1. Conceptualisation	19. Abstraction
Mémoire des chiffres Code Cubes	+ +++ – – –		20. Non-implication personnelle
Similitudes	+	2. Facteur G	33. Références catégorielles
Arithmétique Cubes	– – – – – – –	3. Représentation symbolique	21. Représentation mentale
Information Vocabulaire	0 0	Adaptation scolaire 4. en rapport avec la langue maternelle	22. Investissement de la scolarité
Arithmétique	– – – –	5. en rapport avec les opérations mathématiques	
Code	+++	6. Capacités d'apprentissage	25. Désir de réussir
Arithmétique Mémoire des chiffres Code	– – – – + +++		24. Valeur symbolique des chiffres
Mémoire des chiffres	+	7. Mémoire	26. Mémorisation
Compréhension Arrangement d'images	0 0	8. Adaptation sociale	27. Sociabilité
Complètement d'images	0	9. Adaptation à la réalité	28. Attachement à la réalité
Vocabulaire Q.I. Verbal	0 < Q.I.P.	10. Verbalisation	23. Expression verbale
Cubes Assemblage d'objets	– – – ++	13. Structuration spatiale Latéralisation	29. Références spatiales
Arrangement d'images	0	14. Structuration temporelle	31. Références temporelles
Cubes Assemblage d'objets	– – – ++	Motricité 15. Manipulation	30. Expression motrice
Code	+++	16. Graphisme	
Assemblage d'objets	++	17. Schéma corporel	32. Image du corps

(1) Se reporter aux tableaux des pages 78 à 101.

Achevé d'imprimer
pour le compte des Editions Delachaux et Niestlé S.A.
sur les presses des Remparts S.A.
3e trimestre 1991